上代日本語の音韻

上代日本語の音韻

早田輝洋

岩波書店

はしがき

　筆者の興味は、「アクセント」「上代日本語を中心とする日本語音韻史」「満洲語」の三つが主であった。アクセント等について書いたものは嘗て『音調のタイポロジー』（大修館書店、1999年）として刊行した。量的にもっとも多い満洲語関係のものは、訳注書としては『満文金瓶梅訳注（序－第十回）』（第一書房、1998年。その後2000年に対訳と訳注のみであるが『満文金瓶梅訳注 第十一回－第十五回』大東文化大学語学教育研究所）がある。『満文金瓶梅』の訳注は、近世漢語の方々から、続きを早く出すようにとの要望も聞かれるのであるが、筆者の満洲語に対する興味は康熙年間の『満文金瓶梅』よりも古い満洲語で書かれている順治年間の『満文三国志』に移り、その後ヌルハチ・ホンタイジ時代の最初期満洲語文献の写真複製本『満文原檔』が入手できるようになり、興味は一層古い方の満洲語に移ってしまった。『満文金瓶梅』の訳注は全百回のすべてどころではなく、第十五回で頓挫したままである。しかし、その御蔭で筆者の電子化資料は『満文金瓶梅』、その漢文原本（崇禎本）、漢文本からの邦訳（岩波文庫本）、『満文三国志』（順治本、全24巻中の約1巻分は早田清冷の入力）、その漢文原本（嘉靖本、スペイン・エスコリアル本）、その邦訳（元禄期の『通俗三国志』）、『満文原檔』等等のすべてにまで広がった。入力のために費やした時間と労力は大変なものであったが、電子化資料により筆者の満洲語研究は、自分としては大いに進んだと思っている。満洲語に関する研究論文の類も、いずれ機会が許せば整理したいと思っているし、『満文金瓶梅』の訳注書も続けられれば続けたいものである。『金瓶梅』の世界最初の外国語訳はこの『満文金瓶梅』なのであり、他の外国語訳と比べるのも面白い（本書第14章243-244頁参照）。満洲語のような類型論的に日本語（特に上代語）に似ている言語は、それなりの興味もわく。本書の第14章「万葉漫歩」には意識して満洲語の例も挙げた。その他第11章11.2節、第12章12.6節も満洲語が関わっている。

　本書は上代日本語の音韻について書いたものを中心とした十数篇に、英文で発表したものの邦訳一篇（第Ⅰ部第2章）、未発表のもの一篇（第Ⅰ部第6章）を加

えて一本にした。大きく分けて、第Ⅰ部「上代日本語の音韻」、第Ⅱ部「音韻史の方法」、第Ⅲ部「ことばの諸相」の3部である。

第Ⅰ部「上代日本語の音韻」には、まず上代語の母音（音素）の数とその内容、一部の子音の音価、有無の議論のやかましい母音調和、動詞等の活用、共時的語形変化、所謂母音連続の忌避などなどの問題を取り上げている。上代が中心であるが、アクセントなど資料の関係で中古以降にも関わる。上代語の母音（音素）の数にしても、服部6母音説と筆者の6母音説とは似ているようで同じでない。服部の母音音素は極めて音声レベルに近い音素レベルの母音であるのに対し、筆者の6母音説の母音は母語話者の脳裏の辞書に蓄えられている（と仮定される）形で、このレベルの1母音は服部の音素レベルの程度に具体的に発せられる場合には2種類以上の母音音素に対応しうるものである。

第Ⅱ部「音韻史の方法」には、筆者の考える音情報の記憶・その史的変化の仕組み、現代日本語の音節、音声形に現れない音形を基底形として認めるべきことになる例、言語・時代が違っても似通った音韻変化の現れる現象（日本語と満洲語）、声調とアクセント・ストレスの本質、定型詩とリズムの問題等を扱っている。古代語のアクセントとしては、古い論文であるが拙著『音調のタイポロジー』に含まれていない「生成アクセント論」を載せた。これは『類聚名義抄』を主とした声点資料に基づいて筆者の推定した中古アクセントの論考および現代方言の解釈などを扱ったもので、『岩波講座 日本語5 音韻』(1977年)に載せられたものである。いわゆる2音節の4類名詞と5類名詞の区別については、この時点の研究では資料不足でしっかりした議論はできていない。

第Ⅲ部「ことばの諸相」には、アクセント史に関わる論者の書評、雑誌に連続掲載した上代語に関わる読み物などを入れた。最後に擬音擬態語に関わる小さな見本のようなものを附した。筆者としては今後のまともな進歩を期待している分野である。幼児語と擬音擬態語は様々な意味で重要なものである。基礎語彙に入れるかどうかはとにかく、採集・保存・研究すべきものである。筆者も満洲語については擬音擬態語のデータを相当集めたのであるが、現在発表する段階ではない。

執筆者の「著作目録」を加えるようにとの要望があるということで、筆者の喜寿の折りに九州大学の言語学研究室で久保智之教授が中心となり研究室の院

生の方々のご尽力により作って下さった『早田輝洋 著作目録』にいろいろ手を加えて本書に附けた。もともと筆者が何か書くたびに心覚えにメモしておいた記録である。極めて未熟なものも入っており、忸怩たる思いを禁じ得ないが、目録には加えておいた。学内の雑文も混じっている。繁簡よろしきを得ないことを承知の上でそのままにしておいた。

　私の書くものは、しばしば題名に「生成（音韻論）…」と附けることを要求されたが、筆者自身、生成音韻論の理論家でないことは自覚している。もともと構造言語学の世界で育った人間であり、結構保守的だと思っている。学生時代、日本語の系統や日本語の歴史に興味があり、有坂秀世・服部四郎両氏の路線を追いたいと思って言語学科に進んだ。しかし、当時の構造言語学に飽き足らない思いが日増しに強くなり、将来の見通しも立たずやや鬱っぽくなっていた。服部先生は懸命に構造言語学の修正に努めていらしたが、その程度ではどうにもならないほど当時の構造言語学はつまらない言語学になっていた。数理言語学・情報理論・機械翻訳等にも首を突っ込んだ。チョムスキー理論は救世主だった。服部先生の重視しない脳裏の辞書や形態音韻規則を重視し、音声レベルを整理した自律的音素レベルというものに疑問を持っている点などに共鳴した筆者の書くものに、「生成（音韻論）…」等の題名を附するように要求されるのも無理のない所であろう。構造言語学の時代の術語「形態音韻論」は、形態音韻レベルでない音素レベルの存在を前提にしているゆえ、そういう音素論を認めない立場では単に「音韻論」と言うようになった。筆者の若い頃は、「それは音韻論ではなくて形態音韻論だ」という言葉が非難を含意して使われたものである。本書の第7章・第8章には、そのあたりのことを多少は書いてある。本書第7章の鶴岡方言アクセントの例など、筆者の解釈は形態音韻論である、として非難の対象であった。

　本書第Ⅱ部第7章の117頁にも書いたが、服部四郎氏によれば、記述言語学の記述の目的は、記述した文法と辞書とによって非母語話者がその言語を理解でき、その言語を発することができるようになるためのもの、ということであった。しかし私の興味は、言語に関するどういう仕組みがヒトの脳裏に収められているのか、それが時代と共にどう変わっていくのか、という所にある。

　ヒトはヒトという種に固有の言語普遍特徴（普遍文法）を持って生まれ、生ま

れてから後に曝される個別言語特徴をパラメーターの設定のようにして獲得する、という考え方に賛成したい。言語普遍特徴はヒトに共通であり遺伝するが、個別言語特徴は獲得形質としか考えられない。個別言語特徴が遺伝すると考えて、言語の系統を論ずる向きもあるが賛成し難い。

　琉球諸語(嘗ては琉球諸方言と言った)との比較による日琉祖語の研究は急速に進歩してきて、非常に期待が持てる。8世紀までは可成り豊富な資料を基に遡れる本土方言と違い、琉球諸語は今の所、遥かに新しい資料しか得られていない。上代日本語資料に見られる母音の特異な分布は母音調和の痕跡なのか。琉球諸語にその痕跡も見られないということは、琉球諸語では母音調和が早期に消失してしまったのか。それとも日琉祖語にそもそも母音調和はなかったのか、昔から議論の有る所であったが、これは最近盛り上がってきた精緻な比較研究に期待したい。この問題は母音調和とアクセントの共存という問題にも関わり興味の尽きない所である。本書第Ⅰ部第3章の付記2,3(50-51頁)も参照されたい。

　さきにも触れた本土方言で分布に極めて偏りが有り古代語文献上の徴表の極度に乏しい2音節4類名詞と5類名詞のアクセント型の区別は日琉祖語に有ったのか、これも興味有る問題である。今までの研究では、この区別は少なくとも筆者等は琉球諸語には無いのかと思っていたが、最近の研究では必ずしもそうとは言えない、ということのようである。今後の研究の進展が楽しみである。

　本書に収めた研究は、かなり古いもの(「生成アクセント論」1977年)から最近のもの(未公刊の第6章──その一部は2015年の口頭発表)までにわたっている。それぞれの時代の(筆者の環境における)何らかの圧力の影響が見られ、今見ても例えば「ので」が多用されていたりして驚くほどである。

　本書をまとめるに当たり、明らかな誤記・誤植の他は改めないようにしたいと思いながらも大きく手を入れた所もある。そのような場合は「付記」に記すことにしたが、完璧ではないかも知れない。

　言語学も国語学も格段に進歩してきているし、よい資料も多く利用できるようになった。筆者の今考えていることを多少は世に示し、批判を仰ぐことも無意味ではない、と信じたい。アクセントについても上代語についても、さらに満洲語についても、やりたいことが山ほど残っているが夙に八十歳を過ぎた今、

ひとまず上代語についても一書にまとめて、それが済んでから体力が許せば残りの課題を片附けたいと思った。

　そういうことで岩波書店編集部の濱門麻美子氏には、本書の出版のために初めから多大のお世話をおかけした。今までに書いたものを纏めるだけだからと、たかをくくっていた筆者はいざ作業を始めて驚いた。今までに書いて来たものが、如何に粗雑な書き方をしていたのかを初めて悟ったのである。校正は要領が悪いうえに戻しも遅くなりがちの筆者に、根気よく建設的な提案・助言をして下さった濱門氏に特筆して感謝の意を表したい。

　最後になるが、私を導いて下さった先生方、先輩同僚友人諸氏、勝手なことをやらせてくれた家族にも感謝の言葉を申し上げたい。

　2017年2月

早田輝洋

目　次

はしがき

第 I 部　上代日本語の音韻 ———————————— 1

第 1 章　オ列甲乙の別 ………………………………… 3
はじめに　3
1.1　服部説（服部 1976c による）　4
1.2　松本説　5
1.3　仮名遣と相補分布　6
1.4　母音の長短の対立　7
1.5　頻度と類型論　11
1.6　動詞未完了連体形とク語法　12
1.7　靡　16
　付　記　18

第 2 章　流音と動詞語幹末母音交替 ………………………… 19
2.1　上代日本語動詞の活用表の一部　19
2.2　流音の特性　21
　　(a) r 類の流音と l 類の流音の区別／(b) 日本語の音声史で /r/ はどのように発音されたか？／(c) 上代日本語の /r/ はどんな音と交替していたか？
2.3　/i, e/ と /u/ の交替は本当に流音に関係があるのか？　28
2.4　未完了連体形　29
2.5　ku 名詞化　31
2.6　已然形　32
2.7　連体語尾と已然語尾と受動語尾　34
2.8　要　約　35
　付　記　35

第3章　母音調和 ……………………………………………… 37

はじめに　37

3.1　上代語に母音調和は生きていたか　37
3.2　従来考えられてきた上代語母音調和　40
3.3　考えうる母音調和　43
　　(a)語彙項目内部の母音調和／(b)形態素における母音調和規則／(c)祖語の母音調和

おわりに　50

付　記　50

第4章　母音体系 ……………………………………………… 53

はじめに　53

4.1　上代語の音声について　53
4.2　諸説の概観　55
4.3　構造言語学の音素論的解釈──服部四郎の6母音説　56
4.4　服部説の問題点　58
4.5　筆者の考えている上代語母音──早田の6母音説　59
4.6　音韻論に対する考え方　63
4.7　母音調和　66

おわりに　67

付　記　67

第5章　動詞活用 ……………………………………………… 69

5.1　序　説　69
　　(a)本稿の概略／(b)文字／(c)活用と派生／(d)語幹と接尾辞の区別の重要性
5.2　上代語音韻概説　73
　　(a)音声と表記／(b)音韻交替
5.3　動詞の活用　77
5.4　不規則動詞　78
　　(a)子音・母音混合語幹説／(b)子音語幹説／(c)子音語幹説の問題点
5.5　規則動詞の活用に関する若干の問題　85
　　(a)已然形についての提案／(b)二段活用の連体形・已然形／(c)ル・レ附加(靡)説／(d)ル脱落案

5.6　上代語動詞語幹の派生形　92
　　5.7　結　論　98
　　付　記　99

第6章　母音脱落　101
　はじめに　101
　　6.1　上代語資料　101
　　6.2　典型例　102
　　6.3　今までの研究　103
　　6.4　母音の広狭　103
　　6.5　いわゆる母音連続の忌避　104
　　6.6　古代語の脱落形と中古以降の非脱落形　105
　　6.7　筆者の考え　105
　　6.8　結　論　111
　付　記　111

第Ⅱ部　音韻史の方法　113

第7章　言語と言語史のための音素論と音韻論　115
　はじめに　115
　　7.1　音　素　115
　　　(a)音素は音声レベルのものである／(b)音素は脳裏に貯蔵されている音形ではない／(c)音声形の史的変化とは／(d)脳裏に貯蔵されている音形(辞書形)と音声形との隔たり
　　7.2　単語声調とアクセント　124
　　　(a)アクセントとトーン／(b)トーン(音節声調と語声調)／(c)ピッチアクセントとストレスアクセント／(d)弁別的音調と非弁別的音調／(e)同一言語・方言中の複数種の弁別的な音調
　おわりに　135
　付　記　135

第8章　生成アクセント論　137
　はじめに　137
　　8.1　アクセント理論と現代方言の分析　137
　　　(a)アクセント表示の抽象性／(b)生成音韻論と音素論／(c)アクセントと声調

8.2　平安末期京畿方言のアクセント体系　149
　　　　(a)声点資料／(b)形容詞／(c)動詞／(d)名詞／(e)複合名詞／
　　　　(f)動詞の活用形
　　付　記　170

第9章　音節構造の変遷…………………………………………………171
　　要　旨　171
　　9.1　上代語の音節構造　172
　　9.2　音節からモーラへ　174
　　9.3　分析の抽象性　175
　　定　義（音節・モーラ）　177
　　付　記　179

第10章　音声形として実現しない基底形………………………………181
　　　　──佐賀方言の動詞未完了連体接辞の例
　　付　記　185

第11章　音変化と元の体系の保持………………………………………187
　　　　──満洲語および日本語の音韻史から
　　はじめに　187
　　11.1　現代口語満洲語（錫伯語）　188
　　11.2　清朝時代の満洲語　190
　　11.3　日本語　192
　　おわりに　194
　　付　記　194

第12章　生成音韻論による接近法──母音縮約を例に ………………195
　　はじめに　195
　　12.1　資　料──文字表記、韻文と散文　195
　　12.2　比較言語学　198
　　12.3　連　濁　199
　　12.4　上代語母音縮約　200
　　　　(a)上代の共時態／(b)母音縮約とは／(c)母音連続の忌避は
　　　　本当か／(d)散文における母音脱落／(e)韻文における脱落
　　　　から分ること／(f)上代語母音縮約のまとめ

12.5　現代東京方言　213
　12.6　他言語の例——満洲語　219
　　　　(a)動詞否定形の母音脱落／(b)幻の母音脱落
　まとめ　224
　付　記　225

第Ⅲ部　ことばの諸相 ——————————————— 227
第13章　【書評】添田建治郎著『日本語アクセント史の諸問題』…… 229
　はじめに　229
　13.1　祖語・祖体系　229
　13.2　活用形とアクセント　232
　13.3　資　料　232
　13.4　形容詞　233
　13.5　音韻変化の規則性　233
　13.6　音韻変化の仕方　234
　13.7　通時論と共時論　234
　13.8　音韻と音声　236
　おわりに　237
　付　記　237

第14章　万葉漫歩 ……………………………………………… 239
　第1回〜第18回と付記　239

第15章　擬音擬態語と言語の古層 ……………………………… 267
　付　記　270

　参照文献　271
　著作目録　279
　索　引　289

第Ⅰ部
上代日本語の音韻

第1章　オ列甲乙の別

はじめに

　上代日本語のオ列音節に甲乙両類の書分けを認めない研究者はまずないであろうが、その書分けをどう解釈するかに関しては多様である。表記の違いを仮名遣の違いに過ぎぬとする人、音声の違いは認めるが音韻論的に対立しているものとは認めない人、音声が違うばかりでなく音韻論的対立であるとする人、音声(発音)の違いは認めるが、音韻論的対立とは何かをよく理解しない人等いろいろ有る。種々の母音図が提案されてはいるものの、内容は上の如くに様々であり、その2種類の書分けが真に音韻論的対立の現れであるか否かに関する正面切っての議論は少ないようである。

　服部四郎はその中でも積極的に、その2種類の書分けが上代語の共時態に於て2種類の音素の別を表したものである、と論じている。それに対して、松本克己は、これまた積極的にその書分けは、一部は異音を表したもので一部は仮名遣の現れに過ぎず、音素の違いではない、と論じている。他に亀井孝の慎重な論がある他は、例によって橋本進吉・有坂秀世二柱の神様がそう仰るからには、何事かはとんと存ぜぬがさわらぬ神に祟りなしとやらで、有難くそのまま押戴いている手合の多いこと。

　筆者は、少なくとも服部と同様、オ列甲乙2類の書分けは、いわば音素の違い即ち語彙項目の初めから区別を持って記憶されている2類の母音、と考えている。本稿は、オ列甲乙の2類の書分けを音素の違いとしない松本の論拠を充分考慮に入れ、その議論を中心にして奈良時代の日本語および奈良時代より前の日本語の音韻の一部について考える所を述べるものである。上代日本語の音韻体系に関する筆者の1998年(本稿初出)時点までの考えは早田(1996a, b)を参照されたい。

以下、便宜上 $o_1, o_2, i_1, i_2, e_1, e_2$ のように甲類を下付の1、乙類を下付の2で表記するが、必ずしもその母音に甲乙の(音韻論的および／あるいは表記上の)別が有るとするものではなく、その母音を含む音・節の甲乙の別の意である。また特に断らずに「上代語／奈良時代語」という時は、「上代語／奈良時代語中央方言」程度の意味である。

1.1　服部説(服部 1976c による)

橋本進吉が、2類の仮名の各類に「数多くの仮名が属し、かつ同じ単語がいつも一定の同じ仮名で書き表わされるのではなく、同じ単語の同じ音節を表わすのにも、同類のいろいろの仮名が用いられ他類の仮名は用いられない点より見て、両類の区別が当時の日本語の発音の区別に基づくのでない限り、単に字面の記憶だけでは、仮名のこのような使い分けは不可能だとして、万葉仮名の音価推定の研究をお始めになった。これは画期的なことである。」(71 頁)

上代日本語の o_1 と o_2 は「この両者が完全に補い合う分布をなすと仮りにしても、なお「環境同化の作業原則」[1]によって両者が同一音素に属するか」(72頁)というと、それは困難であるとする。

o_1 と o_2 は「完全に補い合う分布をなすのでは決してなく、実は、音韻的対立をなす例が多少はあるのである」(72頁)として、yo_1《夜》、yo_2《代、世》は同じ品詞どうしで音韻的に対立し、ko_1《子、籠》、ko_2《此、是》、ko_2《来い(命令形)》は「品詞も職能もそれぞれ異なるけれども、音韻的対立をなすと言わなければならない」(72頁)、また《衣》が so_1 とすれば《其》so_2 も当時は「「ヲ、ガ」が付き得たから自立語で、両者は音韻的対立をなしたであろう」(72頁)とする。さらに大野晋(1976: 62)の例 ko_1si《越[国名]》と ko_2si《腰》、ko_1pu《恋ふ》と ko_2pu《乞ふ》、ko_1su《越す》と ko_2su《来す》も然り、ko_1yu《越ゆ、肥ゆ》と ko_2yu《臥ゆ》も後者の終止形は実証されていないが「対立例をなすに違いない」(73頁)とする。また同一の単語が o_1 表記と o_2 表記で現れているものがあるが、服部四郎の母方言に「《洗濯》を意味する単語に「センダク」と

---

[1]　服部 1960: 283 以下参照。

「センタク」の二形がある」ように、そういう「単語は共時的に二つの形を有する」(73頁)とする。結論として、o_1 と o_2 は「上代日本語の表層的共時態においては、別の音素であったと認められる」(73頁)と言う。

1.2 松本説

第一に、オ列甲乙の分布がほぼ補い合うものであるゆえ、少なくともその一部は、音声的な異音である。2音節語幹において、「オ列甲・乙の現れ方は、【中略】音節 CoCo(必ず o_2 が現れる)と CuCo(必ず o_1 が現れる)においては完全に補い合う分布をなしているが、それ以外の音節構造ではこれほど単純ではない。問題はこれらの環境においてはオ列甲・乙がはたして弁別機能を担っているかどうかである。【中略】単音節語における甲・乙の現れ方は、概略的に、1)独立的な単音節名詞では o_1 が現れる。2)非独立的な単音節語では o_2 が現れる。」(1995: 120、初出は 1976: 75)

第二に、上代日本語のオ列甲乙の音価と頻度は、2種類の音素としては類型論的に見ておかしい。o_2 の頻度は o_1 の頻度より圧倒的に高い。松本克己の調査による『時代別国語大辞典 上代編』(1967)では、「o_1 = 24.6% o_2 = 75.4% オ列甲類では、このように出現頻度が低いだけでなく、それが現れる範囲も限られ、しかもかなりの程度まで音声的に条件づけられている。すなわち、その主たる環境は、1)CuCo における -Co の位置 2)独立性の強い単音節名詞、すなわち、#Co# である。このように、上代語では、オ列甲・乙の場合は、明らかに、甲類が劣勢(=有標)音、乙類が優勢(=無標)音という関係になっている。」(1995: 140、初出は 1984: 26) ところが「/o/ と並んで /ö/(に類する母音)を持つ諸言語」では、「明らかに /o/ が優勢(=無標)音、/ö/ が劣勢(=有標)音という関係に立っている。」(141頁)

第三に、オ列甲乙両類の合流の方向もおかしい。「オ列甲・乙の合流は、$o_2 > o_1$ という方向で行われた」とされているが、「一般に、二つの音が合流する場合には、特別の環境によって条件づけられた部分的合流を除き、劣勢(=有標)音が優勢(=無標)音に合流するのが原則である。実際に、オ列甲・乙の合流は、表記面から観察されるかぎり、乙類表記が甲類表記にとって代るとい

う形で進行し、想定されたような $o_2 > o_1$ の方向で合流が起ったことを示す証拠は全く見出されない。通時的プロセスとしての $o_2 > o_1$ という想定は、いうまでもなく $o_2 = $ /ö/(有標音)、$o_1 = $ /o/(無標音)という前提のいわば必然的な帰結である。とすれば、この解釈自体にやはり問題があると言わなければならないであろう。」(142頁)

ということで松本は、オ列甲乙の2類の表記は、環境による異音の表記と一部仮名遣であり、音素の違いではない、とする。

1.3 仮名遣と相補分布

松本克己の言う仮名遣説は、服部四郎の言うとおり無理であろう。あれほど多くの単語について、音韻的区別の無い(同音の)音節にあれほどの多様な万葉仮名を仮名遣即ち約束として書分ける、ということは至難の業である。音韻の区別が無い所を、音声の違いに基づいて別の文字を使うというのは、音声学の訓練を受けていなければ出来るものではない。

松本としては服部の挙げる(疑似)最小対立例の書分けは、上述の仮名遣であるとするのであろう。例えば、動詞連用形「乞ひ」は ko_2pi_1、名詞「鯉」は ko_1pi_1 で、最小対立例になる。今のコの例は動詞が乙類、名詞が甲類であったが、「腰」ko_2si と「越し」ko_1si では名詞が乙で、動詞が甲である。同じ音声であれば各単語ごとに仮名遣を覚えるのは大変なことであろう。しかも同音の幾つもの万葉仮名のそれぞれについて、各2類に分けて覚えねばならないのである。例えば、「腰」の第1音節なら許己巨渠去居挙虚拠などの中から、「越し」の第1音節なら古故胡姑枯固高庫顧孤などの中から、選ばなければならないのである。そのようなことは区別できる音の違い(音声でなく音韻の違い)に基づかなければ出来るものではない。また松本は、

「それ【オ甲】[2]が現れる範囲も限られ、しかもかなりの程度まで音声的に条件づけられている。すなわち、その主たる環境は、

[2) 引用中、【 】に入れたのは引用者(早田)による補足である。

1) CuCo における -Co の位置

   【例：uko《愚》、kuso《糞》、kuro《黒》、suso《襴》、futo《太》、muro《室》等】

2) 独立性の強い単音節名詞、すなわち #Co#

   【例：ko《籠、子》、so《麻》、to《門、戸》、no《野》、jo《夜》等】

である。」(140 頁以下。ローマ字表記は松本)

と言う。松本は、想像するに、1)の環境ではoはuの影響で狭くなりがちであろうし、2)の環境では(今の関西方言のように)長母音化しやすかった、というようなことがあり、そのような「異音」を別の文字(オ甲に当る万葉仮名)で現した、とお考えのようである。異音を別の文字で現す困難については上に述べた所である。寧ろここでは何故オ甲の分布が、即ちその生起する「主たる環境」が上の1) 2)の如きものになっているのか、ということを考察してみたい。

1.4 母音の長短の対立

まず、母音の長短の音韻論的対立について松本は「ちなみに、上代語には現代語と違って自立的な長母音が存在せず、その意味で母音の長短が弁別的でなかったという点に留意されたい」(松本 1995: 120-121)のように言っている。しかし筆者としては、度々主張している所であるが、世界の諸言語で、開音節のみで母音の音韻論的長短の区別の無い言語は管見に入らない。バントゥーのクワニャマ語(湯川 1997)など可成りそれに近い傾向があるものの、鼻音で音節を閉じるし、母音が並ぶと音声的には長母音で発せられる。即ち唯一の音節構造が /(C)V/ であり、その /V/ に何らかの長短あるいは閉音節性(の発展形)の見られない言語は、有るとしても余程稀であろう。理論上は何か韻律的 prosodic なものに変形していてもいいようなものの、実例が不確かである。

以下、祖語においては、弁別的な短母音を a, e, i, o, u、弁別的な長母音を aa, ee, ii, oo, uu と表記し、奈良時代以降は一般に短母音 a, e, i, o, u で長短の母音を区別なく表記する。

服部は、日本祖語はもとより奈良時代においても母音の弁別的長短の対立を考え、服部(1979b: 98)では、*e(短い e)は奈良時代中央方言で i_1 に、*o(短い

o)は同じく u になった：*ee（長い e）や *oo（長い o）はそれぞれ e_1, o_1 になった、としている。奈良時代の長短の条件は今触れない。長短が表記されていない以上、その明示は事実上困難であろう。この服部の「仮説」は非常に射程の広いものと考えられる。(*o ＞ u, *e ＞ i_1 に関しては『日本書紀』の朝鮮地名も参照。)

松本の 2) の環境からさきに取上げよう。現在の関西方言でも 1 音節語は長呼されているが、服部の仮説を用いれば、次のように考えられる。即ち、祖語の 1 音節語は異音として長呼されていたのでなく、弁別的に長い母音を含んでいた；従って後に u にならず o_1 になったのである；1 音節語に o_1 が多いのはかかる理由による、と説明できる。

また奈良時代語で、u と o_1 の交替が多く見られる故、u と o_1 は音声的には相似たものであった、というかなり多くの人に言われている意見を松本も受入れて、「このような事実は、上代語では o_2 よりも o_1 の方が音声的に u に近い音であったと考えなければ説明できない」(松本1995: 133)とされている。しかし、服部の上記仮説を援用すれば、それは長母音を含む形と短母音を含む形の二重形に由来する、と考えることができる。若干の例を松本(1995: 133)より挙げ(筆者の表記による)、服部仮説を援用した祖語の形を併記する：

祖語の形

$suko_1$	suku	少	*sokoo / *soko
$sugo_1$	sugu	過	*sogoo / *sogo
$tubo_1$	tubu	壺、円	*toboo / *tobo
agura	ago_1ra	呉床	*agora / *agoora
aruzi	aro_1zi	主	*arozi / *aroozi
ayuku	ayo_1ku	揺	*ayoku / *ayooku
tanu	$tano_1$-si	楽	*tano / *tanoosi
mayu	$mayo_1$	眉	*mayo / *mayoo
suga	so_1ga	清	*soga / *sooga

tuga　　to₁ga　　栩　　＊toga / ＊tooga
mura　　mora　　群　　＊mora / ＊moora
　　　　（叢雲の叢）

　今奈良時代語の同一語幹中の Co_1Co_1（と思われるもの）は、重複型を除いては mo_1ko_1（婿?）、ko_1po_1-（恋）、$poto_1$（程）程度しか見られず、これらの例も別の説明が可能のようで、ほとんど無いに等しいと言える。Co_1Co_1 が無くて $CuCo_1$ が多いのは何故か？　当然問わるべき問題である。

　服部はまだ ＊o＞u 仮説を公表される 1979 年より前、「異化（dissimilation）によって ＊CuCu → /CuCo/；＊CiCu → /CiCo/ という通時的変化の起こった可能性があるとも考えている」(1976b: 13) とされる。その CuCu は祖語のどういう形に由来するのか、祖語の ＊CuCu の一部が異化したのならば、どういう条件でこの異化が起ったのか、が問われるし、また ＊CuCu の一部が CuCo になったのであれば、何故 CuCo の頻度が高いのか、という説明がよくできない。

　1979b の服部仮説を援用した時、奈良時代語で Co_1Co_1 になりそうな祖語の形はどんなものであったか考えてみよう。

　奈良時代語の o_1 の典型的な祖形は ＊oo なのであるから（＊o だったら服部仮説では奈良時代に u になってしまうから）、最も Co_1Co_1 になりそうな形は ＊CooCoo である（各音節が ＊Coo の他に ＊Cau や ＊Cua であってもいい筈であるが、語幹の中に二重母音の有る可能性は少ない、と考える）。ところが奈良時代に Co_1Co_1 の語幹は（一般には）無い。世界の言語を見渡すと、中には、2 モーラ音節の連続を避ける傾向も見られる。

　フィン語の gradation の簡単化したモデルに、次のようなものがある（y は前舌円唇母音、mykkä は《mute》の意）：

　　nominative sg.　　mykkä
　　essive sg.　　　　mykkä-nä
　　genitive sg.　　　mykä-n
　　ablative sg.　　　mykä-ltä
　　inessive sg.　　　mykä-ssä

この例の［kk］と［k］との交替は、2モーラ音節が二つ続くとき、［kk］を［k］にすることによって前の2モーラ音節を1モーラ音節にするものである。即ち、音節境界を［.］で現せば（煩雑ゆえ形態素境界「-」を略す）：

nominative sg.	myk.kä
essive sg.	myk.kä.nä
genitive sg.	myk.kän → my.kän
ablative sg.	myk.käl.tä → my.käl.tä
inessive sg.	myk.käs.sä → my.käs.sä

さて我が上代語でも *CooCoo の如き2モーラ音節の連続が忌避されたと考えれば、この Co_1Co_1 になる筈の *CooCoo は、上のフィン語と同様に第1音節が1モーラになって、*CoCoo になったのではないか。この *CoCoo は服部仮説により $CuCo_1$ になった。かくして奈良時代語に Co_1Co_1 は無く、$CuCo_1$ の頻度が高くなったものと考えられる。勿論奈良時代語で $CuCo_1$ であるためには、祖語の形が *CooCoo でなければいけない訳ではない（二重母音の可能性については嚢に触れた）。祖語で *CuuCoo でも *CuCoo でもいい、*CoCoo でもいい。これら *CooCoo, *CuuCoo, *CuCoo, *CoCoo のいずれでもいいのであるから、奈良時代語で $CuCo_1$ の頻度が高くなるのは当然である。ただ祖語の語幹として上のすべての形が許されていたかどうか甚だ怪しい。

奈良時代語で Co_2Co_2 が非常に多いことは、やはり母音調和の名残を思わせる。しかし Co_1Co_1 が無いに等しい、ということは、勿論未然形母音が語幹母音の如何に拘らず /a/ であることと相俟って、奈良時代語の母音調和の存在を否定するものである。それでも、祖語で実は CooCoo が多かったとすれば、そしてその時代にはいわゆる未然形の母音も語幹母音に調和して替変していたとすれば、祖語の時代には母音調和が有ったが、何らかの理由で、奈良時代までに失われた、という可能性も考えられる。

*CooCoo > *CoCoo > $CuCo_1$

が認められるのならば、それと平行して、すべての母音について、上の過程が

認められないか、ということになるが、o_1 と e_1 以外では母音推移が無かったとする以上、その痕跡が残らない。ただ e_1 については次のような推移が考えられる：

$$^*CeeCee > {}^*CeCee > CiCe_1$$

上の $^*CeeCee > {}^*CeCee$ は $^*CooCoo > {}^*CoCoo$ と同じく筆者の仮説であり、$^*CeCee > CiCe_1$ は $^*CoCoo > CuCo_1$ と同じく服部仮説である。上の過程を認めないと、奈良時代語の語幹に何故 Ce_1Ce_1 が無いのか、ということがよく説明できないこと、Co_1Co_1 が無いことの説明と同様である。e_1 の前身を ia だけとするならば何故 $^*CiaCia$ が無いのか説明に窮する。上述の過程を立てて始めて奈良時代語に Ce_1Ce_1 の無いことが説明できる。奈良時代語に Ce_2Ce_2 の無いことに対する説明は、従来の考え方で納得できる。即ち、e_2 の出自は ai であり ai 以外でありえない；その -i は露出形形成辞で(本来は 3 人称所有接辞かも知れないが)語幹末に附加されるものである。従って、$^*CaiCai$ の如く語幹中に -i が挿入されることはありえない。$^*CaiCai$ が無い以上 Ce_2Ce_2 はありえない、ということになる。

1.5 頻度と類型論

松本克己は有標性と頻度の問題について論じている。これについて考えてみよう。まず上代語で、統計上 o_1 の出現頻度はかなり低く、o_2 の頻度の方が遥かに高い。音声的に o_1 の方が奥舌で円唇と考えられるのに対して、o_2 は中舌で、もしかしたら円唇かも知れない。どうみても音声的には o_1 の方が無標で o_2 の方が有標である。そして歴史的に無標の o_1 が有標の o_2 に合流して o_2 の文字で表記され、今に到っている。松本は、世界の多くの言語を見ても(中舌あるいは前舌の円唇母音という)有標の母音の頻度が低く、無標の母音の頻度が高いのが一般である；上代語の状況はおかしい；しかも、歴史的に無標の母音(o_1)が有標の母音(o_2)に合流する、というのは逆である；一般的には無標のものが勝ちを占めるのである、と言う。

まことに尤もな論である。しかし、服部仮説の言うように、祖語の短い $^*o$

がすべて奈良時代には u になってしまった以上、無標の音声を持つ o_1 は奈良時代には *oo の後裔だけになってしまい、その数は相当に減ってしまった筈である。一般に長母音と短母音では、長母音の方が有標で頻度が低い。低頻度の長母音 *oo に起源するものだけが奈良時代の o_1 なのである。音声として無標であっても頻度は当然低い。だからこそ、o の甲乙の弁別が急速に失われた。しかも、その音声的区別が失われるや、松本の言うとおり、当然その音価は無標の音声、即ち今まで o_1 が持っていた音声に融合してしまうのが自然である。決して有標の o_2 の音声が勝ちを占めたのではない。o_1 が担っていた無標の音声が勝ちを占めたのである。有標の音声（中舌の o）が無標の音声（奥舌円唇の）o になってしまったのである。文字だけは、既に音声の区別が無くなった以上、使用者は文字の持っていたかつての音声の別を知らず、それまでの使用頻度の高い方の（o_2 を表していた）文字を一般に使うようになったのも自然である。o に甲乙の区別のない（そして、かつての ［o_1］の音声を発している）我々が現に用いている仮名は、平仮名の「こ」も片仮名の「コ」も ko_2 の文字「己」である。「コドモ」と書いても「すこし」と書いても、それを［ko]（すなわち［ko_1]）と発音しても、少しもおかしくない。これは四つ仮名の別の失われた時と同様である。ヂ［dʒi］とジ［ʒi］、ヅ［dzu］とズ［zu］の音韻的区別は現在なくなって、発音は、少なくとも東京方言では、すべて［dʒi］と［dzu］になっているが、文字は区別のあった時の、それぞれ［ʒi］と［zu］の仮名ジとズを一般に用いて何ら異としない。音声に区別がなくなった以上、同音の文字は使用頻度の高い方が無標である。音声も文字もやはり無標の方が勝ちを占めたのである。

1.6 動詞未完了連体形とク語法

さて服部仮説のうち少なくとも *o > u, *oo > o_1, *ə, *əə > o_2 を認めるということは、祖語の *o と *ə、*oo と *əə の別を認めることになる。奈良時代語の ru（動詞連体接辞）は当然東国語の ro_1 と cognate であろう。奈良時代の o_1 が、大野 晋 の説 (1977: 202-3)、kazu + ape_2- → $kazo_1pe_2$-「数ふ」や tudu + ap- → $tudo_1p$-「集ふ」から、少なくとも o_1 の一部は ua から来たと言えそうで

ある。即ち服部仮説の一部にある *au, *oo の他に *ua も o_1 になったと考えられる。即ち、*au ＞ *oo、*ua ＞ *oo、ついで *oo ＞ o_1 なのであろう。中央方言の連体接辞 ru や東国方言の同じく ro_1 が *roo, *rau, *rua のいずれに遡るのか今のところ分らぬが、o_1 と a との類縁性は、2 音節語幹の音節構造として、Co_2Ca も $CaCo_2$ も少ないのに $CaCo_1$ が非常に多いことからも窺える。o_1 の出現度数は、松本の強調する $CuCo_1$ の第 2 音節よりも $CaCo_1$ の第 2 音節の方が、延べで明らかに高く、異なりでは倍近く高い、という調査がある（朴範眞の未刊論文）。

　上代語に「ク語法」と呼ばれるものがある。平安時代のアクセント資料による限り、これは連体形＋高平の 1 音節名詞である。これを連体形＋aku であるとする説がある[3]。この場合、アクセント形の説明はともかくとして、以下のように動詞過去連体形（過去連体接辞 isi）に続くときに、現実の形 siku と違う形が予測されてしまう。

　　動詞現在連体形　　　ru＋aku → raku（何故 ro_1ku にならない？）
　　動詞過去連体形　　　si＋aku → ˣseku（実は siku）
　　形容詞連体形　　　　ki_1＋aku → ke_1ku

筆者としては、既に岡倉(1900)、岡田(1942)、福田(1954a, b)に言われている説「活用語の連体形にクの附いたもの」に従いたい。即ちク語法の形式名詞は ku であり、その前に来る ra, si, ke_1 はそれぞれ動詞現在連体接辞、動詞過去連体接辞、形容詞連体接辞とするものである。このうち過去の si のみは奈良時代中央方言に於いても連体形 si に変わりない。三形態素が連体接辞であるならば、この動詞連体接辞 ra（及び通常の奈良時代中央方言形 ru）とこの形容詞連体接辞 ke_1（同じく ki_1）は、それぞれ東歌に見られる東国方言形 ro_1 及び ke_1 と同源であろう。東国方言形 ro_1 が *rua, *rau, *roo のいずれから来たものであ

---

[3]　「この説は、大野晋氏の論文「日本語の動詞の活用形の起源について」（『國語と國文學』昭和 28 年 6 月号所載）の 2 節の註 5 によれば、金田一京助博士が昭和 17 年に東京大学における講義中に述べられたとのことであるが、昭和 16 年 3 月 21 日に脱稿された前記の岡田希雄氏「久語法の接続に就いて（上）」の中に見えてをり、金田一博士の創見とも思はれるが、また前後して同じ考へを抱いてゐた人が他にあつたとも考へられる。」（福田 1954b: 36）．

るかは分明でないが、中央方言のク語法形 ra が同源であるとすれば、*rua 或は *rau が、ku の前では u が落ちて *ra になり、ku の前でない時は *rua(或は *rau) > *roo > *ro になり(この短母音化は動詞語末による弱化であろう)、次いで(服部仮説により)ru になった、ということが考えられる[4]。

形容詞連体接辞もク語法および東歌の ke_1 を考慮に入れれば、祖語の時代には *kee であったとしなければならない[5]。*kee+ku は奈良時代には ke_1ku になり、形式名詞 ku の後続しない時は用言語末弱化により *kee > *ke になり、次いで(服部仮説により)ki_1 になった、ということになる。ク語法の形態素 ku は祖語で *ko であった可能性も勿論ある。即ち、

	中央方言		東国方言
動詞ク語法	ra+ku	< *rua+ku	
動詞未完了連体接辞	ru < *ro < *roo	*rua ∨	> ro_1
形容詞連体接辞	ki_1 < *ke < *kee		> ke_1
形容詞ク語法	ke_1+ku < *kee+ku		

このような過程を考えるためには、奈良時代より前に *o, *oo と *ə, *əə を音韻的に別のものと考えることが前提になる。即ち、少なくとも奈良時代より前には、オ列の甲類母音と乙類母音とは異音ではなく別の音素ということ

---

[4] 岡倉(1900)は ra+ku を ru+ku の異化と考えている。福田(1954b: 37)は、有坂の調査にあるように「動詞に接尾語が付いて新に派生語の用言を造る場合、接尾辞の直前に現れる音は、ア列音が最も多く、動詞の場合には殊にその傾向が強い。したがつて、接尾語「く」が付く場合、直前の音にア列音が現れてゐるのも接尾辞「す」「る」が付いて派生語を造る場合と同じく、古代国語における音節結合上の習性に牽引されたことが一つの契機となつたと考へられる。」という通時論を展開している。

[5] 上代語の中央語にもハシケヤシ、ハシキ甲ヤシが見られるが、既に武田(1949)がその総説 424 頁で、このハシケ甲を形容詞の連体形と見ている。なお、福田(1954a, b)は、中央語のハシケ甲ヤシ、ハシキ甲ヤシ、形用詞ク語法ケ甲ク等のケ甲を、形容詞語尾キ甲の古形としている。

になる。

　なお、奈良時代以前に動詞未完了連体接辞が ru でなく *ra 或は *raa の形も有ったとすると、一つ考えられることがある。動詞未完了已然接辞は奈良時代に re であり、舌端音 coronal で始るが re_2 であることは、語幹末非舌端音子音に後接した時 r が脱落し乙類音節を形成することから分る(例: aso_1b + re → aso_1be_2 阿蘇倍《遊べ》(万葉5-836))。さて、この re が re_2 であるならば、一時代前は *rai だったことになる(*raai なら後に ra になったと考えられるから(服部1979c: 114))。*rai ということは、その a と i との間に何か子音が有ったのが消えた、ということが考えられる。一番考えやすいのは、i の前であるから g が口蓋化して y になったのではないか、即ち *ragi > *rayi > *rai ではないのか、ということである。ところで現在の佐賀方言の仮定表現《~すると》に「動詞未完了連体接辞 ru + 形式名詞(的接辞)gi」がある。例: 〔tabe + ru〕gi → 〔taburu〕gi → 〔tabur〕gi → tabuggi《食べると》、〔tor + ru〕gi → 〔toru〕gi → 〔tor〕gi → toggi《取ると》、〔kak + ru〕gi → 〔kaku〕gi《書けば、書くと》等(早田1998a＝本書第10章)。

　現在の佐賀方言の ggi(:), ugi(:) は共時論的には「連体接辞 ru + 形式名詞 gi(:)」であるが、奈良時代以前の中央方言の *ragi も「連体接辞 *ra + 形式名詞 gi(:)」であると考えられなくもない。蛮勇を振って現代佐賀方言の gi(:) を前上代語に結びつけるとすれば、その歴史的発展は次の如きものか:

現代佐賀方言　　　　　　　　　　　中央方言
　　　　　　　*rua(*rau?) + gi(:) > *ra + gi(:)
ru + gi(:) <　　　　　　　　　　　> *rai
〔ggi(:)〕←　　　　　　　　　　　 > re_2

ツングース祖語の動詞条件接辞 *ragi を思わせるが[6]、余りに唐突である故、今は論じない。

---

6) 池上二良(1978: 86)が上代日本語の已然語尾とツングース語の動詞条件形語尾を比較している。

1.7 靡(なびき)

　松本克己が今更富士谷成章の「靡(なびき)」を受入れるというのは不可解である。「靡」の根本思想は、その詳細はともかく、非常に原始的素朴なものである。簡単に纏めれば、用言は終止形が本来のものであり(通時論か共時論かも不分明であるが)、終止形と連体形は同形である(四段動詞);終止形と連体形が同形でない二段活用動詞・カ変動詞・サ変動詞・ナ変動詞・一段活用動詞・シク活用形容詞、これ等の連体形は、終止形に動詞は ru、形容詞は ki が附いて出来た、とするものである。なお、ラ変動詞とク活用形容詞は終止形と連体形が同形でないゆえ、その連体形は「靡」ではない、とする。

　終止形に二次的に連体接辞が附加されて新たな連体形が形成された、とする説の「主たる根拠は、上代語で「靡」を持つはずの動詞がときとしてそれのない形、すなわち「終止形」のままで連体修飾的な位置に現れるという事実である」(松本 1995: 169)。確かにそのような例が若干有るのではあるが、それらの例の具体的な発音が観察できないこと(例えば無表記の声門閉鎖音などが無かったか)と、それを認めた場合、無理な説明に訴えねばならなくなることが問題である。松本の「靡」発生の根拠の説明も問題になるが、それについては今取上げないことにする。ここでは終止形と連体形の区別の存在を否定する議論を取上げよう。松本(1995: 167)は以下のように述べている:

> 「4段動詞に本来は連体形と終止形の区別があったと想定する論拠として、しばしば挙げられる東歌の用例、たとえば終止形 saku「咲く」に対する連体形 $sako_1$ のように、連体形にしばしば o_1 が現れるという現象は、終止形と連体形の統語的環境の違いに由来する「音配列的 phonotactic」な、それも音韻的というよりはむしろ音声レベルの変異現象と見るべきであろう。同様に、連体形と終止形に現れたアクセントの違いも、両者の統語的環境の相違に帰せられるであろう。」

　まず、東歌に於いて u と o_1 が動詞語末に出るが、その2母音の別は音韻的でなく音声レベルの変異現象、即ち後続名詞句と統合して大きな名詞句を作る時の異音が o_1 であると言う。松本は、中央方言では o_1 と o_2 が、仮名遣の違いで

ない限り、異音関係にあるとするが、東国語ではuとo₁が異音関係にあるとするのであろうか。往時の東国語の面影を残している八丈島方言では、今でも連体形は母音oを有しているとのことであり、語末のuとは音韻対立を示している。これは過去の時代の音韻対立の反映ではないのか。過去の異音が後代音韻対立に化した例とするのか。いずれにしても上代の東国語のよき言語資料が充分に無い以上、きちんとした議論にならないのはやむを得ないが、文法範疇の違うものが別の音の文字で表記されており、それが現在でも音韻的対立を示している場合、よほど独立の根拠が無い限り異音とは考えにくいのではなかろうか。

更に終止形と連体形のアクセントの違いも統語環境から説明されるように言われるが、少なくともこの場合は断然首肯しがたい。なるほど文末に位置する時と、後続名詞句と密接に結びついて大きな名詞句を作る際とは、相当に違う音形が現れることも考えられる。終止用法の文末ではピッチが下降しやすくアクセントが付き、連体用法の文中ではアクセントが入らない、とアプリオリには考えられよう。しかし、『日本書紀』に附されている、平安時代のものと考えられるアクセントからは、所謂係結びにより文末に位置している連体形も連体形のアクセント型(無アクセント)である。また動詞の場合は、終止用法は有アクセント、連体用法は無アクセント、と言えるが、形容詞は終止接辞siも連体接辞ki₁も共に有アクセントである。四段活用動詞の終止形と連体形は、歴史時代に於いて、アクセントが違い統語的な機能が違い、しかも東国方言では分節音も違う(と考えられる文字で表されている)。そして非四段活用動詞や形容詞では分節音も違う。このような場合、やはり連体形と終止形は区別が有った、と見るべきではなかろうか。東アジア、中央アジアの諸言語を見渡しても所謂アルタイ諸語には広く今でも連体形と終止形との区別が見られ、終止形は文を終止する時にしか用いられないが、連体形は連体用法は勿論、文を終止することも能くする。連体形と終止形の違いは、言語接触の結果であろうか、ロシヤ語の形容詞や分詞にも見られる。もっともこの区別は現代ドイツ語などにも、一層消極的にではあるが、見られる以上、果たして言語接触の結果かどうかは問題であるが。

　二段動詞の終止形連体用法の例は、形容詞語幹による連体修飾や母音語幹動

詞の yo₂ 無し命令形等に似ている感じもする。「yo₂ 無し命令形」という造語法も表面的には終止形連体修飾である。

付記

1. 本稿の初出は「上代日本語の音節構造とオ列甲乙の別」『音声研究』2(1)：25-33、1998 年である。

2. (1.4 節) *o, *e の長母音は後代そのまま、その短母音はそれぞれ狭母音 u, i になった、という服部仮説は、現代印欧諸語によく見られる長母音は tense で（だからこそ長い）狭めの母音で実現し、短母音は lax で（だからこそ短い）広めの母音で実現する、という'常識'に反している故、しばしば批判の対象になっているようである。ただ非語頭の狭くて短い母音は著しい弱化を被り母音として実現しない（モンゴル語、シベ語、程度は違うが現代東京方言の無声化母音、等）、或いは母音が消えて子音群を形成した（朝鮮語）、等々の現象によく接している東洋諸語の研究者には、さほど奇異には聞こえないように思われる。

3. 本稿にも挙げた、終止形に二次的に連体接辞が附加されて新たな連体形が形成された、とする「靡」の根拠の一つ、「上代語で「靡」を持つはずの動詞がときとしてそれのない形、すなわち「終止形」のままで連体修飾的な位置に現れるという事実」（松本 1995: 169）（この章の 1.7 節、さらに第 5 章の 5.5 節 (c)）は清朝初期の満洲語（統辞論・形態論の部分に可成り日本語に類型的な類似を見せている）の「動詞連体形＋名詞」形の名詞句を思わせる（早田 2015: 51）。満洲語資料は、ヌルハチ時代・ホンタイジ時代（1607-1636）の『満文原檔』に代表される最初期、順治帝の時代の『満文三国志』（1650 序）に代表される中期、北京生まれの康熙帝の時代の『満文金瓶梅』（1708 序）に代表される後期（順治期も康熙期もその時代の檔案資料を代表とすべきだと言われるかも知れない）に大きく分けられる。「動詞連体形（動詞語幹＋連体接辞）＋名詞」形の名詞句はどの時代にも多く用いられる標準的な形であるが、最初期のヌルハチ・ホンタイジ時代にのみ僅僅 14 例であるが連体接辞抜きの「動詞語幹＋名詞」（動詞語幹はすべて母音終り）の名詞句が見られる。日本語に直訳すれば《食物》を「タベ＋ル＋モノ」という形でいうのは各時代に多いのであるが、最初期にのみ更に「タベ＋モノ」の形が 14 例は見られるのである。14 例の動詞の種類は様々であるがよく使われる動詞である。満洲語のこの例は、満洲生まれのヌルハチ・ホンタイジ時代の『満文原檔』にしか筆者は見ていない。原因も今のところ不明である。日本語の《着物》「キ＋ル＋モノ」と「キ＋モノ」は連体接辞ルの有る形の方が「複合語」として古いと言えそうであるが、満洲語のこの例は連体接辞の無い例の方が古い資料に出ている。日本語のル無し形は《飲み物》(nom＋i＋mono) のように連用形由来の名詞として広く使われているが、満洲語の連体接辞の無い形は上記の初期満文以外には筆者は知らない。もう少し事情が明らかにならないと一般的なことは言えそうにない。

第2章　流音と動詞語幹末母音交替

　本稿の目的は、上代日本語の流音の特性および動詞語幹末 /i-u/ 交替と /e-u/ 交替の音韻論的論拠の探求にある。筆者は、動詞語幹末母音交替が流音子音の何らかの特性と関わっているのではないかということを探ろうとするものである。

　現代日本語、少なくとも東京方言は、動詞語幹末の /i-u/ 交替と /e-u/ 交替を見せていない。九州方言の一部など方言によっては e- 語幹動詞だけが交替を見せるが i- 語幹動詞では交替を見せない。現代方言のこの交替は上代語の名残である。

　日本語の歴史を通じて唯一の流音音素が見られるが、その音声的実現はいまだに音韻論上の問題である。

2.1　上代日本語動詞の活用表の一部

　上代日本語の動詞は、子音語幹動詞と母音語幹動詞に分かれ、母音語幹動詞は語幹末の母音交替を起こすものと起こさないものとがある。母音語幹動詞の語幹末音節は、/Ci_1/, /Ci_2/, /Ce_2/ の3種である[1]。

---

[1]　8世紀の中央方言では、/e/ あるいは /i/ を含む音節は、唇子音あるいは軟口蓋子音で始まる場合、「甲類」と「乙類」の2類に分かれるが、舌頂子音で始まる音節には「甲類」と「乙類」の区別はない。甲類と乙類の区別は、音節頭子音の口蓋化の有無——甲類は口蓋化子音、乙類は非口蓋化子音——とされている。口蓋化子音と非口蓋化子音の区別は、音声学的には舌頂子音でもっとも容易に実現する区別と考えられる。舌頂子音の口蓋化の区別が中央方言の文字記録に欠けている、ということは、文字記録以前の時代に前舌母音 i-, e- 直前の舌頂子音子音は破擦音か摩擦音に、一部はもしかすると接近音にでも、変化したことを想わせるものである。

　筆者はオ列甲類音節とオ列乙類音節の区別は音節頭子音の口蓋化の区別ではなく、母音の

/Ci$_1$/ の形の単音節語幹から成る動詞は母音交替を起こさず、本稿では扱わない。

典型的な動詞 /age$_2$-/《上げる》と /oki$_2$-/《起きる》の活用表の一部を(1)に挙げる:

(1) 《上げる》　否定形　　age$_2$-zu
　　　　　　　連用形　　age$_2$ ← age$_2$-i
　　　　　　　命令形　　age$_2$-jo$_2$
　　　　　　　終止形　　agu ← age$_2$-u
　　　　　　　連体形　　agu-ru ← age$_2$-ru
　　　　　　　已然形　　agu-re ← age$_2$-re
　　《起きる》　否定形　　oki$_2$-zu
　　　　　　　連用形　　oki$_2$ ← oki$_2$-i
　　　　　　　命令形　　oki$_2$-jo$_2$
　　　　　　　終止形　　oku ← oki$_2$-u
　　　　　　　連体形　　oku-ru ← oki$_2$-ru
　　　　　　　已然形　　oku-re ← oki$_2$-re

(1)から明らかなように、動詞語幹 /age$_2$-/ と /oki$_2$-/ の語幹末母音 /e/ と /i/ は連体語尾 /ru/ と已然語尾 /re/ が続くとき /u/ に変わっている。終止形の語幹末母音の表面形は、終止形語尾 /u/ との同化あるいは融合である可能性もある以上、語幹末母音 /e/ と /i/ が何故語尾 /ru/ と /re/ の前で /u/ に変わるのかが問題になる。1969年7月にモリス・ハレ(Morris Halle)が初めて日本を訪れたとき、ハレの前で服部四郎は連体語尾は /uru/ だったに違いないという意見を表明した[2]。

音色の区別だと考えているが、ここではその問題は論じない。本稿では甲類音節は下付の1で表し、乙類音節は下付の2で表す。甲乙の文字の区別のない音節には下付の数字を附さない。

　C(子音)が舌頂音で甲乙の文字の区別のない Ci や Ce の音節では、その舌頂子音は口蓋化していなかった、と考える(章末の付記2参照)。ゼロ頭子音・唇音頭子音 /p/, /b/ で始まるオ列音節には甲乙の区別はない。ただし、重要な文献『古事記』でのみ mo 甲類音節と mo 乙類音節が区別されている。

/age₂-uru/ → aguru と /oki₂-uru/ → okuru の変化は音声学的に十分ありうることであるが、子音語幹動詞、例えば /kak-/《書く》、に /uru/ が続けば ˣkakuru のような実証されない形を生むことになろう。実証される形は kaku である。それゆえ、連体語尾の基底形は /uru/ ではなく /ru/、已然語尾の基底形は /re/、とすることが妥当のようである。もしそうであるならば、語幹末母音が /r/ の前で /u/ になるとも言えそうである。ここで注意すべきことは、語幹末母音は /r/ で始まる屈折[3]（inflection）語尾が続くときに /u/ に変わるのであって、可能・受け身接辞 /rare/, /raje/（例えば、ne̯rajenu ← ne-raje-an-ru/《寝られない》）のような派生接辞が続くときには /u/ に変わらない。

上代文献においてもこの交替は文法化している、即ち「連体」「已然」接尾辞が続けば交替が起こるのである。この交替が文法化する以前の音韻論的論拠に考察を加えたいと思う。

2.2　流音の特性

もし問題の交替が日本語に唯一の流音 /r/ の後続によって起こるのであれば、流音一般の、特に上代日本語の流音の特性を検討すべきである。上代日本語に2種類以上の流音が存在した証拠がない以上、流音一般を、l 系統の音も r 系統の音も、検討すべきである。

流音は口腔子音の中で音声学的にもっとも「きこえ」の大きなものである。子音群（consonant cluster）を許す言語では、流音は多様な子音ともっとも自由に共起する、と言われている。日本語は子音群を許さないゆえ、流音は鼻音・接近音とだけ一緒にグループ化されて有声性の対立のない共鳴子音と呼ばれる。

（a）r 類の流音と l 類の流音の区別

r 類の音は、通常 r の文字で書かれるが、多様な音を含んでいる。しかし典

---

2) 連体形語尾と已然形語尾がそれぞれ /-uru/ と /-ure/ だったという考えは既に Donald Smith (1969) に提示されている。
3) 本稿で inflection を便宜上「屈折」と訳したが、現実には derivation（派生）も含めて「屈折」と言われることもあり、注意が必要である。

型的なr類の音は舌尖あるいは舌端で作られるふるえ音([r])である。r類の音に対してl類の音(側面音)は調音様式によって定義される。Ladefoged and Maddieson(1996: 182)では、側面音は「舌をその横断面が狭くなるように縮ませて、気流が舌の正中線上よりも舌の片側あるいは両側で多くなる」と言うが、典型的な側面音は「歯、歯茎、そり舌音、硬口蓋の調音位置で」生起する(同190)。要するに、典型的なr類の音は[r]で、典型的な側面音は[l]である。

典型的なふるえ音の[r]、舌頂弾き音([ɾ])、側面弾き音([ɺ])、摩擦音と接近音([ɹ])その他の種種の音に次いで、口蓋垂ふるえ音([ʀ])と口蓋垂摩擦音([ʁ])もr類の音に入れられる。実は、これらのr類の音は様々な言語で様々の音韻論的位置を占めている。典型的でないr類の音の分類は極めて恣意的に見える。敢えて過度の単純化を犯したが(2)を見て頂きたい。そこではr類の音が多様な位置を占めることもあることを示したい。

(2)	英語	ドイツ語・フランス語	満洲語・シベ語	モンゴル語	日本語
[l]	/l/	/l/	/l/	/l/	/r/
[ɹ]	/r/		/l/		
[r]	(/r/)	/r/	/r/	/r/	/r/
[ɾ]	/t, d/				/r/
[ʀ]	(/r/)	/r/			
[ʁ]		/r/	/χ/	/ɣ/	(/g/)

印欧語のr類の音は、歴史的(方言的)つながりと文字rの使用を根拠に一つのr類にまとめられる。アメリカ英語の/t/と/d/は両音節性の位置においては弾き音([ɾ])である。しかしモンゴル語の/t/と/d/は両音節性の位置でも弾き音ではない。有声の口蓋垂接近音([ʁ])は日本語の話し手にとっては/g/であり、シベ語では(おそらく清朝時代の満洲語でも)/χ/の共鳴音間の典型的な異音である。

英語の[l]は/l/の実現音であり、[ɹ]は[l]と対立する流音である以上、当然[ɹ]は/r/の実現音と見なされる。一方、シベ語(と恐らく満洲語)では[l]と[r]が対立していて、音節初頭位置でそれぞれ[l]と[r]で発音されている

が、シベ語は [ɹ] を /r/ でなく /l/ としている。[l] と [r] は音節初頭位置で対立しているが、音節末位置では [ɹ] と [r] が対立しているのである。[l] は音節末位置では少なくとも音声的には生起するようであるが、その音韻論的解釈はまだまだ問題と思われる。例えば、/ale/ は /e/ が弱化しているとき、[al] あるいは [aɹ] と発音されていたと思われる。もし、これが正しければ、音節初頭の [l] と音節末の [ɹ] は(3)のように相補分布していることになる。

シベ語では、[l] と [ɹ] は同一の文字素(lで転写される)で書かれている。清朝時代の満洲語文献では、漢語の「樓」は 'leo'(おそらく [lʒu])と転写される満洲文字で書かれ、「兒」は 'el' と転写される満洲文字(おそらく [ʌɹ])で書かれる。ふるえの無い /l/[l-ɹ] と、強いふるえを伴う /r/[r] とを区別する弁別素性があるに違いない。

(3) シベ語の [l] と [ɹ] の相補分布

	.la	×al.	/la/	—
	×.ɹ	aɹ.	—	/al(e)/
cf.	.ra	ar.	/ra/	/ar(e)/

(b) 日本語の音声史で /r/ はどのように発音されたか？

r 類の音は言語によっては口唇を円め突出して発音される。口唇の円めと突出は、他の調音機構と組み合わせると歯茎と後部歯茎の位置で摩擦音あるいは接近音の r 音 [ɹ] を産出する。これこそアメリカ英語の /r/ に典型的な /r/ である。しかし、舌尖を一度あるいは繰り返し閉鎖させた r 音([r] [ɾ] [ɭ] 等)と口蓋垂 r 音([ʀ] [ʁ] 等)は口唇の円めを欠いている。もし上代日本語が英語のような舌尖の摩擦音あるいは接近音だったならば、円唇性に注目しなければならないことになる。しかし上代日本語の /r/ が摩擦音あるいは接近音だったという証拠はない。

Ladefoged and Maddieson(1996)によれば、舌尖ふるえ音にも口蓋垂ふるえ音にも(p. 219, 225)、また弾き音(p. 240)にも、(イタリア語、スウェーデン語、ワルピリ語のように)短い添加母音様分節音が先行することがあるという。これらの添加母音様分節音が円唇であるという報告は無い以上、上代日本語で語幹に r 音が続くときの語幹末音の /u/ 交替の問題の解決をこのような母音様

分節音に頼るのも無益であろう。

　已然形形態素 /re/ は、初頭子音が舌頂音 /r/ であるゆえ、甲乙2類の別はない。しかし、子音終りの語幹が先行した場合は、/re/ の /r/ は消去される。その場合、語幹末子音が非舌頂音であれば、甲乙の区別が(4)のように現れてくる。そこに現れる音節は常に乙類である。問題の音節は非口蓋化子音で始まっている。従って、已然形形態素の基底形は乙類音節であるに違いない。

(4)　　aso₁b-e₂ do₂mo ← aso₁b-re₍₂₎ do₂ mo　　阿蘇倍等母《遊べども》
　　　　　　　　　　　　　　　　　　　　　　　　　　　（万葉 5-836）

　　　　ko₁pu-re₍₂₎ do₂mo ← ko₁pi₂-re₍₂₎do₂ mo 古布礼騰毛《恋ふれども》
　　　　　　　　　　　　　　　　　　　　　　　　　　　（万葉 19-4209）

aso₁b-e₂ は aso₁b-re₂ から派生している一方、ko₁pu-re₂ は ko₁pi₂-re₂ から i₂-u 交替で派生している。初頭子音が口蓋化していない e に終る乙類音節は、通時的には(5)のように Cai からの派生とするのがよい。服部四郎(1979b)も奈良時代中央方言で e₂, ee₂ の日本祖語(現在言うところの日琉祖語)形として *ai しか挙げていない。(13)を見よ。

(5)　　*Cai ＞ Ce₂

上代日本語の形態素 /re₂/ はかつては /rai/ だったということになる。

　上代日本語の唯一の流音 /r/ は、初頭子音がおそらく [l] だったと思われる単語の漢字で書かれており、[l] で始まる漢語は /r/ 音で日本語に入れられている以上、この上代日本語の /r/ は [ʀ] や [ʁ] のような口蓋垂音のはずはない。当時の漢語には r 音は無かったようである。したがって、上代日本語の /r/ は舌尖と上歯あるいは歯茎との短い接触による流音と考えるのが穏当のようである。服部四郎(1979a: 115)は、「「/**r【先日琉祖語の r】/ が母音間では現代日本語や現代朝鮮語のように弾き音の r であり、末尾音としては朝鮮語の ㄹ にも似た舌尖・歯茎音のやや口蓋化した明るい音色の l であったとすれば」のように言っている。

　16-17世紀に、キリシタン資料の書き手は日本語の /r/ を自分たちのポルトガル語・スペイン語・ラテン語文献で転写するのに 'r' の文字を用いていた。

ポルトガル語の 'rosario' は日本語に /rozairo/ や /rozarijo/ で、'raxe' は /rasja/ で、'raxeita' は /raseita/ で、'rabeca' は /rabeika/ で、'rosa' は /rouza/ で、'Roma' は /roma/ 等で日本語に入れられている。ポルトガル語の 'l' は勿論同じ音素 /r/ で日本語に入れられていた、例：'limbo' は /rinbo/ で。

　上記の事柄から日本語の音節初頭流音は、上代から近代に至るまで一貫してふるえ音あるいは弾き音あるいは側面弾き音であり、当然 [l] と対立しない。語頭の流音だけは問題が残る。上代の固有日本語では語頭に流音は立たないが、[l] 音で始まる多くの漢語が流音で始まる借用語(Sino-Japanese words)として受け入れられた。中国語(漢語)に不慣れな大衆が [l] で始まる中国語を何の苦も無く受け入れたのであろうか。もしそういう大衆が、少なくとも [l] で始まる中国語の一部を、[l] 音に何らかの変更を加えて日本語に受け入れたのであれば、どのような音が語頭の [l] の代わりに当てられたのであろうか。上代に固有日本語の姿をまとった [l] 始まりの中国語について考察したいものである。

　中国語に r 類の音が無かったという事実に関連して、日母について考察を加えなければならない。現代北京語では日母は拼音表記で 'r' で表される、例：Riben〈日本〉(一時代前に一般的だったウェード式ローマ字では 'j'、例：jih pên〈日本〉)。現代語の ri(日)に対応する日本漢字音の呉音と漢音は、それぞれニチ /niti/ とジツ /zitu/ である。漢音の /z/ は流音に似ているように思われるかもしれないが、筆者の意見では上代日本語の「濁音」子音は有声阻害音であるだけでなく、有声の前鼻音阻害音であった。したがって /niti/ も /zitu/ も当時は鼻子音で始まっていて、/z/ は流音に関係ないのである。

　アルタイ諸語では、/r/ は語頭に立たないが、/l/ は語頭に立つ。松本克己(1994: 47)は、[r] が語頭に立たない言語は多数ある、と言う。既に述べたように、舌尖ふるえ音 [r] は語頭では発音しにくく、前付きの母音様分節音が r の前に起こりやすい。一般的に [r] は語頭では発音が難しく、語中で起こりやすいが、[l] は発音が容易で語頭でもよく起こる。もし上代日本語の流音が [l] であったならば、[l] は語頭で発音が難しくはないのである。流音は事実語頭で起こっていないのであるから、上代日本語の流音は [l] 的な音ではなく、[r] 的な音だったことになる。それにも拘わらず中国語の語頭の [l] 音は、日本における文字記録のそもそもの最初から日本語の流音として表記されていた

のである。これにより、中国語の語頭の [l] が上代日本語に [l] ――少なくとも語頭では発音しやすい方の音――として受け入れられたと想像される。現代日本語の語頭の流音は多くの人が――筆者も少なくとも /a//o/ の前では――[l] で発音している。

（c）上代日本語の /r/ はどんな音と交替していたか？

上代日本語の流音の特性を理解するために、その /r/ が同源語でどのように交替するかを考えるべきである。上代日本語の 2, 3 の例が亀井孝(1973a, b、初出それぞれ 1953, 1954)に挙げられている(6)：

(6)　　turu - tadu　《鶴》　　（turu は日常語、tadu は詩語）
　　　kaperu - kapadu　《蛙》　（kaperu は日常語、kapadu は詩語、
　　　　　　　　　　　　　　　　pe の p の口蓋化は不明）

亀井にも論じられている朝鮮語 turumi 두루미《鶴》との関係は別として、[r] と [d] の交替は尤もなものである。典型的な音変化 /d/ > /r/ は現代日本語にも見られる、例えば、福岡の博多方言の /karo no uron-ja/ < /kado no udon-ja/《角の饂飩屋》。しかし、筆者も屡々論じているように、上代日本語の清音と濁音、すなわち /p t k s/ 対 /b d g z/ は有声音対無声音ではなく、非鼻的阻害音対鼻的阻害音であったに違いない。/r/-/d/ 交替は [r-r] 対 [˜d] であったということになる。この交替は、実際は [d] > [r] ロータシズムではない。むしろ珍しくない一連の音変化 [nr] > [ndr] > [˜dr] が起こったのではなかろうか。/tadu/ は *tanru > tandru > tādru > tādu / tadu/、/ka-padu/ は *kapanru > kapandru > kapādru > kapādu /kapadu/ ではないかと推測される。/kaperu/ の p はひょっとすると非口蓋化の p で以前の形は *ka-pairu だったかもしれない。/*kapanru/ と /*kapairu/ は二重語で、形態素 /kapa/《河》を共有していたようだが、後続の /nru/ と /iru/ は明らかでない。/*kapanru/ は /*kapa-no$_2$-iru/《河 Gen.-iru》、/*kapairu/ は /*kapa-iru/《河 -iru》で、/*tanru/ は /*ta-no$_2$-turu/《田 -Gen.- 鶴》である可能性もある。

現在までの文字記録を通じて /r/（自動詞）と /s/（他動詞）の対立は明らかであるが、両者の語源的関係は見出されていない。

2.2 流音の特性

　奈良時代の受動の接辞 /raje/「ユ・ラユ」と現代までの日本語史で用いられている /rare/「ル・ラル」は疑問の余地なく同源に違いない。文献上 /raje/ の時代は /rare/ の時代に先行するが、[j] > [r] の音変化は普通ではない。逆である。したがって両者の区別は一般に方言によるものと考えられている。*raʎai（あるいは *rarjai）のような祖形が中央方言では音変化 *ʎ > r によって *rarai を、*ʎ > j によって *rajai を生んだ、とされよう(7)。

(7)　*raʎai → $\begin{cases} \text{*rarai} & \text{中央方言一般} \\ \text{*rajai} & \text{南部中央方言} \end{cases}$

命令接辞は中央日本では /jo$_2$/（現代方言の /jo/）、東国および西国日本では /ro$_2$/（現代方言の /ro/）だった。『万葉集』(奈良時代)の例は(8)のとおりである。

(8)　中央方言
　　　oki$_2$jo$_2$　　← oki$_2$-jo$_2$ < *əkəi-ʎə 起余《起きよ！》(万葉 16-3873)
　　　sake$_1$ [sak^{j}e] ← sak-jo$_2$ < *sak-ʎə 左家《咲け！》(万葉 20-4446)
　　東国方言
　　　tuke$_2$ro$_2$　← tuke$_2$-ʎo$_2$ < *tukai-ʎə 都気呂《付けろ！》(万葉 20-4420)
　　　pake$^{4)}$　　← pak-ʎo$_2$ < *pak-ʎə 波気《履け！》(万葉 14-3399)

　音韻論的観点からは東国・西国方言の /ʎo$_2$/ が古い方の形であるに違いない。筆者は、上代日本語中央方言の命令接辞は /jo$_2$/ であったという意見である(早田 1980: 255)。この考えは筆者が最初かと思っていたが、実は Donald Smith (1969: 440) が既に、この形態素の基底形を /yo/（あるいは /yë/）としていた。(7)と(8)の要点をまとめると、*ʎ の史的発展は(9)のようになる。

(9)　*ʎ > $\begin{cases} r & \text{東国方言} \\ & \text{中央方言の受動接辞} \\ j & \text{中央方言一般（受動接辞以外）} \\ & \text{南部中央方言の受動接辞} \end{cases}$

---

4)　上代東部方言の音韻論に関しては多くの問題が疑問のままである。

命令接辞と文末助詞は、方言間で(10)のように違っていることに注意すべきである。

(10)　　　　　　　中央方言　　　　　東国・西国方言
　　命令接辞　　　jo₂ [jə⁻ʲe]　　　　ʎo₍₂₎ [rə⁻ʲe]
　　文末助詞　　　jo₂　　　　　　　jo₍₂₎

(10)に示した対応の違いは、命令接辞と文末助詞 jo₍₂₎ は同源でなかったことを示唆している——接辞と助詞では状況が違うが。

先日琉祖語の流音について服部(1979a: 106, 115)は興味有る考えを述べている。既に挙げた部分も含めて(11)に引く：

(11)"連用形" *'əkəi 【>oki₂】《起き》、*'akai 【>ake₂】《開け》、*makai 【>make₂】《負け》、……の *-i は「名詞化」的意義を持っていた母音記号に違いないと思うが、他の *-i の前身はいろいろの子音その他であり、そのうちの1つに *-r が含まれていると考える。(106頁)

*-r【先日琉祖語の -r】→ *-i という音韻変化は突飛のように見えるかも知れない。しかし /**r/ が母音間では現代日本語や現代朝鮮語のように弾き音の r であり、末尾音としては朝鮮語の -l にも似た舌尖・歯茎音のやや口蓋化した明るい音色の l であったとすれば、そういう音韻変化は十分可能である。(115頁)

そのような音節末の /r/ が存在していた、即ち ɾ>i が音韻論的に可能であると仮定しつつ、服部(1979a: 114, 115)は先日本祖語形 **pür 【[pülʲ]】《火》 > *püi 【>pi₂】と **mer 【melʲ】あるいは **mVr 【mVlʲ】《水》が可能であるとしている。服部は、上述の示唆の「言語学的証明はまだできていない」けれども「日本語と他の言語との類似点は、【中略】指摘されればされるほどよい」と付け加えている。(114頁)

2.3　/i, e/ と /u/ の交替は本当に流音に関係があるのか？

上代日本語の /r/ の音価が舌尖のふるえに関わっていることは如何にもあり

そうなことである。問題の /r/ は音節頭子音であるが語頭子音ではなく、語頭に起こりがちな前付きの母音様分節音には関係がない。英語等の言語の /r/ に伴う口唇の円めと突出は、上代日本語の問題の /r/ には無関係であるに違いない。口唇の円めと突出は摩擦音の r 音に起こると言われる。現代日本語諸方言の /r/ は一般に舌尖音であり、側面音 [l]、ふるえ [r]、側面弾き音 [ɭ] あるいは (閉鎖的) 弾き音 [ɾ] の範囲に入る。上代日本語の /r/ が口唇の円めと突出を伴う流音であったという説得力のある証拠はない。

ここまでの考察では、上代日本語の /r/ は、先行母音の円めに寄与するような音声特性は無いことになる。もしこの /r/ が *t あるいは *d から来たものであれば、先行母音を円唇母音にする傾向は無かろう。すなわち、語幹末母音の /u/ との交替に関して、これ以上音声特性にこだわってはいられない；考え方を変えなければならない、ということである。

2.4 未完了連体形

奈良時代の動詞未完了連体語尾、中央方言の /ru/ と東国方言の /ro$_1$/、は同源に違いない。東国方言の /ro$_1$/ の例の若干を (12) に示す:

(12) 中央方言の対応形を ( ) に入れて示す。
  pu*r-o*$_1$ jo$_2$ki$_1$ no$_2$ (pu*r-u* juki$_1$ no$_2$)
    《降る雪の》(万葉 14-3423)
  ko$_2$jo$_2$pi$_1$ to$_2$ no$_2$r-a*r-o*$_1$ wa ga sena pa (… no$_2$r-e*r-u*)
    《今宵と告れる我が背なは》(万葉 14-3469)
  oso$_2$ki$_1$ no$_2$ a*r-o*$_1$ ko$_2$so$_2$ jesi mo (… a*r-u* ko$_2$so$_2$ jo$_2$si mo)
    《おそきの有るこそ良しも》(万葉 14-3509)
  awojagi$_2$ no$_2$ par-a*r-o*$_1$ kapato$_1$ ni (… par-e*r-u*)
    《青柳の張れる川門に》(万葉 14-3546)

動詞の未完了連体語尾が中央方言で /ru/、東国方言で /ro$_1$/ であるように、形容詞の連体語尾は中央方言で /ki$_1$/ [kʲi]、東国方言で /ke$_1$/ [kʲe] である。/ki$_1$/ と /ke$_1$/ は、半世紀も前に武田祐吉 (1949) や福田良輔 (1954a, b) が述べているよ

うに、同源であったに違いない。二人とも /ke₁/ の方が古いとしていた。

　服部四郎(1979b: 98)は、母音の長短の区別は、日琉祖語はもとより、奈良時代中央方言にもあったとしている。奈良時代中央方言と沖縄諸方言の対応から、おそらく他の考察からも、再建される日琉祖語(服部の「日本祖語」)の表を挙げている。沖縄諸方言との対応を略してその表を(13)に示す。

(13)　日琉祖語　　奈良時代中央方言

*i	→	/i/ (甲類)【ɨ】
*e	→	/i/ (甲類)【ɨ】
*a	→	/a/
*o	→	/u/
*u	→	/u/
*ə	→	/ö/　　　　【乙類, i.e., o₂】
*ü	→	/ö/, /u/　【ö: 乙類, i.e., o₂】
*ai	→	/e/, /ee/ （ともに乙類）
*ui	→	/i/, /ii/ （ともに乙類）
*əi	→	/i/, /ii/ （ともに乙類）
*üi	→	/i/, /ii/ （ともに乙類）
*ia	→	/e/, /ee/ （ともに甲類）
*au	→	/o/, /oo/
*ee	→	/e/, /ee/ （ともに甲類）
*oo	→	/o/, /oo/

服部の仮説(13)から、中央方言では狭母音化が起こった(*ro＞ru, *ke＞ki₁ [kʲi]、例：*pur-ro → *puro ＞ puru《降る(もの)》、*kanasi-ke ＞ kanasiki₁ [kanasikʲi]《いとしい》)が、東国方言では狭母音化は起こらなかった(*pur-ro → puro₁, *kanasi-ke → kanasike₁)。また、もしこれらの語尾の祖形が長母音を持っていたとしたら、中央・東国両方言とも語末で母音弱化が起こり(*roo＞*ro, *kee＞*ke)、ついで中央方言だけで狭母音化が起こったものと考える。動詞の連体語尾は *rau で、後に服部の仮説(13)により *roo に変わったのかもしれない。

さて、大野晋(1977: 202, 203)の次の語源説を考えてみよう。

(14) kazu + ape₂- → kazo₁pe₂- 《数ふ》
tudu + ape₂- → tudo₁pe₂- 《集ふ》

(14)の語源に従えば、*ua を奈良時代中央方言の /o₁/ の前身の一つに加える事ができる、即ち *roo は *rua から派生することが可能である。要するに、この時点までに筆者は、形容詞連体語尾の祖形は *ke か *kee であり、動詞の未完了連体語尾は *rau, *rua, *roo、あるいは *ro であると仮定した。候補の数を減らすことは可能か？

2.5 ku 名詞化

上代日本語には「ク語法」(ク名詞化)と呼ばれる過程が生きていた。若干の例を挙げれば：ipu → ipaku《言はく》、ko₁puru → ko₁puraku《恋ふらく》、ipi₁si → ipi₁siku《言ひしく》、naki₁ → nake₁ku《無けく》。平安時代の声調資料からは、ク名詞化形は「動詞・形容詞の連体形＋高声調の単音節名詞」である。ク名詞化は「連体形＋aku」である、と提案されてきた(岡田希雄 1942――これは金田一京助博士の創見かも知れない(福田良輔 1954b: 36)。なお第1章の脚注3, 4も参照)。

しかし、この aku 説だと(15)のような実証されない非文法的な形が予測されてしまう。

(15) 未完了連体形　ru + aku → raku
過去連体形　　isi + aku → ˣiseku　　　　実証されている形は isiku
形容詞連体形　ki₁ + aku → ke₁ku [kʲeku]

(15)から明らかなように、「連体形＋aku」だと動詞未完了連体形と形容詞連体形の場合には実証形が得られるが、過去連体形の場合は問題である。筆者は岡倉由三郎(1900)と福田良輔(1954a, b)の説に従い、ク名詞化は「連体形＋ku」であり、「連体形＋aku」ではない、と見る。すなわち ku は形式名詞で、ra-ku, isi-ku, ke₁-ku [kʲe-ku] の ku の前に来る ra, isi, ke₁ [kʲe] は化石化した連体

形でその中の isi だけが奈良時代にも変わっていない。もしこの三つの形態素が連体語尾であるならば、ra (と ru) および ke_1 (と ki_1) はそれぞれ東国方言の ro_1 および ke_1 と同源に違いない。*rau, *rua, *roo, *ro の四つの候補が動詞連体語尾の祖形として上に仮定された。もし ra が連体語尾の化石化した形として仮定されるとすれば、候補は四つから二つ、即ち *rau か *rua にふるい分けられそうである。*au > oo_1 も *ua > oo_1 も起こらなかった段階なら *rau + ku なり *rua + ku なりは化石化して raku になったとすべきである。一方 ku が後続しない *rau なり *rua なりは上述の音変化を経て *roo に変化し、ついで語末で ro に弱化した。この *ro は中央方言では服部の仮説 (13) によって ru になったが、東国方言ではもとのままであった。もし形容詞連体形の祖形が *ke だったならば、ku 名詞化形 *ke + ku は奈良時代日本語では服部の仮説 (13) によって ×ki_1ku になる筈であろう。それゆえ、祖形は *kee でなければならない、ということになる。この *kee は語末で、*roo の場合のように *ke に弱化したはずである。この *ke は中央方言では服部仮説によって ki_1 になったが、東国方言では ke のままであった。

　ここまでで候補は、動詞語尾は *rau あるいは *rua、形容詞語尾は *kee にまで絞れた。

2.6　已然形

　動詞連体語尾 *rau なり *rua なりは已然語尾に関するある一点を思わせる。既に述べたことだが、奈良時代日本語の已然語尾の基底形は r の口蓋化していない re_2 だったに違いない。これも既に述べたが、口蓋化のない子音に先立たれている e は以前 *ai だったに違いない (5)。すなわち已然形 re_2 は以前 *rai だったと考えられる。*raai は奈良時代に re_2 でなく raa あるいは ra になると考えられるゆえ排除すべきである (服部 1979a: 114)。何らかの母音間子音が消失して *ai が得られたと仮定するのが最も自然である。この消失した子音は中でも [g] と考えるのが最良であろう——[g] は [i] の前で口蓋化しやすいし、最終的に [j] になりもする。要するに、已然語尾の発達は、筆者の意見では、*ragi > *raji > *rai > re_2 である (本書第 1 章 15 頁参照)。

2.6 已然形──33

　*ragi は濁音が非鼻音だった時代に起こったものと筆者は考えている。先奈良時代には一連の非鼻音の阻害音 /b d g z/ 等があって、それが後に接近音等に変化したものと思われる。/z/ の一部は /s/ に変化したかも知れない。後に、「鼻音＋母音＋阻害音」が新しい濁音系列をもたらした。例：omo$_2$p + as- → omo$_2$pos-《思ほす》→ o^{m}bos-《おぼす》。奈良時代の濁音例はこれらの新しい鼻的阻害音であった。

　興味有ることに、現代佐賀方言に「ru + gi」の形の条件表現がある。この ru は連体語尾であり、gi は形式名詞として機能しているようである。(16) を見よ。

(16)　tabe + ru + gi → tabu<u>ru</u> + gi → tabu<u>r</u> + gi → tabuggi　《食べれば》
　　　tor + ru + gi → to<u>ru</u> + gi → to<u>r</u> + gi → toggi　　　　《取れば》
　　　kak + ru + gi → kaku<u>g</u>i　　　　　　　　　　　　　　　　《書けば》

この方言の未完了連体語尾は [ru] の形で現れることはないが、/ru/ をこの語尾の基底形とすべきである (早田1998a = 本書第10章)。現代佐賀方言の条件語尾 /ru + gi/ が「連体語尾＋形式名詞」であるように、先奈良時代の *ragi は「連体語尾＋形式名詞」即ち /*ra + gi/ に分析されるように見える。勿論、時代の違う二つの語尾の意味の違いも考慮に入れられるであろうが、已然形 /re$_2$/ が長期の文字記録の間に少なからざる意味的変遷を被ったことに鑑みれば、これは大きな問題ではない。

　上代日本語の已然語尾を連体語尾＋形式名詞と分析することによって、「過去」語尾 isi の連体形の一見変則的な形も未完了語尾と並行していることが分かる (17)。

(17)　　　現代佐賀方言　　上代日本語
　　　　　未完了　　　　　未完了　　過去
　　　　　ru　　　　　　　*ra　　　　isi　　　　連体形
　　　　　ru-gi　　　　　　*ra-gi　　 isi-ka　　 已然形(条件形)

ツングース諸語との比較から池上二良 (1978: 86) は、上代日本語已然語尾 re$_2$ が *ra+i あるいは *ra+Ci であった可能性を述べている。しかし本稿の筆者

の主張は他の言語との比較によるものではない。

仮に連体語尾が *ra + gi から来たものと考えられるにしても、この *ra が *rau に遡るのか *rua に遡るのかは未だに決まっていない。

2.7 連体語尾と已然語尾と受動語尾

さて最初の問題を思い出して頂きたい。動詞語幹末母音は未完了連体語尾 /ru/ と已然語尾 /re₂/ の前では /u/ と交替するのに、同じ /r/ で始まる受動接辞 /rare/-/raje/ の前では、どうして交替しないのか？

例えば、age₂-《上げる》は agar-《上がる》と同じ形態素を持っているに違いないゆえ、かつてはそれぞれ *aga-i- と *aga-r- だったと仮定できよう。*aga-i- の連体形と已然形は、奈良時代ではそれぞれ aguru と agure だった。連体語尾と已然語尾の古形として *rau と *rua が考えられているが、これを *rua とすれば、(18)のような過程になる。

(18)　　　　　ru の前の語幹末　　ra 化石化　　　gi>ji>i
　　　　　　　i の逆行同化
　　*aga-i-rua → *aga-u-rua　　　　　　　　　　　＞
　　*aga-i-rua-gi → *aga-u-rua-gi ＞ *aga-u-ragi ＞ *aga-u-rai ＞
　　　　　　　前母音消去と　　　狭母音化
　　　　　　　単純母音化 5)　　　（と ai → e)
　　　　　　　*agu-ro ＞　　　　aguru
　　　　　　　*agu-rai ＞　　　 agure

即ち、/rua/ の前では語幹末の /i/ は /u/ になるが、受動接辞の /rarai/ と

---

5) 語根末母音として *ə と *o を持つ他のタイプの母音語幹動詞を挙げよう： *əkə-i-(rau/rua) → *əkə-u-(…) → oku-ru《起くる》, *kopo-i-(rau/rua) → *kopo-u-(…) → ko₁pu-ru《恋ふる》。*əu ＞ /uu/, /u/ と *ou ＞ /uu/, /u/ の 2 行を服部の仮説(13)に加えるべきである。əkə-i-i → *əkə-i ＞ oki₂[ək°i], *kopo-i-i → *kopo-i ＞ ko₁pi₂[kop°i]（ともに連用形）, *kə-i ＞ ki₂[k°i]《木（単独形）》, *kə-(nə-ure) ＞ ko₂-(nure)《木末》等から見ると、上の 2 行の過程は自然にみえる。

/rajai/ の前では /i/ はそのままである。子音 /r/ 自体は母音交替に何の影響も与えないことが判明している以上、/r/ の後の母音 /u/ が逆行同化をもたらして先行する /i/ を /u/ に変えるのかも知れない。このような考えから、*rau でなく *rua の方が先奈良時代の連体形として最も相応しい候補のように思われる。*rua は何か *ruCa のようなものに由来するように見える。どんな種類の子音がこの C に仮定されるかは未だ明らかでない。

2.8 要 約

上代日本語の動詞においては、語幹末エ列乙類母音、即ち口蓋化子音に先立たれない母音、は連体語尾 /ru/ と已然語尾 /re₂/ が後続した場合に、/u/ に変わる。/ru/ も /re₂/ も /r/ で始まるが、同じく /r/ で始まる受動接辞 /ra-rai/ や /rajai/ の前では語幹末母音は不変である。

この /r/ は日本語の歴史を通じて音声的に r 類の音であるということを種種の観点から論じている。/r/ の音声特性は u 交替と何の関係もないことが明らかになった。奈良時代の中央方言と東国方言との比較、さらに内的再建等からは再建された形 *rua (連体形) と *rua-gi (已然形) は問題の交替——/ru/ で始まる分節音の前でのみ起こり /ra/ で始まる分節音の前では起こらない——を説明するように見える。この交替は語幹末母音を持つ動詞における逆行同化を思わせる。

付 記

1. 本稿は、2000 年 6 月 17 日に千葉大学で行われた日本言語学会会長就任講演「r と l の音韻論」がもとで、The liquid and stem-final vowel alternations of verbs in Ancient Japanese と題して『言語研究』118: 5-27、2000 年 12 月に発表したものである。今回初めて邦訳して公開する。

2. 脚注 1 の後半「口蓋化していなかった」というのは穏当でないと思う。いろいろな意見があるにしても、口蓋化の有無の対立は無いが許容範囲内の自然な口蓋化は有ったとすべきであろう。現代東京方言で、例えば [n] の口蓋化で、「ナ、ヌ、ノ」と対立して口蓋化している「ニャ、ニュ、ニョ」の頭子音と、口蓋化の対立の無い「ニ」の頭子音の口蓋化とを較べると、「ニ」の口蓋化は弱い。上代語において、Ci や Ce の音節では C が舌頂音 (coronal) の場合に何故甲乙の対立が無いのかを考えた場合、上代のあ

る時に、後続前舌母音によって口蓋化した舌頂子音 C^j が、例えば r^j > j の変化を起こして最終的にゼロになってしまった、という考えもある。それでも形態素末のrに形態素iの後続した例は明らかに有る(例: ar+i《有り》)。子音に前舌母音が後続した場合、その子音が口蓋化するということは一般的な表面レベルの音声規則として存在すると考えられるが、表面レベルで対立が有る場合と無い場合とで実際の音声が違うことは有る。音韻的対立の有る場合の自由変異の幅と、対立の無い場合の自由変異の幅は違うからである。この点で生成音韻論の成立当初からの過度の単純化には注意を要する。

3. (2.2節(b)) 上代語の資料は得られていないが、中古平安時代の辞書『和名類聚抄』(10世紀)の「硫黄、由乃阿和、俗云由王」は、硫黄ユノアワ(湯の泡)俗にユワ、と読める。これを当時の話し手も、和語の「湯の泡」がユノアワ>ユアワ>ユワという音変化を経たと思っていたかも知れないが、それは民間語源で、[l]音で始まる漢語〈硫黄〉(現代北京音 liúhuáng、歴史的仮名遣イワウ)が俗音としてユワの形で日本語に入っていたのではないだろうか。『和名類聚抄』には〈陵苕〉(現代北京音 língsháo)「和名乃宇世宇」(現ノウゼンカズラ)もある。

4. 二段活用動詞の語幹末母音と /u/ との交替は、本稿では /rua/ の ru の逆行同化としたが、やはりこの母音交替規則が屈折(inflection)レベルの規則であり、派生(derivation)レベルの規則ではない、というのが本質をついていると思われる。連体接辞が -uru だったという服部説は、何故他の母音でなく u と交替するのか、の説明として優れている。その際、子音語幹動詞、例えば /kak-/《書く》に /uru/ が続いても [kakuru] でなく、正しい形 [kaku] が得られる、という過程を本書第5章5.5節(d)で考察している。

第 3 章　母音調和

はじめに

　日本語音韻史上の数ある問題のうち、「来る」の活用の一部と「母音調和」の問題について多少の思うところを纏めておきたい。

　現代日本語諸方言を通じて、動詞「来る」の未然形は ko- の形(あるいは、その変化形)が一般のようである。上代語でもこの動詞の未然形は ko_2-(コ乙類)で、上代語の共時的記述では、強変化動詞として ko_2- ki_1- ku- 等の複数個の語幹形を有するとせざるを得ないように見える。その複数個の語幹形の中でも ko_2- 形は特異であり、この形こそ古形の名残を思わせる。しかし、上代語以前の段階(仮に先上代語と呼ぶ)で基底語幹が ko_2- のような母音で終わるものであるならば、上代語においてもその連用形は ki_2(キ乙類)が予想されるのであるが、上代語では ki_1(キ甲類)である。ki_1 の k は明らかに口蓋化している。

　動詞「来る」の活用を考えるためには当時の母音体系を考えなければならない。母音体系を考える上で、上代語あるいは先上代語に有ったと言われる母音調和が大きな問題になる。母音調和について上代語にどの程度の痕跡が窺えるのか、先上代語に母音調和が有ったと仮定できるのなら、それはどのような母音調和だったのか、多くのアルタイ諸語で今なお生きている母音調和が日本語では何故崩壊したのか等々について、筆者なりに考えてみたい。

3.1　上代語に母音調和は生きていたか

　上代語における音素配列の制限に関して最も厳しいものは、「同一形態素」中に o_1 と o_2 が共存しない、ということであろう。ここで「同一形態素」と表現したが、有坂(1932=1957: 101)では「同一語根(動詞は語幹)」、有坂(1934=

1957: 103-4)では「同一結合単位」と言っている。結合単位とは、複合語では各構成要素であり、動詞ではその語幹と言いながら接頭辞と大部分の語幹形成接辞を含めないとする以上、本稿では「同一形態素」と表現した。

「同一形態素」中に o_1 と o_2 が共存しない、ということは母音調和を充分に想起せしめるが、語幹形成接辞も活用語尾もその領域に含まれていないということは、少なくともアルタイ型の母音調和が生きているとは言えないことになる。共時的な母音調和規則とは、真に共時的な規則であれば、極めて表面的な音声規則でない限り、語彙(辞書)項目内部に作用するものでなく、語彙(辞書)項目が様々の形態素と結合する際に適用されるものである。辞書項目内部に見られる似たような現象は、過去の時代に規則が適用された結果の形をそのまま辞書項目として記憶しているか、辞書項目内部から辞書項目外部に亘って広く適用される共時規則によるものと考えられる。したがって、辞書項目内部の母音調和は様々の程度に不規則であり、外来語の不規則な形も受入れられるが、「辞書項目＋接辞」という組合わせに適用される母音調和は極めて規則的である。例えば、現代モンゴル語で辞書項目 /gerVman/(Гэрман)《ドイツ》は、女性母音 e と男性母音 a が共存した不規則な形であるが、これに曲用語尾(例えば、出発格接辞 VVsV)が続く際には最終音節の男性母音に規則的に調和して語尾は男性母音になる (gerVman-VVsV → germana:s (Гэрманаас))《ドイツから》。

上代語はこれと違い、辞書外での母音調和は全く作用せず、認められるのは辞書項目内部のものばかりである。動詞語幹に活用語尾の続く典型的な例では、母音調和は起っていないのである：

(1)　sar-azu　　　佐良受《去らず》(万葉 5-809)
　　　yo_2do_2m-azu　与騰麻受《淀まず》(万葉 5-860)

語幹末母音が男性母音 a でも女性母音 o_2 でも否定語尾は azu になっている。母音 u に男女の別が無かったにしても、母音調和が起っていれば yo_2do_2m-$o_2$zu が期待される所である。

辞書項目内部であるにせよ o_2 音節の連続が非常に目立つことは、上代語以前に作用していた共時的な母音調和規則が消失しても、語彙項目だけは往時の

3.1 上代語に母音調和は生きていたか

ままに記憶されていたことを思わせる。有坂は o_1 と o_2 の非共存を第1則としているが、第2則第3則も辞書項目内部の問題であり、第1則とは違って母音調和の崩壊を偲ばせる内容である[1]。

上代語に見られる属格助詞「の no_2」と「な na」の交替は一層母音調和的である。しかし上代文献において「な」は既に化石化している。若干の例を(2)に挙げる。

(2)　ta-*na*-so$_2$ko$_2$《(手の底)掌》、　　ma-*na*-kapi$_1$《(目の交)目と目の間》、
　　 ma-*na*-ko$_1$《(目の子)黒目》、　　　kamu-*na*-duki$_2$《(神の月)十月》、
　　 nu-*na*-(o)to$_2$《瓊(たま)の音》、　　 mi$_1$-*na*-duki$_2$《(水の月)六月》、
　　 mi$_1$-*na*-to$_1$《(水の門)湊》、　　　mi$_1$-*na*-ura《(水のト)水占》、
　　 mi$_1$-*na*-so$_2$ko$_2$《水の底》、　　 mi$_1$-*na*-so$_2$so$_2$ku《水の注ぐ(枕詞)》、
　　 mo$_1$mo$_1$-*na*-pito$_2$《百(の)人》、等々。

数は多くあるようでも na の前に来るものは《手》《目》《瓊(たま)》《水》のような限られた1音節語が多く、2音節語は《神》《百》など極少数のようである。na 直前の母音は a が多く、i_1 の《水》が目立つ他は u と o_1 で、一応乙類母音は来ないようである。上のような化石化していると見られる用法以外では、男性母音 a の後でも属格助詞は na でなく、no_2 が用いられている：

(3)　pisakata *no$_2$*　　　比佐迦多能《久方の》(万葉 5-801)
　　 aki$_1$ no$_2$ ta *no$_2$*　　秋田乃《秋の田の》(万葉 17-3943)

また(4)のように男性母音 o_1 の後でも no_2 が用いられているのである：

(4)　mi$_1$yako$_1$ *no$_2$*　　　美夜故能《都の》(万葉 5-880)
　　 ko$_2$ no$_2$ ko$_1$ *no$_2$*　　許能兒乃《この子の》(万葉 14-3373)
　　 kako$_1$ *no$_2$*　　　　　加古能《水手の》(万葉 15-3622)

---

[1]「第1則　甲類のオ列音と乙類のオ列音とは、同一結合単位内に共存することが無い。第2則　ウ列音と乙類のオ列音とは、同一結合単位内に共存することが少い。就中ウ列音とオ列音とから成る二音節の結合単位に於て、そのオ列音は乙類のものではあり得ない。第3則　ア列音と乙類のオ列音とは、同一結合単位内に共存することが少い。」(有坂 1934＝1957: 103)

aduma-woto₂ko₁ *no₂*　　安豆麻乎等故能《東男の》(万葉 20-4333)

　naの例(2)のようなものは、上代語の共時態では、naの前後も含んだまま語彙項目として脳裏の辞書中に登録されているのであろう。naの前の形態素に1音節のものが多いのもその故と考えられる。

　それでは上代語以前の、母音調和の生きていた段階における na〜no₂ 交替はどう考えるべきであろうか。アルタイ諸語の母音調和では、その領域は一般に1語の中に限られる。母音調和が単語境界を跨いで次の単語にまでは進まないのである。上代語の助詞は現代語のそれと同様単語であった。アルタイ諸語の格標識形態素は一般に単語でなく接辞であり、語幹母音に合わせて母音調和を被る。アルタイ諸語の中でも漢化の進んだ清朝時代の満洲語では、代名詞以外の名詞の格表示形態素は上代語以来の日本語のように単語(助詞)になっていて母音調和に関与しない。先上代語の属格標識形態素が母音調和を被り no₂〜na と交替したということは、それが単語でなく接辞であったことを示すものかも知れない。それが清朝時代の満洲語のように単語化して母音調和を被らない助詞 no₂ になり、嘗ての男性母音形 na が僅かに化石化した形で若干の語彙に残っている、と考えるべきであろう。

　男性母音 a と女性母音 o₂ との交替は padara《はだら》〜podo₂ro₂《ほどろ》のような感覚的な単語(擬音擬態語)や asa《浅》〜oso₂《愚》のような意味の繋がりのありそうな形態素対に見られる。しかし、これは造語法の問題であり、母音調和の音韻規則の問題ではない。

　母音調和は上代日本語には、共時規則としては全く生きていない。それは痕跡でしかない。

3.2　従来考えられてきた上代語母音調和

　上代語以前のある時期に母音調和が存在していたとすれば、それはどのようなものだったのであろうか。有坂秀世は充分に母音調和を意識して上代語を研究していたが、慎重な有坂は上代語以前の時代の母音調和の存在の有無についてさえ明言を避けている。ましてや母音調和が有ったとしたら、それはどのよ

うなものであったと考えられるかについて、有坂は何も述べていない。文献資料の存在する上代語の母音体系さえ提示しない有坂なのであるから、文献資料の無い時代の母音体系・母音調和の如何を要求するのも無理であろう。一方、服部四郎の推定になる上代語の母音体系(5)は授業その他でしばしば述べられていたもので、服部(1976b: 10)に公刊されている。

(5) 　　　　i　　　　　　u
　　　　　　　　ö
　　　　　　　e　　　o

　　　　　　　　　a

服部は「真ん中のö【オ列乙類母音】は奈良時代にはかなりoに近い母音となっていたであろうから、実はöはもっとo【オ列甲類母音】に近い位置に置くべきで、【中略】奈良時代よりも一つ前の時代には、öの代りに【中略】öの位置にəがあったのであろう。」と(5)の図の近くに書いている。しかしオ列乙類母音がöになった時には既に母音調和は生きていなかった。母音調和が生きていた時代の、服部の再構した日本祖語としては(6)のものがある(服部1979b: 98)。

(6) 　日本祖語以後の母音推移表

奈良時代中央方言		日本祖語		A時代首里方言[2]
/i/(甲類)	←	*i	→	*i
/i/(甲類)	←	*e	→	*e
/a/	←	*a	→	*a
/u/	←	*o	→	*o
/u/	←	*u	→	*u
/ö/	←	*ə	→	*o
/ö/, /u/	←	*ü	→	*o, *u
/e/, /ee/(ともに乙類)	←	*ai	→	*e, *ee

---

[2] 服部は、首里方言の、日本祖語以降の発展段階としてABCの三つの期間を認める。A時代には少なくとも13〜14世紀が含まれるようである。

42──第3章　母音調和

/i/, /ii/（ともに乙類）	← *ui →	*i, *ii
/i/, /ii/（ともに乙類）	← *əi →	*e, *ee
/i/, /ii/（ともに乙類）	← *üi →	*i, *ii
/e/, /ee/（ともに甲類）	← *ia →	*e, *ee
/o/, /oo/	← *au →	*o, *oo
/e/, /ee/（ともに甲類）	← *ee →	*e, *ee
/o/, /oo/	← *oo →	*o, *oo

「本論文ではその全体を細説することはできなかった。」とこの(6)の表の近くに書いてある。服部の仮説では、日本祖語の長母音は(6)に書かれた *ee, *oo だけでなく、「*ee *oo の他に、長母音として、*ii *aa *əə *uu を有したことになる。」(服部 1979c: 108) 短母音はここに挙げられているように7つが再構されている。(5)(そのöをəに置換えた体系)の一つ前の体系には、*u に対する *ü が有ったと考えられる、とはしばしば服部から聞いた所である。*ü を認める以上、特に不都合のない限りは長母音 *üü も認めることになろう。即ち、i e a o u ə ü の7母音体系が推定されているのであるが、その母音図は書かれていない。それでも服部の種々の文では *a *o *u は男性母音、*ə *ü は女性母音、*i は中性母音としている。しかし、*e については、「*me《水》は男性語であることがわかる。従って *ee も男性母音である可能性はある。」(1979a: 108) ということで、*me-na səkə＞mi₁-na-so₂ko₂《水底》のように男性母音形の na が表れる。想定される音価のみから忖度して母音図にすれば(7)のようになると思われる(早田 1996b: 186 に既に示してある)。

(7)
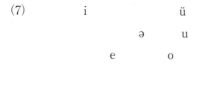

(7)を見ると母音の配置だけは15世紀朝鮮語や現代モンゴル語(少なくともチャハル方言)に近いが、母音調和としてはおかしい。上代語のように *ə が ö

であるのならモンゴル語そのままの母音図である。しかしモンゴル語では、e-a, ö-o, ü-u が綺麗に女性母音／男性母音の対を成しているのに、(7)の母音体系は、(A) *ə *o の円唇性が一致しない、(B) *e *a が共に男性母音である、という点で、綺麗な母音調和を成す体系ではない。

　服部の比較言語学的手法による再構でも、母音調和を成す母音体系は出て来ないし、共時的な母音調和規則も見えない。しかし、少なくとも語彙項目の内部では女性母音と男性母音の別は有ったと言えよう。

　有坂・服部の時代は、語彙項目内の調和が母音調和の主たる関心事であった。ある語彙項目に別の形態素が続いた時にどういう共時的な母音調和規則が作用するのか、それを語彙項目内部に見られる一般性と区別して考察する、ということには関心が無かった。(A)語彙項目内部にはどういう規則性が見られるのか、(B)語彙項目とそれに続く形態素の間にはどういう規則性が見られるのか、この二つを区別して検討した結果同じ規則性が見られると分ればそれで好いし、また違う結果が出ればその違いが分るのである。初めからその二つを区別しないで見ていては違いは分らなくなる。

3.3　考えうる母音調和

　従来の研究として日本祖語の最も精緻な再構と思われる服部説の結論部分を粗々見てきたが、その母音体系は少なくとも母音調和の点からは上述の如く疑問に満ちている。改めて上代日本語に見られる母音調和の痕跡を筆者なりに考察してみたい。

(a) 語彙項目内部の母音調和

　まず語彙項目内部では、古くから言われているように o_2 が顕著に女性母音として振舞っている。o_1 は確かに男性母音的である。o_2 と o_1 が後代融合したから何となく女性母音 o_2 と男性母音 o_1 が母音調和の対をなしているように受取られかねないが、そのような例は見られない。因みに、所謂上代特殊仮名遣の甲類と乙類との別は母音調和上の男性母音(音節)と女性母音(音節)の別とは無関係である。母音調和の対を成す母音の対としては寧ろ a–o_2 が顕著である。

さきに挙げた padara《はだら》～podo_2ro_2《ほどろ》、asa《浅》～oso_2《愚》の如きものの他に倍数法と言われている数詞の対がある：

(8)　　　pi_1to_2《一》　　mi_1《三》　　yo_2《四》
　　　　　puta《二》　　mu《六》　　ya《八》

服部は、(8)に当る日本祖語の形として(9)の形を挙げている(服部1979c: 112)。

(9)　　　*pitə-《一》　　*mi-《三》　　*yə-《四》
　　　　　*puta-《二》　　*mu-《六》　　*ya-《八》

指一本出した片手で *pitə、両手で *puta- と言ったのであろうか。ここでは上代語で o_2～a(祖語で *ə～*a)の対だけでなく、i_1～u(祖語で *i～*u)の対も見られる。片方だけでは女性母音語、両手では男性母音語になっているとすれば、語彙項目内の母音調和の対を用いた造語法と言えそうである。ただ、i_1～u という母音調和の対は如何なものであろうか。因みに唇の調和の痕跡は見られない。

(b) 形態素における母音調和規則

　ついで、語彙項目に他の形態素が続いた時に起きる母音調和規則について見てみよう。動詞活用の一部から考えてみたい。まず上代語動詞は、「子音語幹動詞」「母音語幹動詞」「強変化動詞」の三つに分かれる。活用のあらかたを表面形で表せば(10)のようになるであろう。表面形では語幹と接辞の境界が判然としないから、母音語幹動詞は語幹末母音も含めて表す。

(10)

	未然	連用	終止	連体	已然	命令
子音語幹	a	i_1	u	u	e_2	e_1
母音語幹						
e_2/i_2 語幹	e_2/i_2	e_2/i_2	u	uru	ure	e_2yo_2/i_2yo_2
i_1 語幹	i_1	i_1	i_1[3)	$i_1$ru	$i_1$re	i_1yo_2

---

3)　上代語の i_1 語幹動詞の終止形は i_1 で終っていた(例えば、「見る」の終止形は mi_1)と考え

3.3 考えうる母音調和

強変化						
カ変	o_2	i_1	u	uru	ure	o_2
サ変	e	i	u	uru	ure	e
ナ変	a	i	u	uru	ure	e

(10)を見ると、「強変化動詞」とは「混合変化動詞」であり、未然形・連用形・終止形・命令形では子音語幹動詞、連体形・已然形では母音語幹動詞と言えるようである。(10)では、母音語幹動詞特有の連体形・已然形語尾の部分を枠で囲んで示した。

a e i o_1 o_2 u の6母音体系を仮定し、Ce_2(エ列乙類音節)は Cai からのもの、$Cyo_2 \rightarrow C^je$(エ列甲類音節)、$Ci \rightarrow C^ji$(イ列甲類音節)[4)]、その他を仮定すると、上の活用表の語尾のやや基底に近い形として(11)のようなものが考えられる。

(11)

		未然	連用	終止	連体	已然	命令
子音語幹 -C-		-a-	-i	-u	-ru	-rai	-yo_2
母音語幹 -V-		-a-	-i	-u	-ru	-rai	-yo_2
強変化							
カ変 k-		-o_2-	-i	-u	-uru	-urai	-yo_2
サ変 sy-		-o_2-	-i	-u	-uru	-urai	-yo_2
ナ変 n-		-a-	-i	-u	-uru	-urai	-yo_2

(11)において、子音語幹動詞 ar-《有る》と i_1 語幹動詞の終止形語尾は -u でなく、-i である。母音語幹動詞の語幹末母音 e_2/i_2 は -ru, -rai の前で u になる。カ変動詞「来る」の語幹は、少なくとも現代諸方言における基底形(の一つ)としては、ko- であろうが、上のように並べた限り、上代語以前では、上代語の ko_2 の o_2 に当る母音は未然形態素初頭の母音と見たほうが好いと思われる。し

られる。後代、連体語尾 -ru が類推により後続したのであろう。これは終止形一般の衰退と関係ある現象ではあるまいか。

4) $Ci \rightarrow C^ji$ において C が舌頂音(coronal)の場合、上代語以前に、C^ji の C^j が口蓋化子音から別の子音(例えば、tj → /s/[tsj～sj] 等)に成ったのか、モンゴル語のように口蓋化しなかった(cf. 現代ハルハ方言 adil の di 等)のか問題であるが、C が舌頂音の場合の C^ji/Ci, C^je/Ce の対立は上代語に無い。

かも、そう見ることにより「来る」の語幹は子音語幹(k-)となり、連用形「き」がイ列甲類音節であることにも矛盾しない。サ変動詞未然形の基底形としてsy-o_2-を仮定したのは次の理由による。まず未然形態素初頭母音の基底形に、例えばeを仮定すると同一の未然形態素の初頭母音に3種の基底形(a o_2 e)を認めることになり好ましくない。母音調和により女性母音o_2と男性母音aの2種類が有ったとする方が好い。しかし、サ変動詞未然形の基底形がs-o_2ならば、その表面形はs-o_2になってしまう。サ変動詞語幹の基底形はまだ確定できないが、sy-の如き形のもので、未然形は命令形と同様の過程でsy-o_2- → s^je-のように実現したのではあるまいか。同様の考えなら、sy-a- → s^jeでも好いようなものである。しかし、所謂「完了のリ」が、上代中央語でC-i#ar- → C^jer-、上代東国語の一部でC-i#ar- → Car-でありながら東国語にサ変動詞未然形のsa-が見出されていない以上、サ変動詞の未然形態素初頭基底母音は-a-とは別の-o_2-を仮定した。

　命令接辞の基底形を-yo_2と仮定したが、「来る」の語幹がk-であるとk-yo_2 → kje(ケ甲類)になるはずである。しかし上代文献で実証される命令形はko_2である。日本祖語・先上代語では「来る」「する」は女性母音語でよかろうが、上代語の共時的記述としては、動詞「来る」は命令接辞初頭のyを脱落させる；動詞「来る」「する」に後続する未然形初頭母音はa → o_2という形になる、等のようになるのかも知れない。

　日本祖語・先上代語で「来る」「する」が母音調和上、女性母音語幹としてどういう基底形を仮定すべきか、現在の所、明確にできない。

　サ変動詞の未然形「せ」と、過去の助動詞「き」の未然形「せ」とは、共に女性母音語幹に由来するものかと思われる。

　上代語表面形のa～o_2～e_1交替のうち、e_1で表れるものは上述のように多少問題であっても、カ変未然形ko_2-の他に、「聞こす」ki_1ko_2s-、「聞こゆ」ki_1k$o_2$ye-、「思ほゆ」omopoye-、「響もす」to_2y$o_2$mos-、「思ほす」omopos-、「移ろふ」uturo_2p-等を見ると、as～o_2s、aye～$o_2$ye、ap～o_2p等の延長語幹形成接辞として上代語に不規則に残っているものは、往時の *a～*ə母音調和対（つい）の確かな痕跡であろう。

　上代語にo_2音節の連続が多いのは、勿論もともと*əの頻度が高かったには

違いないと思われるが、先上代語の $*ə$ が後代余り変化しなかったのに比して、他の母音は(12)のように上代語に到るまでに何らかの変化に参与していたからかと思われる。

(12) $*əi → i_2$
          $*ai → e_2$
          $*ia → e_1$
          $*au → o_1$
          $*ua → o_1$
          $*e$（短母音）$→ i_1$
          $*o$（短母音）$→ u$

服部説も考慮に入れ、造語法について(13)のような内的再構を考えれば、母音調和の痕跡は一層濃厚のように思われる。

(13) ake_2- < $*aka$-i-《明ける》
          oki_2- < $*o_2ko_2$-i- < $*əkə$-i-《起きる》   cf. $*əkə$-s-《起す》
          $tuki_2$- < $*tuku$-i-《尽きる》   cf. $*tuku$-s-《尽す》

しかし、実際にはそう単純ではない。(14)のように、女性母音 $ə$ と男性母音 a が1語の中に共存してしまうこともあるのである。

(14) ko_2me_2- < $*ko_2m$-a-i- < $*kəm$-a-i-《籠める》   cf. $*kəm$-$ə$-r-《籠る》
          to_2ke_2- < $*to_2ka$-i- < $*tək$-a-i-《解ける》   cf. $*tək$-《解く》

「籠める」「解ける」のような母音調和の違例は母音調和崩壊以後に出来た語形である、とでもいうことが実証されれば好いのであるが。

(c) 祖語の母音調和

祖語の母音体系はどうなるか。さきの服部説(7)を母音調和の観点から図式的に示せば(15)のようになる。

(15)　　i　　ə　　　　ü　　女性母音
　　　　e　　a　　o　　u　　男性母音

しかし、男性母音 o に対して女性母音の無いのはおかしい。女性母音 ü に対する男性母音として o だけを認めれば、*ü と *u は対立しないから *u で表すと、(16)の体系が得られ、母音調和としても整ったものになる。

(16)　　i　　ə　　u　　女性母音
　　　　e　　a　　o　　男性母音

しかし、服部は(6)に見られるように *u *o の他に *ü も祖語に再構するのである。関係する服部説の対応を(17)に再録する。

(17)　　奈良時代中央方言　　　　日本祖語　　　A 時代首里方言
　　　　/u/　　　　　　　　　←　*o　→　　*o
　　　　/u/　　　　　　　　　←　*u　→　　*u
　　　　/ö/, /u/　　　　　　　←　*ü　→　　*o, *u
　　　　/i/, /ii/（ともに乙類）　←　*ui　→　 *i, *ii
　　　　/i/, /ii/（ともに乙類）　←　*üi　→　 *i, *ii

祖語に(16)の母音体系を再構すれば、(17)に該当する対応は(18)のようになる。

(18)　　奈良時代中央方言　　　　日本祖語　　　A 時代首里方言
　　　　/u/　　　　　　　　　←　*o　→　　*o
　　　　/ö/, /u/　　　　　　　←　*u　→　　*o, *u
　　　　/i/, /ii/（ともに乙類）　←　*ui　→　 *i, *ii

(16)の体系からは、母音調和の対 *i〜*e, *ə〜*a, *u〜*o; *ii〜*ee, *əə〜*aa, *uu〜*oo が有ったことになる。これは奈良時代中央方言では、ほぼ i_1〜i_1, o_2〜a, u〜u; ii_1〜ee_1, oo_2〜aa, uu〜oo_1 ということになるが、奈良時代中央方言では母音の長短は表記されていないから、見かけ上は o_2〜a はよく現れ、i_1 と u は中性母音、長母音起源の i_1〜e_1, u〜o_1 の対があることになり、o_2〜a の対以外に殆ど母音調和の痕跡は見られない、という'現実に観察される'結果に

なりそうである。

　今では服部の時代以上に、宮古・八重山等の資料も集っている。更に妥当な日本祖語の再建が期待される。

　母音体系・母音調和体系として(16)のようなものを有する言語は実際に有るのか、という疑問を持つ人もあろう。(19)に15世紀朝鮮語、現代モンゴル語、清朝時代の満洲語の母音体系を示す。

(19)　15世紀朝鮮語　　　i　ə　ɨ　u　　女性母音
　　　　　　　　　　　　　a　ʌ　　o　　男性母音

　　　モンゴル語　　　　i　ə　ö　ü　　女性母音
　　　　　　　　　　　　a　　　o　u　　男性母音

　　　満洲語　　　　　　i　ə　　u　　　女性母音
　　　　　　　　　　　　a　　　o　　　　男性母音

əはしばしば e で転写される。i は中性母音であるが、音声的には女性母音であるゆえ、同一母音調和単位内に男性母音の無い時には女性母音として振舞うことが多い。(16)に示した体系は、15世紀朝鮮語やモンゴル語よりも満洲語に近い形をしている。先清朝時代満洲語では、特に動詞の母音調和からの内的再構により、女性母音の i と男性母音の i (即ち e) を有する母音体系(20)が考えられる。

(20)　　　　　　　i　ə　u　　女性母音
　　　　　　　　　e　a　o　　男性母音

e は通常女性母音を表すのに用いられているから、記号として(20)の男性母音 e を ɪ で表し、ə は満洲語ローマ字転写の慣用に従い e で表すことにすれば、先清朝時代満洲語は(21)の形になる。

(21)　　　　　　　i　e　u　　女性母音
　　　　　　　　　ɪ　a　o　　男性母音

先清朝時代の(20) = (21)の体系は日本祖語に仮定した(16)と同形である。即ち

(16)に仮定した母音(調和)体系はヒトの言語に有りうるもの、ということであろう。

おわりに

　上代日本語に母音調和は生きていなかった。日本祖語における母音調和についての確たる結論は、今の段階では出せない。母音調和が有ったと思われる時代の母音体系は、もとより推測の域を出ない。それでも上代語以前において既述のような(アルタイ型の)母音調和が有った可能性は高いと思われる。母音調和を仮定することにより、「来る」の活用を始め、上代語に見られる種々の音韻事象が説明できるのである。

　上代日本語の母音調和は未発達の段階のまま消失したのではなく、寧ろ崩壊の結果を示しているのではなかろうか。

　上代語以前の日本語には、弁別的音調(アクセント・声調)と母音調和が併存していたのか。そのような併存は一般に考えにくい。母音調和が有って弁別的音調の無い言語と、母音調和が無くて弁別的音調の有る言語とが接触し、その結果、母音調和が崩壊して弁別的音調が優勢になったと考える人もあるであろう。今の私としては、母音調和と弁別的な母音の長短が有って弁別的な音調の無い言語において、その母音の長短から弁別的な音調が生まれた、というシナリオが尤もらしいと考えている。

付　記

　1.　本稿の初出は「上代日本語母音調和覚書」『筑紫語学論叢Ⅱ』(迫野虔徳教授退官記念論文集)風間書房、2006 年、1-16 頁である。

　2.　上代日本語に母音調和が存在していなかったことは明白である。しかし母音の分布の偏りは明らかにある。それを上代以前の母音調和の痕跡である、と考える人もあれば、それは母音調和以外の母音配列の特徴だとする人もある。現代琉球諸語にも琉球古文献に残る琉球語にも(と言っても上代日本語のような古い文献資料は無いが)母音調和は痕跡も見えないようである。日琉祖語の母音調和は琉球側では最古の琉球文献以前に跡形も無く完全に消失してしまったのか、それとも日琉祖語の時代から母音調和は存在しなかったのか。

　筆者は服部四郎の驥尾に附し「母音調和の痕跡」を精査したいと考えて、「母音調和

があったとしたら」という仮定のもとに本稿その他本書第1章等を書いている。「存在しなかった」という不在証明は困難であるばかりでなく、「存在しなかった」という仮定から出発すると有るべきものも見逃す可能性がある、というのが服部の信念だったのではなかろうか。

　上代日本語に母音調和があったとすると、それは所謂アルタイ型母音調和であろうか。アルタイ型母音調和なら第1音節に強いストレスがあり、それ故に母音の順行同化が起こり、第2音節以下の母音音素が一般に第1音節の母音音素数より少なくなる。

　母音調和は音の同化現象である。音の同化現象はその程度や安定性にもよるが、必ずしも文字に反映しない場合もあり、また過去の言語や擬古文的正書法の場合には、これこれの同化が有るはずだ、という考えを持つ人によって現実とは異なる音形の書かれる場合もある。上代日本語の(語中位置別の、長短別の)母音音素数はどうだったのだろうか。あるいは日琉祖語の同様の母音音素数は。母音調和が確実に有ったとして好いと思われる15世紀朝鮮語はどうか。筆者の調査は未だ不完全であるが、15世紀朝鮮語では第2音節以下の母音音素数は第1音節のそれに比して少なくはないように見える。15世紀朝鮮語は、アクセントと母音調和が共存している、という以上、その母音調和は非アルタイ型だった。朝鮮語(と日本語)の母音調和は、北方形の母音調和が有ったとしたら、その第1音節ストレスが弱化した形なのかも知れない。ストレスが弱化したことが原因でアクセントと母音調和の両方が弁別的になって両立している、ということも考えられる。しかし、むしろ逆に、中期朝鮮語型が古く、北方の遊牧的環境では語頭のストレスが強化され、非語頭の母音が弱化した、という図式も考えられる。いずれにしても、中央・東アジアにおけるストレスアクセント・ピッチアクセント・弁別的長音の史的発展・分布は探求したい課題である。

　3. 筆者以上に積極的に東北アジア諸言語に見られる母音調和と日琉祖語の母音調和を見なおしたホイットマン(2016)も参照。

　4. (2)の例の kamu-*na*-duki$_2$ と mi$_1$-*na*-duki$_2$ は上代語資料に音仮名表記の例は無い。筆者自身認識が甘かったのであるが、一般に「古語辞典」の記述が、どの程度どの時代の語形を実証した結果の反映なのか、ということに関しては早田(2016b)参照。

第 4 章　母音体系

はじめに

　上代日本語の音韻体系については、特にその母音体系について、諸家の意見がそれぞれの立場から種々出ていて興味が尽きない。筆者もここで自分なりの意見を開陳して批判を仰ぎたいと思う。本稿でいう上代日本語とは特に断らない限り奈良時代中央方言を指し、しばしば上代語と略称する。

4.1　上代語の音声について

　ここは上代語の音声を詳述する場ではないが、漢字表記や内的再構から考えられている音声の概略だけは述べておこう。上代音声の五十音図に当たるものを(1)に挙げる。母音の長短の音韻論的弁別はあったと考えられるが、上代の表記には現れていない。子音の清濁は、無声／有声の対立ではなく、口腔阻害音／鼻的阻害音(oral obstruent/nasal obstruent)の対立と思われるが、慣用に従って無声／有声の文字で表す。清子音が共鳴音に挟まれた場合には、今の朝鮮語のように、多く有声音で発せられたと思われる。それ故、ハ行転呼(/p/ [(bˌ)β] ＞ [w])やiの前でイ音便(/k/[(gˌ)ɣ] ＞ j ＞ ∅)・uの前でウ音便(/k/[(gˌ)ɣ] ＞ w ＞ ∅)現象が起こったのであろう。きしみ音(strident)(サ行子音・ザ行子音)は清濁ともに(現代語のザ行子音のように)破擦音と摩擦音の対立がなかったが、慣用に従って摩擦音の文字で表す。オ列乙類母音はəで表した。後に(18)母音図で表すが、əは母音調和上(早田2006＝本書第3章)、男性母音aに対する女性母音であり、aよりは勿論、oよりも狭かったと考えられる。əは後にoに合流したことから見て、奈良時代末期には円唇化して [ɵ] のようになっていたと考えられている。唇音の後のoとəの対立は早期に失われたよ

うで、上代文献に書き分けはない。ただ mo〜mə は『古事記』にのみ書き分けられている。唇音の後の、o と ə の対立のない位置では(ə＞)o は「奥舌母音の [o] に変化した公算が大」であると言う(服部 1983a: 11)。ア行の o と ə の書き分けはないが、それは漢字のせいであり音韻的には対立があった、と言う(服部 1976a: 13, 1976b: 10, 1983a: 1, 11, 12, 1983b: 79)。歯音で始まる音節シ・ジ・チ・ヂ・ニ・リの音節は、少なくとも上代のごく初期以外では直後の前舌母音 i によってその歯子音が(1)に書いたように口蓋化していた、と筆者は考えている[1]。しかし亀井(1950＝1984)は、イ列乙類音節の母音は音声的にも単純母音で、中舌母音 /ï/ と推定し、甲乙の弁別のないこれらの音節の母音も乙類の母音で発せられていた([tï] [dï] 等)としている。筆者は、後述のごとく、イ列乙類音節は /CVi/(C は子音、V は母音)の母音弱化形 [Cᵊi] と考えるものであり、中心母音は基本的に /i/[i] であったとする。例えばミ乙(簡略音声表記 [mᵊi])の音価は、ロシヤ語のストレスを置かれた場合の мы [mɨi] に近いが、[ɨ] より [i] の方が強くて長いもの、と推定している[2]。(1)の中の歯子音の音声表記は、厳密なものではない。

(1) 上代語五十音図(概略の音声表示)

		甲	乙		甲	乙		甲	乙
	a	i		u	e		o		
ka		kʲi	kᵊi	ku	kʲe	kᵊe		ko	kə
ga		gʲi	gᵊi	gu	gʲe	gᵊe		go	gə
sa		sʲi		su	sʲe			so	sə
za		zʲi		zu	zʲe			zo	zə
ta		tʲi		tu	te			to	tə
da		dʲi		du	de			do	də
na		nʲi		nu	ne			no	nə
pa		pʲi	pᵊi	pu	pʲe	pᵊe		po	

---

1) Hayata(2000＝本書第2章)の脚注1および付記2参照。
2) [mᵊi] のように子音の後のわたり音を i でなく ə で表記しているが、i は活字が小さいと区別しにくい故 ə で表記している。音声としては i の方がよいと思っている。

ba	bʲi	bᵊi	bu	bʲe	bᵊe	bo	
ma	mʲi	mᵊi	mu	mʲe	mᵊe	(mo	mə)
ja	(ji)		ju	je		jo	jə
ra	rʲi		ru	re		ro	rə
wa	wi		(wu)	we		wo	

4.2 諸説の概観

　上代語の甲類音節・乙類音節の別については種々の意見があるが、ほぼ以下の三種に分けられよう。

　1 「仮名遣」——音韻の違いはもとより音声の違いも認めず、ただ約束で文字を使い分けている、とするもの。当然5母音説支持者に多い。

　2 「音声」——音声の違いは認めるが、音韻の区別による文字の使い分けとは認めないもの。中には、当時の朝鮮語の音韻の区別をもって日本語の音声の違いを表記したとする説もある。5母音説支持者に多い。

　3 「音韻」——音声の違いはもとより音韻の区別も認め、音韻の区別に基づいて文字を使い分けた、とするもの。8母音説、7母音説、6母音説等がある。どの音節の書き分けが音声の違いで、どの音節の書き分けが音韻の違いか、という点についての意見は研究者によって多少異なる。

　「仮名遣」説は、橋本進吉の夙に言うごとく、ありえないと思われる。同音のものに対して少数の文字（漢字）の使い分けを記憶することは可能であっても、万葉仮名のような多数の漢字を音の違いによらずに二つのグループに分けて記憶することは不可能だと考えられる。日本語の音の違いを漢字の音の違いに対応させて覚えているのでなければ、あれだけの使い分けは不可能である。

　音韻として区別されない「音声」の違いを書き分けたとする説も、上代語の使用事実からみれば成り立ちがたい。上代の日本語話者が区別しない音声の違い（異音）を、そういう音声の違いを音韻として区別している朝鮮語なり漢語なりの母語話者あるいは習熟者が書き分けることは、確かに可能である。しかし上代語では、例えば「三(mʲi)」と「身(mᵊi)」、「上(kamʲi)」と「神(kamᵊi)」、

「越し(kosi)」と「腰(kəsi)」等々多数有る名詞の区別、命令形の「遊べ(asobʲe)」と已然形の「遊べ(asobᵊe)」等々のような文法的形態素の違い、そういう音の区別(音韻)が当時の日本語話者に無かったのならば、自然に異なった音声(異音)が出る異なった音声環境もないのに、即ち同じ音的環境なのに、どうしてそういう音の違いを規則的に発していたのか説明ができない。当時の日本語話者が音韻として区別していたからこそ同じ音的環境でも区別した音声を発し、その違いを、漢字音の違いを知っている人が書き分けた、とするしか説明のしようがない。

単にそのような表面的なレベルにおける音の違いばかりでなく、甲乙の違いは種々の語形変化にも対応しているのである。上代日本語の音韻として、甲乙の音節の区別は有ったとしなければならない。

4.3 構造言語学の音素論的解釈——服部四郎の6母音説

上代語8母音説の成り立たないことは今更述べるまでもあるまい(服部1976c: 78, 1983a: 6以下)。さきの音声の五十音図(1)に対応した服部6母音説(音素表示)を(2)に挙げる。服部(1958)の案で服部(1983d: 123)の大改訂まで記号や甲乙の呼称は時に変りながらも続く。断っておくが、服部の書いたものの中に似たものはあるが、(2)のとおりの表は無いと思う。これは諸処にある服部の所論から筆者がまとめたものである。服部はオ列乙類母音を日本祖語としては/ə, əə/で表しているが、奈良時代中央方言としては/ö, öö/で表している。(2)では母音の長短は表記していない。

(2) 服部旧案(1958)

	甲	乙		甲	乙	甲	乙
ˀa	ˀi		ˀu	ˀe		ˀo	ˀə
ka	kʲi	ki	ku	kʲe	ke	ko	kə
ga	gʲi	gi	gu	gʲe	ge	go	gə
sa	si		su		se	so	sə
za	zi		zu		ze	zo	zə

ta	ti	tu	te	<u>to</u>	<u>tə</u>
da	di	du	de	<u>do</u>	<u>də</u>
na	ni	nu	ne	no	nə
pa	<u>pʲi</u> pi	pu	<u>pʲe</u> pe	po	
ba	<u>bʲi</u> bi	bu	<u>bʲe</u> be	bo	
ma	<u>mʲi</u> mi	mu	<u>mʲe</u> me	(mo	mə)
ja	(ji)	ju	je	<u>jo</u>	<u>jə</u>
ra	ri	ru	re	<u>ro</u>	<u>rə</u>
wa	wi	(wu)	we	wo	

服部(1976c: 78)には以下のような説明がある(引用中の口蓋化したkのIPAはkの次に上付のj即ち「ʲ」を附して代用する):

> 私は次の様な音韻変化が起こったものと推定している。
>
> | 「キ乙」がまだ
生じない時代 | 奈良時代 | 「キ」の甲・乙の対立の
なくなった平安時代 |
> |---|---|---|
> | [kʲi] → | [kʲi] → | [kʲi] |
> | /ki/ → | /kji/ → | /ki/ |
>
> すなわち、音声そのものは変化しなくても、音韻体系が変化すると、音節(または単音等)の音韻的価値が変化するとするのである。F. de Saussureの将棋盤上の駒組みの変化の譬を思い合わせるべきである。

これには以下の注が付いている(1976c: 79):

> 或学生から、奈良時代の「キ甲」を/ki/とし、「キ乙」の/k/の後に口蓋化のない印をつけ加えてはどうか、という意見が出た。「キ乙」を/ki/とすることに余程の抵抗を感ずるらしい。

筆者も「キ乙」を/ki/とすることに余程の抵抗を感ずる者の一人であるが、1983年になると服部自身、上に挙げた/ki/→/kji/→/ki/に終わる四行を引用した上で、次のように述べている(1983d: 123):

> しかしながら、奈良時代に対しても/ki/とした方が、すっきりする。「ギ、

ヒ、ビ、ミ」の甲類についても同じことが言える。

　そこで「キ、ギ、ヒ、ビ、ミ」の乙類に対する音韻表記法を色々考えたが、子音と母音の結びつき方(かた)が普通でないことを表わすために、子音字と母音字の間に小さい丸。を上つきで入れて、「キ乙類」を /k°i/ のように表わそうと思う。

　「エ列」についても、相応の変更を加えれば、全く平行的なことが言える。

この服部新案に沿って(2)を表記すれば(3)のようになる。

(3)　服部新案(1983d)

	甲	乙		甲	乙		甲	乙
	'a	'i		'u		'e		<u>'o ～ 'ə</u>
ka	ki	<u>k°i</u>	ku	ke	<u>k°e</u>		<u>ko</u>	<u>kə</u>
ga	<u>gi</u>	<u>g°i</u>	gu	<u>ge</u>	<u>g°e</u>		<u>go</u>	<u>gə</u>
sa	si		su	se			<u>so</u>	<u>sə</u>
za	zi		zu	ze			<u>zo</u>	<u>zə</u>
ta	ti		tu	te			<u>to</u>	<u>tə</u>
da	di		du	de			<u>do</u>	<u>də</u>
na	ni		nu	ne			<u>no</u>	<u>nə</u>
pa	<u>pi</u>	<u>p°i</u>	pu	<u>pe</u>	<u>p°e</u>		po	
ba	<u>bi</u>	<u>b°i</u>	bu	<u>be</u>	<u>b°e</u>		bo	
ma	<u>mi</u>	<u>m°i</u>	mu	<u>me</u>	<u>m°e</u>		<u>mo</u>	<u>mə</u>
ja		(ji)	ju		je		<u>jo</u>	<u>jə</u>
ra		ri	ru		re		<u>ro</u>	<u>rə</u>
wa		wi	(wu)		we		wo	

4.4　服部説の問題点

服部旧案(2)は、1958年から1983年の新案まで保持されていたが、まずこ

の旧案では拗音の分布が現代語の正反対である。現代語のような奥舌母音のみに直音・拗音の対立のある自然な対立(Ca/Cja; Cu/Cju; Co/Cjo)ではなく、逆に前舌母音にのみ対立が有って(Ce/Cje; Ci/Cji)奥舌母音に対立がない。前節に挙げた服部自身の言う問題(1976c: 78, 79, 1983d: 123)——[kʲi]を/kji/とし[kᵊi]を/ki/とする不自然さ、歴史的変化の無理な解釈——も抱えている。

　1983年の改訂による服部新案(3)では、まずそのイ列・エ列乙類音節に用いられる「音韻表記法」/C°V/の「°」の音韻論的性格が問題である。服部(1983d: 123)は嚢にあげたように、「子音と母音の結びつき方(かた)が普通でないことを表わすために」入れたものと言うが、それは半母音音素なのであろうか、それとも直前子音の弁別素性なのであろうか。/C°i/は/Ci/と、/C°e/は/Ce/と、対立し、その分布は旧案の音節/Ci, Ce/と同じである。「°」で表されるものが、半母音音素だとすれば音素目録に一つ加わることになる。あるいは、音素でなく弁別素性だとすれば、直前子音と結合した音素が相当数ふえることになる。音声的には旧案の「子音を口蓋化する音素/j/」(/C/の直後の/j/であって、ヤ行子音の/j/とは別の音素(服部1983c: 327))に代って(しかし補い合う位置に起こる)「子音を口蓋化しない音素」/°/という感じである。しかしこれは/w/ではない(1983b: 80-81)。

4.5　筆者の考えている上代語母音——早田の6母音説

　筆者は6母音説をとるものであるが、服部説とは大きく違う。およそどの言語でも相異なる二母音連続はその二つの母音の識別が失われて融合・縮約を起こしやすい。定型詩で韻律の調整のために2単位を1単位にする恰好の位置は母音連続箇所である。「上代日本語は母音連続を忌避する」は言いすぎである。一般的な母音縮約でありながら現代語では使われない語形や、定型を厳しく守っている韻文資料が目に付きやすいことから言われたものと思われる。

　上代語の母音の融合・縮約について非常に単純にまとめれば(4)の四つの型になると思われる。

(4) a. 母音＋語幹形成接辞 i
$$V \to {}^{\partial} / \cdots\_\_ + i]_{語幹}$$　　　　左弱

b. 動詞語幹末母音＋接辞
$$V \to \emptyset / \cdots V]_{動詞語幹}\_\_ \cdots$$　　　　右脱

c. 複合語
$$V \to \emptyset / [[\cdots\_\_][V\cdots]]_{複合語}$$　　　　左脱

d. 句（音数律の強制による場合に）
$$V \to \emptyset / [[\cdots V][\_\_\cdots]]_{句}$$　　　　右脱

即ち、(4a)：母音で終わる形態素に語幹形成接辞 i が続くときは、i の前の母音が弱化する：

(5)　　[tuk<u>u</u>-i] → tuk^əi　　　　《月》（ツキ乙）

tuk<u>u</u>-i]_{動詞語幹}azu → tuk^əi]azu(→ tuk^əizu)　《尽きず》（ツキ乙ズ）

cf. tuku-s]_{動詞語幹}azu → tukusazu　　　《尽くさず》

(4b)：母音語幹動詞の動詞語幹末母音に母音始まりの接辞が続くときは、接辞の初頭母音は脱落する：

(6)　　sak]_{動詞語幹}azu → sakazu　　　《咲かず》

m<u>i</u>]_{動詞語幹}<u>a</u>zu → mizu(→ m^jizu)　《見ず》

sak]_{動詞語幹}i → saki(→ sak^ji)　《咲き》（サキ甲）

m<u>i</u>]_{動詞語幹}<u>i</u>→ mi(→ m^ji)　《見》（ミ甲）

(4c)：母音で終わる前部構成要素に、母音で始まる後部構成要素が後続した「複合語」は、前の母音が脱落する：

(7)　　wa-ga-<u>i</u>mo → wagimo(→ wag^jimo)　《我が妹》（ワギ甲モ甲）

wa-ga-<u>i</u>pe → wagipe(→ wag^jip^je)　《我が家》（ワギ甲ヘ甲）

ap<u>a</u>-<u>u</u>mi → apumi(→ apum^ji)　《淡海》（アフミ甲）

paj<u>a</u>-<u>u</u>ma → pajuma　《早馬》（ハユマ）

kure-nə-awi → kurenawi　《呉の藍＞紅》

4.5 筆者の考えている上代語母音——61

(4d): 母音で終わる単語に、母音で始まる単語が後続した「句」の場合は、音数律の強制のあるときには、後続の初頭母音を消去して前の母音と一つの単位として読まれたかと思われる:

(8) （apa-umi）#nə#umi → (apum^{j}i)nəmi(→ apum^{j}inəm^{j}i)
《（近江）の海》アフミ甲ノ乙ミ甲(5拍の所)阿布瀰能瀰(紀歌謡 30.31)
a#ga#əməp-ru#tuma#ni → agaməputuman^{j}i《吾が思ふ妻》
アガモフツマニ(7拍の所)阿餓茂赴菟摩珥(紀歌謡 52)
wa-ga-ipe#nə#sənə#ni → wagapenəsənəni(→ wagap^{j}enəsənən^{j}i)
《我家の苑に》ワガヘ甲ノ乙ソ乙ノ乙ニ(7拍の所)和何弊能曽能尓(万葉 5-837)

音数律の許す所では次のような母音連続のままの例もある。

kimi#wo#əməp-ru#tə → k^{j}im^{j}iwoəməpu#tə《君を思ふと》
キ甲ミ甲ヲオモフト乙(7拍の所)岐美乎於母布得(万葉 5-831)

なお、『万葉集』中《我大君》全体の音仮名表記例は、7拍の所に「和我於保伎美加母」wagaəpək^{j}im^{j}i(kamo)ワガオホキ甲ミ甲カモが 2 例(18-4059)(20-4508)、5拍の所に「和期於保伎美」wagəəpək^{j}im^{j}i ワゴ乙オホキ甲ミ甲が 1 例(18-4099) だけ、実際の音声は wa.gā̄ə.pə.k^{j}i.m^{j}i〜wagə̄ə. pə.k^{j}i.m^{j}i のように 5 単位に切っていたのか。

いま(4)の四つの型の母音連続のうち、(a)左弱と(c)左脱は似ているようでありながら結果は大きく違う。左母音弱化では、子音直後の非前舌弱化母音があるから、その直後に前舌母音があっても、それと子音とが接していない故、子音の口蓋化は起こらない(9 i)。ところが、左母音脱落では、子音直後の非前舌母音がなくなってしまい、子音と前舌母音が接して口蓋化を起こす(9 ii):

(9) 前母音低減(イ列母音の場合)
　　i．CVi → C^{ə}i　　　弱化　イ列乙類音節(Cai は C^{ə}e になる)
　　ii．CVi → Ci(→ C^{j}i)　脱落　イ列甲類音節
　　例：kamu-i → kam^{ə}i　　　　　《神》　　　左弱

tuku-i]azu → tukᵊi]azu → tukᵊizu 《尽きず》 左弱
cf. tuku-s]azu → tukusazu 《尽さず》
wa#ga#imo → wagimo → wagʲimo 《我が妹》 左脱
təkə#ipa → təkipa → təkʲipa 《常磐》 左脱

母音弱化には(10)の4通りの場合があり、皆イ列・エ列の乙類音節を形成する。

(10) Ca-i → Cãe ～ Cᵊe 例: saka-i → sakᵊe 《酒》(サケ乙)
Cə-i ⎫
Co-i ⎬ → Cᵊi 例: kə-i → kᵊi 《木》(キ乙)
Cu-i ⎭ 例: kopo-i³⁾ → kopᵊi 《恋》(コ甲ヒ乙)
例: kamu-i → kamᵊi 《神》(カミ乙)

(10)のような共時過程がある故、乙類音節は共時的母音交替が顕著であるが、甲類音節の係わる共時的母音交替は少ないようである。

動詞語幹の交替形の若干を(11)に示す。

(11) əkə-r   *moja-r   *tuku-r   *po-r   uka-r   wo-r
     əkə-s   moja-s   tuku-s   po-s   *uka-s   wo-s(?)
     əkə-i   moja-i   tuku-i   po-i   uka-i   wo-i
     [əkᵊi]   [mojᵊe]   [tukᵊi]   [pᵊi]   [ukᵊe]   [wᵊi]
     《起こり》 —   —   —   《受かり》 《居り》
     《起こし》 《燃やし》 《尽くし》 《干し》   —   《食し(?)》
     《起き》 《燃え》   《尽き》   《干》   《受け》   《居》

3行目のiの後続した形(連用形)にのみ音声形を[ ]の中に示した。(11)の動詞語幹の意味は連用形で示した。語幹形成母音iは、(10)に見られるように名詞露出形形成にも、(11)のような動詞語幹形成にも役割を演じている。(11)に見られるように、動詞語幹形成接辞は母音iの他に子音rやsもある。iは生産性が比較的高いが、rとsはiよりは生産性が落ちる。語幹形成は派生(derivation)である故、分布も意味も規則的ではない。rが自動詞的で、sが他

---

3) ホ甲(po₁)とホ乙(po₂の)書き分けはないが、ko₁po(-si)のような場合、同一形態素中にオ甲音節+オ乙音節連続はあり得ない故、コ甲ホ甲(ko₁po₁)とする。

動詞的とは言えよう。(10)に挙げた Co-i → Cʲi のような甲類から乙類への交替がある反面、(12)の左の例のような乙類から甲類への交替例もある。

(12) 　　　　　《咲け！》　　《起きよ！》
　　　　　　　sak]jə　　　　əkə-i]jə
　　母音弱化　 —　　　　　 əkʲijə
　　口蓋化　　 sakʲə　　　　 —
　　ə → e　　 sakʲe　　　　 —

大野晋(1977: 202-203)は、カゾフ(数)は「kazuafë → kazofë」(数＋合へ)、ツドフ(集)は「tuduafë → tudofë」(粒＋合へ)として ua → o(オ甲)の例を挙げているが、それは通時的な過程であろう。いわゆる「完了のリ」が連用接辞 i＋ar- というのも通時的には正しいと思われるが、上代には訓仮名として「開有櫻之」《咲ける桜の》のように「有」等の漢字の使用例はあっても、「咲きあり」「咲きはあり」「咲きもあり」のような例は管見に入らない。Ci-ar- → Cʲer- は共時規則ではなく、通時的変化とすべきもののようである。しかし、na-ki-amu → nakʲemu《無けむ》等の例は多数あり、共時規則 Ci-a → Cʲe は有ったと思われる。

4.6　音韻論に対する考え方

筆者の考えている上代語の基底母音は(13)のような6母音である。

(13)　母音体系
　　　　i　　　　　　u
　　　　　　ə　　　　　　　ə＝オ乙 [ə～θ]
　　　　e　　　o　　　　　o＝オ甲 [o]

　　　　　　　a

(13)は母音としては服部案と同じであるが、(1)の音声形に"一対一"対応する基底形として(2)なり(3)なりのような音韻形を立てることはできない。

服部音韻論では、旧案の場合、例えば音声形が [kʲi] であれば音素形(基底形)は必ず /kji/ であり、音素形(基底形)が /kji/ であれば音声形は必ず [kʲi] であってそれ以外ではありえない。新案の場合、例えば音声形が [kᵊi] であれば音素形(基底形)は必ず /kᵒi/ であり、音素形(基底形)が /kᵒi/ であれば音声形は必ず [kᵊi] であってそれ以外ではありえない。即ち、音声形と音素形(基底形)が、少なくとも理想的には、一対一でなければならない。構造言語学の音素論では、厳密性に差はあっても、そのような条件が少なくとも暗黙裏に守られていた。これをノーム・チョムスキー(Noam Chomsky)の師ゼリッグ・ハリス(Zellig Harris)が「双方向単一対応の条件」(biuniqueness condition)と呼び、Chomsky(1964: 78 以下)が詳説している。

構造言語学の「双方向単一対応の条件」を認めると、服部案(2)(3)のように音素表示による五十音図は書けるが、(4)–(12)のような母音の弱化・脱落・融合等の共時音韻過程は認められなくなる。母語話者の脳裏に共時的にはどのような音韻に関する仕組みがあり、それが歴史的に、またその反映として地理的に、どのように、どうして変化するのか、変化しているのか、そういうことに興味を持つ筆者としては、構造言語学の考え方は真に困るのである。

服部音素論では上代語イ列・エ列音節に(14)のような対応を認めている。

(14)「双方向単一対応」(biuniqueness)の条件を守る音韻論

　　　服部旧案

　　　　　$Ci \longleftrightarrow [C^{\vartheta}i]$　　　イ列乙類

　　　　　$Cji \longleftrightarrow [C^{j}i]$　　　イ列甲類

　　　　　$Ce \longleftrightarrow [C^{\vartheta}e]$　　　エ列乙類

　　　　　$Cje \longleftrightarrow [C^{j}e]$　　　エ列甲類

　　　服部新案

　　　　　$C^{\circ}i \longleftrightarrow [C^{\vartheta}i]$　　　イ列乙類

　　　　　$Ci \longleftrightarrow [C^{j}i]$　　　イ列甲類

　　　　　$C^{\circ}e \longleftrightarrow [C^{\vartheta}e]$　　　エ列乙類

　　　　　$Ce \longleftrightarrow [C^{j}e]$　　　エ列甲類

服部(1983b: 79)には、

> 私の共時音韻論は、一部の「生成音韻論」とは異なり、「表層構造」(surface structure)と言われる音声的現実のみを問題とする。

と明言されているように、実現した音声が問題なのである。その表示の単位である「音素」は理論的に仮定される仮構物である(1960年代の後半の個人的談話、本書第7章7.1節(a))。

筆者の考えている音韻論では、さきにも述べたように、幼児が第一言語として習得したもの——脳裏の辞書に蓄えられている項目、その形式、表面音声として実現するための規則に類するもの等——仮構でなく実在のもの、そういうものに一歩でも近づきたい、そういうものの歴史的変化・変化の過程・変化の仕組み等を知りたい、と思っている。そのためには、「双方向単一対応の条件」を認めることはできなくなる。əməp-sasu → əməpasu《思はす》, əməp-raru → əməparu《思はる》のような共時過程が有ったとすれば、基底形から表面形には一意的に(psa → [pa], pra → [pa]と)変換できるが、表面形から基底形には一意的に戻れないのである([pa] → psa, pra)。イ列・エ列音節の場合も、筆者の考えている音韻論では、(15)のような"多対一"対応になる。

(15) 「双方向単一対応」(biuniqueness)の条件に拘束されない音韻論

$$\left.\begin{array}{l}Ci\\ \vdots\end{array}\right\} \longrightarrow [C^j i] \quad \text{イ列甲類}$$

$$\left.\begin{array}{l}Cui\\ Cəi\\ Coi\\ \vdots\end{array}\right\} \longrightarrow [C^{\mathsf{o}} i] \quad \text{イ列乙類}$$

$$\left.\begin{array}{l}Ce\\ Cia\\ Cjə\\ \vdots\end{array}\right\} \longrightarrow [C^j e] \quad \text{エ列甲類}$$

$$\left.\begin{array}{l}Cai\\ \vdots\end{array}\right\} \longrightarrow [C^{\mathsf{o}} e] \quad \text{エ列乙類}$$

服部新案の /CᵒV/ は、まさに筆者のいう CVV の左母音の弱化した [CᵒV] に該当する。服部の共時音韻論では [CᵒV] という「音声的現実のみを問題とする」のであるから、ここに至って筆者などの興味とは大きく隔たってしまう。

4.7 母音調和

奈良時代の日本語では母音調和はすでに失われているが、それ以前の日本語(仮に先上代語と呼ぶ)には母音調和が有ったと思われる(早田2006＝本書第3章)。先上代語の母音調和は(16)のようなものだったと考えられる。

(16)　　女性母音　　i　　ə　　u
　　　　男性母音　　e　　a　　o

先上代語・日本祖語の e と o は奈良時代までに(17)のように推移したとする仮説(服部1979b: 98)は相当有効なものと考えられる。

(17)　　日本祖語　　奈良時代中央方言
　　　　*e　　→　　i(甲類)
　　　　*ee　　→　　e, ee(ともに甲類)
　　　　*o　　→　　u
　　　　*oo　　→　　o, oo(ともに甲類)

先上代語の e が男性母音であったことは、*me-na- → mʲi-na-(ミ甲ナト甲＝水の門、ミ甲ナソ乙コ乙＝水の底…)等、女性形 nə(ノ乙)に対して男性形 na が現れていることからも窺える(早田2006＝本書第3章39頁)。(16)は母音図で表せば(18)になる。

(18)　　　i　　　　　　　　u　　女性母音
　　　　　　　　ə
　　　　　　e　　　　　o

　　　　　　　　a　　　　　　男性母音

アルタイ諸語表記の一般的な記号で(18)を表せば、(19)のようになる。

(19)　　　　i　　　　　　　u　　　　女性母音
　　　　　　　　　e
　　　　　　──────────
　　　　　　　ɪ　　　o

　　　　　　　　　a　　　　　　　男性母音

おわりに

　母語話者の発する音声形は、母語話者の脳裏に蓄えられている辞書項目・音声実現に係わる規則に類するものによって実現されるのであり、実現する表面形を母語話者が全部そのまま記憶しているとは考えられない。歴史的変化において、実現した表面形が変化しているように見えても、実際に時の推移とともに変化しているのは話者の脳裏に蓄えられている仕組みである。表面に見える現象ばかりを問題にしていては史的変化の真実は捉えられない。

　上代語のイ列・エ列乙類音節のような、表面形としては非口蓋化子音に後続する上昇二重母音を含む音節は、その表面の音声形だけでなく、母語話者の知っている共時的交替形を十分考慮に入れて、共時的な母音連続の実現である可能性も探らなければならない。口蓋化子音と非口蓋化子音の対立、非口蓋化子音に後続する上昇二重母音の存在と母音交替形の存在等、我々に親しい言語の中でもロシヤ語は上代日本語研究には好適な類似物であると思われる。

　イ列・エ列乙類音節の二重母音性は音声的には非常に早くから言われていながら、構造言語学の音素論の下で多くの人に単純母音であると誤解されていた。これは真に残念なことであった。

付　記
1. 本稿の初出は、「上代日本語の母音」『水門　言葉と歴史』21: 左 1-13、2009 年である。

2. 上代語の母音の融合・縮約に関するその後の考えは、本書第6章および第12章を見られたい。

第 5 章　動詞活用

5.1　序　説

（a）本稿の概略

　本稿で言う「上代（日本）語」とは、8 世紀奈良時代に書かれた文字資料から推定される中央方言、即ち 8 世紀および若干それ以前の時代の中央方言を指す。同時代に記録された東国方言は「（上代）東国方言」と呼ぶ。上代日本語より一つ前の段階の日本語を「先上代語」と呼ぶ。いま日本語の方言と呼ばれている諸方言（現在「琉球諸語」と呼ばれているものを含む）すべてが元一つの言語から分岐したものであると仮定した場合の元の言語を「日本祖語」（現在は「日琉祖語」）と呼ぶ。

　本稿では、今まで発生論を除けば活用表[1]の提示以外には殆ど見られない上代語動詞活用について、その一部なりとも筆者なりの共時的記述を試み、また上代語動詞の活用の種類の通時的先後関係に関する二つの説——1) 四段活用を古形とする論と 2) 四段活用以外を古形とする論——についても若干の考察を加えたいと思う。

（b）文　字

　我々が過去の言語を考察する場合に、その材料は殆ど文字資料によっている。理論上は比較言語学の方法による祖語の形の再建も可能なのであるが、日本語の場合、本土諸方言は殆ど中央方言に浸食され、比較方法により得られている

---

[1] 問題はあるにせよ上代語動詞の活用表の載せられている辞典としては、『国語学辞典』初版本(1955、東京堂)、『新潮国語辞典』(1965、1995、新潮社)、『時代別国語大辞典　上代編』(1967、三省堂)、『古語大鑑』(2011-、東京大学出版会)がある。他は、活用表が全く無いか、活用表が載せてあっても、概ね「文語」と称して中古語の活用表で済ましているようである。

顕著な成果は沖縄諸方言との対応によるものだけのようである。例えば、上代語で母音で始る単語は沖縄諸方言で語頭の喉頭閉鎖音［ʔ］に対応していることから、本土・沖縄祖語(「日琉祖語」)では《行く》に当る単語は母音始りであったことが分る。上代諸方言でイク～ユク等揺れているが、イクの方が古い形であり、ユクは(恐らく母音の逆行同化による)後代の形である(服部1978、早田 2016a: 158-159)、等々。

　しかし、既に述べたように日本語においては比較方法により得られる所は現在僅少である以上、我々は大部分の場合文字を頼りにせざるを得ない。ただ、文字には少なくとも「保守性」「文字による発音の歪曲」「抽象性」という特性が有る点に常に注意を払わなければならない。

　• 「保守性」: その社会でいったん文字表記が広く行われると、その書き方が定着して、音が変化してもそのまま元の形で書かれる傾向がある。「定着」の仕方は様々であるが、その一つに正書法によるきまりがある。既に江戸時代に同音になっていた《灰》と《蠅》(共に発音は［ハイ］あるいは［ヘー］)は、歴史的仮名遣が正書法と定められていた時代には(筆者もそれによって教育されたが)《灰》は「ハヒ」と書き、《蠅》は「ハヘ」と書くことになっていて、正書法からは両語は違う音であるかの如くに見えた。

　• 「文字による発音の歪曲——綴字発音など」: 戦後歴史的仮名遣に代って新仮名遣が正書法として広められ《灰》はハイ、《蠅》はハエと書くようにきまって、そのように学校教育で徹底された結果、初めから新仮名遣で育った人たちは、江戸時代以来同音になっていた《灰》と《蠅》をそれぞれハイとハエのように区別して発音するようになっている。《蠅帳》［ハイチョー］、《蠅叩き》［ハイタタキ］は既に現物が無くなり、［ゴマノハイ］は民間語源で「ゴマの蠅」と書かれたりしていたが(語源は「護摩の灰」だという)［ゴマノハエ］と読まれてしまう。この単語ももう知らない人が多くなっているようである。

　• 「抽象性」: 言語の音声は脳中に蓄えられている形のままに発音されるとは限らない。何年か前の経験であるが、母音の長短の区別のある言語の話者が、ある単語の母音を「短い」と主張していたが、実際に発音してもらうと「長い」のである。比較的に長いのではなく、本人が「長い」と主張する単語の母音と同じ長さなのであった。この言語では1音節自立語は必ず「長く」発音す

ること日本語関西方言と同様である。しかし、基底形で短母音を含む1音節の自立語は、母語話者は「短い」と意識していて文字でも短母音で表記し、基底形で長母音の1音節語は、母語話者も「長い」と意識していて文字も長母音で表記するのが一般のようである。日本語関西方言の話者は（アクセントを別として）《戸》と《十》とを共に普通は［トー］と発音するが、仮名の正書法のせいか振仮名をつける場合、《戸》には「と」と短くつけることも実際には行われている。

　正書法で意図的に抽象的な（現実の音声から離れた）表記をする場合もある。その方が便利だからである。例えば、現代朝鮮語の一例を(1)に挙げる（ハングル表記を筆者のローマ字転写で表す）:

(1)　　　　　　　　発音　　　　　表記
　《読み》　　　　　ilgʌ　　　　　ilg.ʌ
　《読みます》　　　ik˥simnida　　ilg.sib.ni.da　　（k˥はkの内破音）
　《読む（終止形）》　iŋninda　　　ilg.nin.da

動詞《読む》の語幹部分の発音が、ilg～ik˥～iŋのように三とおりに違っていてもハングル表記ではこの部分をすべてilgと表記している。これは史的に［ilg］と発音されていたのを表記だけそのまま継承しているのではない。15世紀にハングルが創製された時には発音どおりに表記されていたのが（現在とは違う音であったが）、後世正書法としては同一の語幹は同一の綴の方が便利だということで改革されたものである。

　上のように、正書法はその時代の音を示していない場合も多いのである。

(c) 活用と派生

　単語(word)は語幹(stem)と接辞(affix)とからなる。接辞は、語幹より前に附く接頭辞(prefix)、語幹の中に挿入される接中辞(infix)、語幹より後に附く接尾辞(suffix)の三つに便宜上分けられる。現実にはその三つに綺麗に分けられるとは限らないのであるが、記述の方法によって語幹母音交替(Ablaut)による語形変化なども、(2)の右のように接尾辞と同様に（共時的に）記述することもありうる（英語の動詞活用の例。正書法で表記する。［　］は語幹）:

(2)　接尾辞添加　　　　　　　　　　語幹母音交替
　　　［play］＋過去接辞　→ played　　　［sing］＋過去接辞　→ sang
　　　［play］＋過去分詞接辞　→ played　　［sing］＋過去分詞接辞　→ sung

接尾辞のうち、とくに語末に附くものを語尾(ending)と呼ぶこともある。
　同一の語幹に種々の接辞(それが附いても新しい語幹にならない接辞)が附いて種々の文法機能を持たせる語形変化を**屈折**[2](inflection)と呼ぶ。そのような接辞を屈折接辞と呼ぶ。伝統的にテンス・アスペクト(付帯的に人称・数)による変化を**活用**(conjugation)と呼び、格(付帯的に性・数)による変化を**曲用**(declension)と呼んでいる。日本語には曲用はない、と言えよう。
　もとの語幹から新しい語幹をつくる語形変化を**派生**(derivation)と呼ぶ。そのような接辞を派生接辞と呼ぶ。言語学の入門書などに、派生とは新しい単語をつくること、としているものがあるが適当とは思われない。
　一般に派生過程は屈折よりも不規則性が強いと言える。
　現代日本語動詞《食べる》の屈折(活用)と派生の一部の例を(3)に挙げる：

(3)　　　　　　　　　　**派生**(新しい語幹の形成)
　　　　　　　　　　　————————————————————→

語幹	[tabe]	[tabe-sase]	[tabe-rare]	[tabe-sase-rare]
屈折 ↓	[tabe]ru	[tabe-sase]ru	[tabe-rare]ru	[tabe-sase-rare]ru
	[tabe]ta	[tabe-sase]ta	[tabe-rare]ta	[tabe-sase-rare]ta
	[tabe]ro	[tabe-sase]ro	[tabe-rare]ro	[tabe-sase-rare]ro

(d) 語幹と接尾辞の区別の重要性

　脳裏の辞書の中では、語幹と接尾辞とは別々に登録されている。ある方言資料に、東京・京都「タベサセル」、関東北部・九州の一部「タベラセル」と記述されているものがあった。これは不適当である。これらの方言のその動詞の形は、形態素境界を「-」で表記すれば、(4)のようになる：

---

[2]　本書第2章脚注3参照。

(4)　東京・京都方言　　関東北部方言　　九州の一部の方言
　　　tabe-sase-ru　　　tabe-*rase*-ru　　tab*er-ase*-ru

確かに単語全体の形は、|東京・京都||関東北部・九州の一部|という分布に見える。しかし、原語幹・派生語幹・語尾を区別すれば、原語幹は|東京・京都・関東北部||九州の一部|のように分かれる。それは原語幹を活用させてみれば明瞭である(5)。

(5)　　　　　　東京方言　　京都方言　　関東北部方言　　九州の一部の方言
　　　否定形　(tabe-ana-i)　(tabe-an)　(tabe-ana-i)　　(taber-an)
　　　　　　→ tabe-na-i　→ tabe-n　→ tabe-na-i　　→ taber-an
　　　連用形　(tabe-i)　　(tabe-i)　　(tabe-i)　　　(taber-i)
　　　　　　→ tabe　　　→ tabe　　→ tabe　　　　→ taber-i

上に見るように、一部の九州方言では原語幹がr子音語幹化(五段化)して、「タベラン」「タベリ」が出てくる。(taber-ta →)tabetta という過去形も聞いたことがある。

5.2　上代語音韻概説

(a) 音声と表記

推定されている上代語の音韻については早田(2009b＝本書第4章)に或る程度述べてある故、繰返しになる部分は簡略にして解説したいと思う。

上代語の母音(音素)の数は現代語の5個に対して、筆者は服部(1958, 1976a, b, c, 1978, 1983a, b, c)と同様6個と考えている。上代語文字資料で書き分けられている音節を概略の音声記号で表記して(6)に示す。これは音素表記ではない。例えば /ki/ を [kʲi] と表記したり、/kui/ も /kəi/ も [kˀi] と表記したりしている。しかし子音の表記は音素的である。se, ze, ne はそれぞれ音声としては [sʲe] [zʲe] [nʲe] のようなものであったばかりでなく、清濁の区別も無声／有声の対立ではなかったと考えられる。母音 /ə/ と /o/ の書分けのない音節は(母音調和や母音交替から区別の推測できるものも含めて)大文字のOで表記

した。

　上代語も現代語と同様に拗音と直音とが区別されていることが分る。その点で音声も音韻もロシヤ語に似ている所がある——子音と前舌母音との間に非前舌母音があれば、子音直後の母音が弱化しても子音は口蓋化しないが、子音と前舌母音との間に母音がなければ子音は口蓋化する、等。

(6)　文字で書分けられている範囲の五十音図の概略の '音声表示'

	甲	乙		甲	乙		甲	乙
a	i		u	e		O		
ka	k^{j}i	k^{ə}i	ku	k^{j}e	k^{ə}e	ko	kə	
ga	g^{j}i	g^{ə}i	gu	g^{j}e	g^{ə}e	go	gə	
sa	si		su	se		so	sə	
za	zi		zu	ze		zo	zə	
ta	ti		tu	te		to	tə	
da	di		du	de		do	də	
na	ni		nu	ne		no	nə	
pa	p^{j}i	p^{ə}i	pu	p^{j}e	p^{ə}e	pO		
ba	b^{j}i	b^{ə}i	bu	b^{j}e	b^{ə}e	bO		
ma	m^{j}i	m^{ə}i	mu	m^{j}e	m^{ə}e	(mo	mə)	
ja	(ji)		ju	je		jo	jə	
ra	ri		ru	re		ro	rə	
wa	wi		(wu)	we		wO		

　音声レベルの話であるが拗音と直音の分布は、(6)を見てすぐ分るように、現代語とは大きく違う。前舌母音音節(イ列音とエ列音)では、非舌頂子音([−coronal, +consonantal])で始る音節(カ行音・ガ行音・ハ行音・バ行音・マ行音)に拗音と直音との対立がある。その拗音音節(口蓋化子音で始る音節)の方を「甲類」、直音音節(非口蓋化子音で始る音節)の方を「乙類」と呼んでいる。非前舌中高母音音節(オ列音)では、唇子音で始る音節(ハ行音・バ行音・マ行音・ワ行音)及びア行音で母音 /ə/ と /o/ が書分けられていない。ただ『古事記』においてのみマ行音でもその区別が書分けられている。円唇母音

/o/ を含む音節を「甲類」、非円唇母音 /ə/ を含む音節を「乙類」と呼んでいる。

　唇子音の後で母音の円唇性の区別が失われるのは納得できるが、子音に先立たれていないア行音のオに甲乙の区別の無いはずがない、という意見はよく聞かれる。その音を区別して表す漢字がなかったのだという意見が主張されている (服部 1976a: 10, 1983a: 12, 1983b: 79)。しかし、現代茨城方言では、子音の後では /e/ と /i/ の区別 (例えばケとキの区別) が有るのに、母音で始まる音節ではエとイの区別が無いし、出雲地方の或る方言では子音の後では /o/ と /u/ の区別 (例えばコとクの区別) が有るのに、母音で始まる音節ではオとウの区別が無かった、という例もある[3]。(6) では甲乙の対立のある所には下線を引いた。母音の長短の対立も有ったと考えられるが表記には現れていない。舌頂性子音も前舌母音が後続した場合、音声としては通常口蓋化していたと思われるが弁別的な口蓋化でない故、(6) では口蓋化を表記しなかった (ただし本書第 2 章の脚注 1 の後半および第 2 章付記の 2 参照)。

　ハ行子音とパ行子音とを [ç～x～χ～h] 等と [p] とのように対立して発音している現代語の感覚からは、(6) のようにハ行子音を p で表記するのには抵抗を感ずることであろうが、この時代のハ行音はファ行音と対立していない故、例えば音節 [pa] と [ɸa] の違いは現代人のバ [ba] とブァ [βa] 程度の違いとしか感じられなかったと思われる。この時代の清／濁の対立は有声音／無声音の対立ではなく、口腔阻害音／鼻的阻害音の対立であったと考えられる故、上代語の清音音節ハ /pa/ は、休止の後では閉鎖音で始る [pa]、母音間では有声摩擦音で始る [βa] のような音声で発せられていたと思われる。この [βa] は後代摩擦が一層弱まって [wa] になってしまった (ハ行転呼音)。なお濁音バ /ba/ は [ᵐba] のような鼻にかかった音だったと考えられる。

　音声表示として、甲乙の区別のないオ列音の母音を O で書きながら、甲乙の区別のないイ列音・エ列音の母音を何故 I や E で書かないのか、と言われるかも知れない。これは、オ列音の母音を o で書くと円唇の甲類母音に見えて

---

[3] 20 年以上前の筆者の学生の調査によるが、今その詳細は不明である。平子達也の調査による現代の出雲方言では、母音で始まる音節でも /o/ と /u/ の区別はある、とのことである。

しまう：ところが甲乙の区別のないイ列音・エ列音は甲乙の区別が母音の区別でないから i や e で問題ない。子音の区別なのであるが（以下しばしば C で子音、V で母音を表す）、甲類子音は C^{j}i や C^{j}e のように表し、乙類子音は C^{ə}i や C^{ə}e のように表しており、上付の j も ə も附いていない子音はそのままで甲乙の対立のないことが明瞭である。そのようなことで I や E を用いることはしなかった。

(b) 音韻交替

現代語にも見られることであるが、上代語では一層規則的に同一の形態素が、派生接辞が後続したり複合語の前部要素になったりした場合に、母音交替を起すことがある。例えば(7)の如くである。この中の左の形は、「語根の終の母音が語の末尾に露出する場合にも用ゐられ得るものであるから之を露出形と名付け」右の形は「語根の終の母音が何か他の要素に被はれてゐる場合にのみ用ゐられるものであるから、之を被覆形と名付ける。」(有坂 1957: 50)

(7)		露出形	被覆形		
《恋》《恋ほし》		コ甲ヒ乙	コ甲ホシ	kop^{ə}i	kopO-si
《木》《木末》		キ乙	コ乙ヌレ	k^{ə}i	kə-nure ＜ kə#nə#ure
《月》《月夜》		ツキ乙	ツクヨ甲	tuk^{ə}i	tuku-jo
《尽き》《尽くし》		ツキ乙	ツクシ	tuk^{ə}i	tuku-s-i
《神》《神風》		カミ乙	カムカゼ	kam^{ə}i	kamu-kaze
《酒》《酒壷》		サケ乙	サカツボ	sak^{ə}e	saka-tubO
《起き》《起こし》		オキ乙	オコ乙シ	Ok^{ə}i	Okə-s-i
《明け》《明かし》		アケ乙	アカシ	ak^{ə}e	aka-si 形容詞、aka-s-i 動詞

共時的には被覆形中の形が基底形であり、これが語末(等)に位置する時に形態素 i が後続して、直前の母音が規則(9)により弱化し(8)のように露出形に交替する、と考えられる。

(8) kopO-i → kopᵊi 《恋ひ》 (9b)による
kə-i → kᵊi 《木》 (9b)による
tuku-i → tukᵊi 《月、尽き》 (9b)による
kamu-i → kamᵊi 《神》 (9b)による
saka-i → sakᵊe 《酒》 (9a)による
Okə-i → Okᵊi 《起き》 (9b)による
pO-i → pᵊi 《火》 (9b)による
aka-i → akᵊe 《明け》 (9a)による

母音弱化規則を略式であるが以下に書く。

(9) a. (C)ai → (C)ãe ～ (Cᵊ)e　エ乙音節が得られる
b. C{u ə o} i→Cᵊi　イ乙音節が得られる

上代の共時態では(9)のような母音弱化(融合)は語中でのみ起る。単語間(両母音間に単語境界がある場合)では通常左側母音が脱落する。例:wa#ga#imo → wagimo → wagʲimo《我が妹》(本書第4章4.5節、第6章参照)。一見単語間でも前母音が脱落しないように見える例 naga#iki → nagᵊekʲi《長＋息(歎き)》ナゲ乙キ甲は、語源説としては正しいと思われるが、既に上代の共時過程ではない。上代では nagaik-《歎く》という動詞語幹になっていて、《歎き》はその名詞化形と考えるべきであろう。固有名詞《高市》タケ乙チの文字表記が正しい語源を示しているとしても、共時的には既に一語化していて、《高》と《市》の両形態素間に単語境界(#)はない、とすべきである(taka-iti → takᵊeti)。《舎人》トᵨネリ、《子犬》エヌ(平安時代『和名抄』)の語源がそれぞれ tənə-iri(殿＋入り)、wO-inu(小＋犬)であるとしても、上代の共時態としてはそれぞれ təneri, wenu とすべきものと考える。

5.3 動詞の活用

上代語動詞の代表的な活用表を(10)に挙げる。活用形・活用の種類は出来るだけ伝統的な名称で示す。

(10) 上代語動詞活用表——概略の音声表示(未然形は否定形「ず」で代表する)

		未然	連用	終止	連体	已然	命令
四段	置く	Okazu	Ok^ji	Oku	Oku	Ok^əe	Ok^je
上二段	起く	Ok^əizu	Ok^əi	Oku	Okuru	Okure	Ok^əijə
下二段	明く	ak^əezu	ak^əe	aku	akuru	akure	ak^əejə
上一段	見	m^jizu	m^ji	m^ji 4)	m^jiru	m^jire	m^jijə
不規則(変格活用)動詞							
カ変	来	kəzu	k^ji	ku	kuru	kure	kə
サ変	為	sezu	si	su	suru	sure	se(jə) 5)
ナ変	往ぬ	inazu	ini	inu	inuru	inure	ine
(ラ変	在り	arazu	ari	ari	aru	are	are)

規則動詞では、四段とそれ以外が顕著に違う。(10)では、四段活用以外に特有と見える形を枠で囲んだ。一般に四段は子音語幹、その他は母音語幹とされ、不規則動詞は子音・母音混合語幹とされている。四段活用が本来のもので、二段活用は後の派生形で新しい、という意見もある。

5.4 不規則動詞

(a) 子音・母音混合語幹説

不規則動詞のうち、カ変・サ変・ナ変は(10)の表面形を形態素に分けると、(11)のようになる。

(11)

語幹	未然	連用	終止	連体	已然	命令
kə]	kə-zu					
k]		k-i	k-u	k-uru	k-ure	k-ə
se]	se-zu					se-jə
s]		s-i	s-u	s-uru	s-ure	s-e

---

4) 上代における上一段動詞の終止形は -i 終りであり、-ru 終りではない。
5) 奈良時代の文献資料では se よりも sejə の方が圧倒的に多い。

5.4 不規則動詞──79

in]	in-azu	in-i	in-u	in-uru	in-ure	in-e

ラ変の語幹の形 ar- は完全に規則動詞の子音語幹(四段活用の語幹)の形であり語幹に不規則性は皆無である故、いまの考察からはずす。ラ変は連用形語尾と終止形語尾が同一ということで伝統的に変格活用とされている。すなわち語尾が不規則なのである。

なお、伝統的に「終止形接続」のような言い方があるが、単語でなく接辞が前に「終止形」という単語形を要求するということ自体が不適当である。「あるべし」arubesi,「あるらむ」aruramu 等における aru は終止形ではない。接辞「べし」「らむ」はそれぞれ -ube-(← -ubai-), -uram- であり、全体は ar-ube-si, ar-uram-u のような形態素連続──ar(語幹)-ube(接辞)-si(語尾)、ar(語幹)-uram(接辞)-u(語尾)──と解すべきものである。

しかし、(11)のように区切った形態素は、規則動詞から考えられる形態素とは著しく違う形をしている。(10)を見てすぐ分るように、uru や ure の形は、規則動詞では、上二・下二のような母音語幹動詞の連体形語尾・已然形語尾に出てくるものであり、子音語幹(四段活用)動詞には u や e で出てくるのである。少なくとも不規則動詞の子音語幹 k や s に uru や ure が続くとするのは不適当のように思われる。この語尾 uru と ure が規則動詞の母音語幹に後接するとき、その語幹末母音を u に変える(例: akai]uru → akuuru → akuru《明くる》)。終止形語尾 u も同様の機能を果す故、これも母音語幹に続く、とすべきである(例: akai]u → akuu → aku《明く》)。そうすると不規則動詞で語尾 u, uru, ure が現れる場合の語幹は母音語幹と考えられ、(11)は(12)のように改められる。この場合ナ変が例外になる。

(12) 語幹　　未然　　連用　　終止　　連体　　已然　　命令

語幹	未然	連用	終止	連体	已然	命令
kə]	kə-zu		kə-u → k-u	kə-uru → k-uru	kə-ure → k-ure	
k]		k-i				k-ə
se]	se-zu		se-u → s-u	se-ure → s-uru	se-uru → s-ure	se-jə
s]		s-i				s-e

in]　　　　in-azu　in-i　　in-u　　in-uru　in-ure　in-e

　ただ、子音語幹の規則動詞(四段動詞)に uru や ure が続くと、そのままでは正しくない形が得られる(例:《置く》Ok]uru → ˣOkuru、正しくは Oku;《置け》Ok]ure → ˣOkure、正しくは Okᵊe)。現代語ではそれぞれ ru, re が仮定されている。

　一般に不規則形というのは使用頻度が高いが故に前代の形が後代に残り、結果として後代では他の形に比して '不規則' ということになっているのが通常である。不規則でも使用頻度が高い間はそのまま使われる。したがって不規則形は一般に、

- (一部なりとも)古形を残している
- 使用頻度が高いが故に語形が短くなっている

と言える。規則動詞でなく、古形残存の可能性のある不規則動詞の連体形語尾・已然形語尾がそれぞれ uru, ure であることは、この形が古形に近いかも知れないのである。(10)に見るように、上代語不規則動詞に共通して連体形が [uru]、已然形が [ure] で終っている特徴は、規則動詞の二段動詞にも共通している。その点で二段動詞が新しいという説には聊か疑問が感じられる。また、カ変の未然形に kəzu のように ə が出てくるのも古形の残存を思わせる。母音語幹末に ə の出てくる動詞は無いし、a でなく ə で始る未然接辞も無いからである。ただ不規則動詞の語形の短さは、予測されるほど顕著とは言えまい。

(b) 子音語幹説

　前節 5.4(a) で述べたように語幹形が二個(カ変は kə と k、サ変は se と s)というのも余り綺麗ではなかろう。カ変動詞の語幹を kə- とすると、連用形態素は -i としか考えられないから、連用形は kə-i → ˣkə コ乙(母音語幹に i が後続した場合、その i は消える)、強いて名詞の露出形のように考えても ˣkᵊi キ乙 (cf.(8)の《木》)、となってしまう。連用形「来」は kⁱi キ甲 である。上記の不具合を避けるためには、「カ変動詞語幹 kə の母音 ə は -i 始りの接辞の直前で脱落する」という母音脱落規則を仮定しなければならなくなる。これは寧ろカ変動詞は「子音のみの語幹」k- からなる動詞で、往時の母音調和の情報(女性

5.4 不規則動詞——81

母音語〈f〉〉を残している、と考えた方が、特殊な母音脱落規則を設けなくても済む上、一般の母音語幹末に現れないəをこの動詞にだけ認めるということをしなくても済む。女性母音語である以上、未然形では男性母音 a でなく女性母音əが出現している。例：sak-azu《咲かず》〜k-əzu《来ᵕず》、助詞 ma-na《目の》〜kə-nə《木の》。

「サ変動詞」の語幹も se- とするとカ変動詞の場合と同様に連用形が se-i → ˣse となり具合がわるい。これは si でなければならない。これもカ変動詞のように、「サ変動詞語幹 se の母音 e は -i 始りの接辞の直前で脱落する」という母音脱落規則を仮定しなければならなくなる。サ変動詞もやはり「子音のみの語幹」(この場合 sj-)からなる動詞と仮定するのが望ましいのではなかろうか。母音調和として男性母音語とすることも女性母音語とすることも可能であるが、母音調和の生きていない奈良時代では特に根拠が無い以上、男性母音語としておく。即ち未然形は、sj-azu → sezu のようになって実現する。上代語においては Cjə は一般に Cⁱe になる。例：sak-jə → sakʲe《咲けᵕ》(命令形)。Cja も Cjə もそのままで実現する(発音される)形でない以上、ともに Cⁱe で実現したと考える。cf. naga-ki-am-u → nagakʲemu《長けᵕむ》、ar-i-si-aba → ariseba《ありせば》等。

「ナ変動詞」《死ぬ、往ぬ》は、平安時代・鎌倉時代のアクセント資料によると、音韻上は二個の単語(その境界を # で示す)から成っていると考えられる。即ち、それぞれ si#n-, i#n- であり、#n- で始る部分は直前にアクセント(⌐)があっても「低」にならない(13)(金田一 1964: 372-373; 早田 1977c = 本書第 8 章 169 頁)。i#n-《往ぬ、去ぬ》が動詞の連用形(-i)に続くとき、i#n- の i が落ちたのが助動詞(完了ヌ)用法と考えられる。《死ぬ》の語源説として、《為》+《去ぬ》、《息》+《去ぬ》があるが確証は無い。漢語の《死》+《去ぬ》とは全く考えられない。上代文献の漢文脈以外で漢字形態素「死」の確たる例はあるのであろうか。

(13)　死ぬ(終止)　　「si#「n-u⌐　　シヌ [高高]（[高降] か）
　　　往ね(命令)　　「i#「n-jə⌐ → 「i#「ne　イネ [高低]（[高降] か）
　　　往ぬる(連体)　「i#「n-uru　　　イヌル [高高高]

縊れぬ（終止）「kubire-i⌝#「i#「n-u⌝ → 「kubi⌝re#「i#「nu⌝
→ 「kubi⌝re#「nu⌝　クビレヌ［高高低高］（［高高低降］か）

絶えぬ（終止）└taje-i⌝#「i#「n-u⌝ → └taje⌝#「i#「nu⌝
→ └taje⌝#「nu⌝　タエヌ　［低高高］（［低高降］か）

すなわち、平安時代のナ変動詞の音韻的単語の語幹は「子音のみの語幹」n-であったし、奈良時代もそう考えて差支えないと思われる。

以上の考察からすれば、不規則語幹動詞はカ変・サ変・ナ変の三種ということになり、その三つは(14)のように、いずれも子音のみからなる語幹であって、子音母音混合語幹ではない、ということになる。

(14)　　　語幹　　未然(ず)　　連用　　終止　　連体　　已然　　命令

カ変　k-
　　　⟨f⟩
サ変　sj-　　-azu～-əzu　-i　　-u　　-uru　-urai　-jə
ナ変　n-

不規則動詞は頻度が高く語幹が短くなって子音だけであり、少なくとも一部は母音調和情報のような古形を残している。語幹の二重形も無いし、不規則動詞語幹は子音だけ、という極めて一般的な特徴を示している点、子音語幹説は魅力的と感じられる。

(c) 子音語幹説の問題点

前節までの所では、不規則動詞カ変・サ変・ナ変の語幹はすべて子音のみからなる、という一般化が十分に考えられるのであるが、以下の過去(回想)形「キ甲」(連体形は -isi)・禁止形「ナ＋動詞連用形＋ソ」(na- 動詞語幹 -i#sə) を考えてみなければならない。

前節で仮定したようにカ変・サ変の語幹をそれぞれ k-, sj とすれば(15)のようになる。

(15)　　　　　　連用形(-i)　過去連体形(isi)　禁止形(-i#sə)

カ変　　　　　k]i → kʲi　　k]isi → ˣkʲisi　na#k]i#sə → ˣna kʲi sə

5.4 不規則動詞

　　サ変　　　　　　sj]i → si　　sj]isi → ˣsisi　　na#sj]i#sə → ˣna si sə

《来し》は平安期に見られるが問題である。上代(の連体形)は《来し》《為し》である。(15)に見るとおり、過去形・禁止形はまずい。カ変・サ変の場合、過去(連体)接辞は əsi、禁止接辞は əsə でなければならない。結局(16)のようになる。

(16)

	否定形 -a/ə zu	連用形 -i	過去連体形 -isi	禁止形 -i#sə
咲く	sak]azu	sak]i → sakʲi	sak]isi → sakʲisi	na#sak]i#sə → na sakʲi sə
			-əsi	-əsə
来	k]əzu	k]i → kʲi	k]əsi	na#k]əsə⁶⁾
為	sj]azu	sj]i → si	sj]əsi → sesi	na#sj]əsə → na sesə

即ち、過去接辞と禁止接辞は規則変化動詞に続く場合とカ変動詞・サ変動詞に続く場合とで別の形をとるということになる。しかし、このことは、奈良時代の共時態ではカ変動詞・サ変動詞の語幹は既に母音語幹 kə-, se- になっていて(母音語幹末にəやeがあるのは不規則だが)、真の連用形(過去形・禁止形の中以外)ではカ変・サ変の連用形において、語幹母音脱落規則(17)が適用されて k-, s- になった、とすべきもののようである

(17)　　V → ∅ / [{k, s} ＿]動詞 i#

そうすることによって過去接辞と禁止接辞に(16)のような二重の形を認める必要もなくなる。また禁止形「ナ…ソ乙」のソ乙は、上代の共時態では「連用形＋sə」i#sə でなく、単一の形態素 isə であった、とすべきである。カ変・サ変の連用形がそれぞれ kʲi, si であった時代に、母語話者が na kəsə や na sesə の

---

6) 《な来乙そ乙》は平安期以後か。

kə や se を連用形とは意識しなかったに違いない。(16)に当たる共時過程は(18)のようになる。

(18)　　　　否定形　　　連用形　　　過去形　　　禁止形
　咲く　　　sak]azu　　sak]i#　　　sak]isi　　　na#[sak]isə
　　　　　　　　　　　→ sakʲi　　　→ sakʲisi　　→ na sakʲisə
　来　　　　kə]azu　　kə]i#　　　　kə]isi　　　na#[kə]isə
　　　　　　→ kəzu　　→ kʲi　　　　→ kəsi　　　→ na kəsə
　為　　　　se]azu　　se]i#　　　　se]isi　　　na#[se]isə
　　　　　　→ sezu　　→ si　　　　→ sesi　　　→ na sesə

上のようにサ変動詞語幹も母音語幹であったと仮定すると、上代語資料でサ変動詞の命令形で se が非常に少なく sejə が圧倒的に多いことも納得できる。ただ、カ変動詞の命令形では kəjə が管見に入らず kə ばかりである(現代東京方言・現代博多方言では koi)。共時態としては「j 脱落」の規則が必要なことになる。ごく僅かに見られるサ変の命令形 se は古形語幹の残存か(sj]jə → se)。

一応上代語の命令形を(19)にまとめてみる。

(19) 上代の命令形
　　四段　　咲く　　sak]jə → sakʲe サケ甲
　　上二段　起く　　Okə-i]jə → Okʲijə オキ乙ヨ乙
　　下二段　明く　　aka-i]jə → akʲejə アケ乙ヨ乙
　　上一段　見　　　mi]jə → mʲijə ミ甲ヨ乙
　　カ変　　来　　　kə]jə → ˣkəjə コ乙ヨ乙　　　実証される形は kə コ乙
　　サ変　　為　　　se]jə → sejə セヨ乙　　　　僅かではあるが se セもある
　　ナ変　　往　　　i#n]jə → i#ne イネ

なお、命令接辞基底形の jə(ヨ乙)は、平安アクセントから見て終助詞の jə(ヨ乙)とは違う形をとっている故、おそらく上代でも少なくとも共時的には違う形態素と見るべきものと思われる。

(20) 規則動詞の活用の種類別の語幹末音と不規則動詞の語幹形
　　四段　　子音語幹──p, t, k, b, g, s, r, m

上二段	ə-i, o-i, u-i
下二段	a-i
上一段	i
カ変	kə
サ変	se
ナ変	n

四段動詞語幹末子音として、上代語の基底子音目録のうち d, z, n, w, j が無い。n は不規則動詞語幹末音(それのみで語幹)として起る。基底 6 母音 a, e, i, o, ə, u のうち語幹末尾母音は規則動詞では i(単純母音 i と a-i, ə-i, o-i, u-i)のみ、不規則動詞では ə と e である。

上代中央語共時態における不規則動詞の不規則個所は、以下の四点と言えよう:

(21) a. カ変・サ変・ナ変とも規則動詞の語幹末音には無い ə, e, n で語幹が終る。
b. カ変・サ変の語幹母音が連用形態素の前で脱落する。
c. カ変動詞の命令形は例外: kə]jə → kə （×kəjə）
d. ナ変動詞は子音語幹動詞であるのに連体接辞の「ル脱」(後述(25)以下)が起らない

5.5 規則動詞の活用に関する若干の問題

(a) 已然形についての提案

1) 已然形節が名詞句(的)であることは既に言われていることである(ホイットマン 2009a 等)。

2) 学校文法で「セ・〇・キ・シ・シカ」と活用するとされる過去の接辞「キ甲」の已然形は連体形 si(実は -isi)に ka の附いた形である(既に山田 1954: 305 に示唆あり)。已然形は「連体形＋何か名詞的なもの」と考えられる。

この接辞の未然形「セ」とはこの isi に仮定接辞 -aba の後続した isi-aba → iseba(例、ar-isi-aba → ariseba《有りせば》等)の se のことである。k 始まりの終止形「キ甲」は補充法(suppletion)によるものと考えられている。

　3)　現代佐賀方言では仮定形を「連体形+gi」で表現している(早田1998a＝本書第10章)。この gi の語源は不明であるが、何か名詞的なものかと思われる。けっして上代の已然形の「何か名詞的なもの」に直接遡ると考えているわけではない。しかし、多くの現代方言で往時の已然形が仮定形として用いられていることを思えば、佐賀方言の仮定形も興味あるものである。

　4)　所謂「係結び」
　　　a.　「ソ乙(ゾ乙)…連体形」
　　　b.　「コ乙ソ乙…動詞已然形・形容詞連体形」(「コ乙ソ乙」は「コ乙+ソ乙」)
「已然形＝連体形+何か」というのを、上の b)の已然形に代入すると、a)b)は、
　　　a'.　<u>「ソ(ゾ)乙…連体形」</u>
　　　b'.　<u>「コ乙ソ乙…動詞連体形</u>+何か・形容詞<u>連体形」</u>(「何か」は名詞的な
　　　　　もの)
のようになり、係結び「ソ乙(ゾ乙)・ナム・ヤ・カ・コ乙ソ乙」は、係りの「こそ」も含め、結びの形容詞も含め、結びはすべて「連体形」ということになる。

(b) 二段活用の連体形・已然形

　連体形・已然形(現代語では仮定形)について二段活用のない現代東京方言、上二段活用はないが下二段活用のみを有する現代九州方言、上下の二段活用を有するが甲乙音節の別を失っている中古語、上下の二段活用も甲乙音節の別も保有している上代語の四つについてまず概観してみたい。

　○現代東京方言
　ru(連体接辞)・reba(仮定接辞)を立て、子音語幹に続く場合に r が脱落する、とする
　　例：sak]ru → saku《咲く》　　sak]reba → sakeba《咲けば》
　　　　age]ru(→ ageru)《上げる》　age]reba(→ agereba)《上げれば》

　○現代九州方言の一部(二段活用は下二段活用だけがある)
　ru(連体接辞)・reba(仮定接辞)を立て、子音語幹に続く場合に接辞の r が脱

落し、e 語幹末動詞（下二段動詞）語幹に続く場合に語幹末の e が u になる、とする。この e → u 規則のなくなった型が現代東京方言型である。

例： sak]ru → saku《咲く》　　　sak]reba → sakeba《咲けば》
　　 age]ru → aguru《上ぐる》　 age]reba → agureba《上ぐれば》
　　 oki]ru(→ okiru)《起きる》　oki]reba(→ okireba)《起きれば》

○中古語（表面形のみを書く）

	未然形（否定形）	連体形	已然形
四段	sak-azu《咲かず》	sak-u《咲く》	sak-e《咲け》
上二段	pi-zu《干ず》	p*u*-ru《干る》	p*u*-re《干れ》
下二段	pe-zu《経ず》	p*u*-ru《経る》	p*u*-re《経れ》
上一段	mi-zu《見ず》	mi-ru《見る》	mi-re《見れ》

○上代語（表面形のみを書く）

	未然形（否定形）	連体形	已然形
四段	sak-azu《咲かず》	sak-u《咲く》	sakᵃ-e《咲け》
上二段	pᵃi-zu《干ず》	p*u*-ru《干る》	p*u*-re《干れ》
下二段	pᵃe-zu《経ず》	p*u*-ru《経る》	p*u*-re《経れ》
上一段	mʲi-zu《見ず》	mʲi-ru《見る》	mʲi-re《見れ》

(c) ル・レ附加（靡き）説

　二段活用動詞の連体形・已然形は（二段活用動詞の）終止形にそれぞれ -ru, -re が続いたものである、とする富士谷成章（18 世紀）の「靡」説がある。成章の「靡」説は動詞活用の共時的分類であると思うのであるが、松本(1995)はそれを通時論として受容れている。Frellesvig(2008: 190) も "The adnominal【連体】 and Realis【已然】 are agglutinating, built on the Conclusive【終止】." と述べ、それを受容れている考え方と言えよう。

　四段活用が本来のもので、二段活用形は後の派生形であり史的にも新しい (Frellesvig 2008) と言うのは明らかに通時論であろう。「靡」説を別としても四段古形論を唱える研究者は江戸時代以来極めて多い。一方、チャンブレン、金沢庄三郎等は変格活用古形論を唱えている。現代では、木田(1996: 89 以下)に二段活用の方が四段活用より古いと述べられている。

(22) 四段古形論に対する疑問

　　a. 四段が古形であるのならば、二段の基底となる終止形とは何だろう。例えば、上二《起く》の場合、嘗て終止形 *əku に -ru なり -re なりが後続して Okuru, Okure が出来たとするのならば、-ru や -re が後続しなかった時代の連体形・已然形はそれぞれ四段的 *əku, *əkᵊe だったとするのであろうか。

　　b. -ru, -re がまだ後続しなかった時代には、未然形(例えば、Okᵊizu《起きᴢず》)・連用形(例えば Okᵊi《起きᴢ》)はそれぞれ四段的な *əkazu《起かず》寧ろ *əkəzu《起こず》・*əkʲi《起きᴋ》だったとするのであろうか。

　　c. 連体形・已然形が終止形にそれぞれ -ru, -re が後続して出来たのならば、未然形(例: Okᵊizu《起きᴢず》)・連用形(例: Okᵊi《起きᴢ》)等は、何形からどのようにして出来たとするのであろうか。

　　d. 既に 5.4 節「不規則動詞」の所で見たように、上代語の不規則動詞は古形を残していると考えられる。その不規則動詞は二段動詞に似ている。二段動詞も古形を残していると考えたくなる。

　　e. 歴史時代に(現代も)実証されている新造動詞は四段活用である。二段の方が新しいというのには疑問が残る。

(d) ル脱落案

早田の昔の試み(本書第 2 章 2.7 節 34 頁以下)——連体接辞・已然接辞をそれぞれ *-rua, *-rua-gi とし、ru の u の逆行同化で語幹末母音が u になる——は子音 r をはさんだ逆行同化で可成り苦しい。服部四郎は、連体接辞は -uru だとの意見を表明したが(1969 年東京におけるモリス・ハレ(M. Halle)の講演の際)、詳細は発表されずじまいだった。今回この -uru を基底にした案を考えてみたい。

不規則動詞連体語尾 -uru を古形とし、動詞の連体形一般を -uru とすると、二段動詞・一段動詞・不規則動詞には都合がよくとも四段動詞の表面形を導くには色々問題がある。

5.5 規則動詞の活用に関する若干の問題

(23) 四段動詞 sak-《咲》

	未然(ず)	連用	終止	連体	已然	命令
基底形	sak]azu	sak]i	sak]u	sak]*uru*	sak]*uru*-ai	sak]jə
表面形	sakazu	sak^ji	saku	saku	sak^əe	sak^je

終止形に -ru, -re を後続させて二段動詞の連体形・已然形を導くという「靡」説を排し、四段動詞に後続した連体接辞 -uru から ru を脱落させる案は、不規則動詞が古形を残すものであるという通則に沿っている以外にどのような根拠が有るのであろうか。「靡」説のものと較べてみよう。

(24)「靡」(な び き)(ル・レ附加)説を支持すると主張されている例(ルが附加していない例)

- 連体接辞 -ru の後続していない連体形の例が有る

  二段ル無し連体形

  (万葉 7-1382)ナガル　ナガルルの筈の所
    7 拍の所の「流水沫之」をナガルルミ甲ナワノ乙と訓むと 8 拍になる。訓仮名であるが。

  (万葉 20-4381)ワカル　ワカルルの筈の所
    「和可流乎美礼婆」そのまま訓むとワカルヲミ甲レバになる。

  (万葉 14-3488)オフ　オフルの筈の所
    「於布之毛等」そのまま訓むとオフシモト乙になる。
    《生ふ》、大野・高木・五味(1960: 439 注)「オフは古形か。オフは多(オホ)の訛か。」小島・木下・東野(1995: 496 注)「二段活用の終止形だが、連体形に代用してある。」

- 以下の例は語彙的固定化か

  出づ水(伊豆美イヅミ甲)(万葉 17-3908)　連体形ならイヅルミ
  愛づ兒(目豆兒メ乙ヅコ甲)(万葉 16-880)　連体形ならメヅルコ
  なよ甲竹、なゆ竹(naje-?)(万葉 2-217)奈用竹、(万葉 3-420)名湯竹)　連体形ならナユルタケであるが、本当に動詞であろうか
  射ゆしし(万葉 9-1804)所射十六、(万葉 13-3344)所射完【宍】、(万葉 16-

3874)所射鹿、(紀歌謡117)伊喩之々　連体形ならばイユルシシ
行くさ来さ(万葉20-4514)由久左久佐　連体形ならばユクサクルサ。東国語に ku made《来まで》が多少見られる。中央方言形：kuru made
- 二段動詞のヨ無し命令形も、ヨ乙が後から附いたのだとする説に挙げられるのはこれに類するものであろう。命令接辞 jə と終助詞 jə は、既に述べたように、少なくとも平安時代のアクセントは違う。

注意すべきことは、「ル無し連体形」は(24)のように或る程度見られるのに、「レ無し已然形」は全く見られないことである。もし「ル・レ附加」が起ったのならば、附加以前のル無し連体形ばかりでなく、レ無し已然形も有って然るべきである。もし「ル脱落」が起ったのならば、「ル無し連体形」は有っても「レ無し已然形」が無いのは当然である。「レ脱落」が有ったとは言っていないのだから。

上の(24)の諸例は「靡」(ル・レ附加)説の支持者が、ル附加以前の形の証拠として好んで挙げる例であるが、これらは逆に「ル脱落」の例とも見られるのである。

靡の「ル・レ附加」に対して、日本語の歴史において現在でも連体形語尾 ru の脱落は(r-ru → ru で出来た ru の脱落も含めて)非常に多く見られる。

(25)　「ル脱落」を支持すると考えられる例
　1)　ar-ru の一部の ru の脱落(史的変化)
　　　(名詞＋)ni aru ＞ naru ＞ na
　　　(名詞＋)ni te aru ＞ dearu ＞ daru ＞ da
　　　　　　　　　　　　djaru ＞ dja
　　　(動詞連用形＋)te aru ＞ taru ＞ ta
　　　(動詞連用形＋)de aru ＞ daru ＞ da
　　　(形容詞語幹＋)ku aru ＞ karu ＞ ka　（九州方言）
　　　中央方言でもあらゆる[…aru]の ru が落ちかけたか「烏丸」＞ karasuma

発生しかけた音韻変化は活用語中で規則化されれば規則的になるが、名詞等においては規則化されることがなく、散発的になる。

2)　連体語尾 ru を含む語尾の［ru］(-ru も…r-ru → ru も)の？化
現代佐賀方言
割る　　　war-ru → waru → waʔ
読む　　　jom-ru → jomu
読める　　jom-e-ru → jomuru → jomuʔ　（下二段）

　服部四郎の(上代語)連体接辞 uru 案の真意は分らぬが、考えてはみたいものである。子音語幹に続く連体接辞を uru(已然接辞を uru-ai)とし、子音語幹に続く時に「ル脱落」が起こるとする筈であろう。いろいろ考えられるが、よい解決案は今のところ出ない。一つの試案を提示しよう。連体形を ru でなく uru とするのは、直前に来る動詞語幹末母音を u にするためである。uru の u が来ると直前の語幹末母音を u に変える。例えば、agai-《上げ》で、agai-uru → agᶾe-uru → aguru《上ぐる》、即ち通常は語幹末母音＋母音接辞では母音接辞が消える(例：agai-azu → agᶾe-azu → agᶾe-zu《上げず》)。しかし、この u は消えずに前の乙類母音を u に変える(或いは直前の乙類語幹末母音と融合して u になる)。この u は今まで論じなかった終止接辞と同じ行動をとる(例：agai-u → agᶾe-u → agu《上ぐ》)。すなわち(今後 u-ru とする)連体接辞 u-ru は終止接辞 u プラス ru と言えそうである。ここで少なくとも二段活用動詞等の uru 形連体形と「靡」との近縁性が感じられる。

　二段動詞 aguru《上ぐる》では「ル脱落」は無いが、子音語幹動詞に続く場合は sak-u-ru → sak-u《咲く》のように「ル脱落」が起こる。子音語幹動詞でもナ変動詞 n-u-ru では「ル脱落」は無い。一音節連体形は許されないようである。

　中央方言の sakura《桜》は動詞 sak-《咲く》に関係ありそうで気になる所である。

　「ル附加」の根拠として挙げられる例(24)が散発的であるのに対して、「ル脱落」を支持する例(25)は寧ろ規則的のように思われる。

　「ル・レ附加」でも「ル脱落」でもない通時論としてホイットマン(2009a, b)の音位転換(metathesis)を援用した提案がある。日琉祖語の連体接辞は -ru でも -uru でもなく -or である、とするものである。同じくホイットマン(2016)も

参照されたい。

5.6　上代語動詞語幹の派生形

既に5.3節で触れたように、四段活用こそ古形で二段活用等は後の派生形である、という説が昔から多い一方、変格活用の方が古形であるという説もチャンブレン、金沢庄三郎をはじめ唱えられ、さらに二段活用の方が四段活用より古いという説（木田1996: 89以下）もある。果して派生の年代的先後関係は言えるのであろうか。

以下(26)に上代語動詞の活用の種類別の例を、上代に実証されたすべてではないが、挙げてみる。これは言わば第一次派生とも言うべき派生のタイプである。平安期・鎌倉期から実証される派生形も若干挙げた。接辞の附加していない子音(四段)語幹、母音語幹に接辞 -i- の附加した二段語幹、母音語幹に接辞 -s- の附加した派生四段語幹・接辞 -r- の附加した派生四段語幹を挙げて、活用の種類と派生の関係を考えて見たいと思う。派生の挙げ方には異論も有るかと思うが、思考のための試みである。

「四段無し、二段と派生四段」次に「四段と二段および／あるいは派生四段」を挙げる。語義は、現代語では終止形は用いず連体形も形の違うことが多い故、連用形で示す。

(26)（★は母音の交替しているもの。平＝平安、鎌＝鎌倉、東＝東歌）

四段無し、二段と派生四段

四段語幹	二段語幹(-i-)		派生四段語幹(-s-)	派生四段語幹(-r-)
—	ija-i-	癒え	(ija-s- 癒し〈平〉)	—
—	a-i-	得	—	a-r- 有・在り
—	aga-i-	上げ	—	aga-r- 上がり
—	aja-i-	零え	(aja-s- 零し〈平〉)	—
—	ara-i-	荒れ	ara-s- 荒し	—
—	ata-i-	当て	—	(ata-r- 当り〈平〉)
—	ida-i-	出	ida-s- 出し	

5.6 上代語動詞語幹の派生形──93

	-i		-s	-r
—	kaka-i-	懸け	—	kaka-r- 懸り
—	—		kape-s- 返し	kape-r- 返り
—	kara-i-	枯れ	(kara-s- 枯らし〈東〉)	—
—	kasana-i-	重ね	—	kasana-r- 重なり
—	kija-i-	消え	(kija-s- 消やし〈平〉)	—
—	kura-i-	暮れ	kura-s- 暮し	
			cf. kura- 暗し〈形容詞〉	
—	mOja-i-	燃え	(mOja-s- 燃やし〈平〉)	—
—	maga-i-	曲げ	—	maga-r- 曲り
—	nada-i-	撫で	nada-s- 撫だし	—
—	naga-i-	投げ	naga-s- 流し	
			cf. naga- 長し〈形容詞〉	
—	OdO-i-	懼ぢ	(OdO-s- 脅し〈平〉)	—
—	Okə-i-	起き	Okə-s- 起し	Okə-r- 起り
—	Ojə-i-	老い	Ojə-s- ? 老よし	
			「老よし」を大野他(1990)は形容詞とする	
—	OpO-i-	生ひ	OpO-s- 生ほし	—
—	Orə-i-	下り	Orə-s- 下ろし	—
—	Otə-i-	落ち	Otə-s- 落し	(OtO-r- 劣り〈平〉)
—	paja-i-	生え	paja-s- 林	(paja-r- 流行り〈平〉)
—	pata-i-	果て	pata-s- 果す	—
—	pO-i-	干	pO-s- 干し	—
—	sadama-i-	定め	—	sadama-r- 定り
—	saga-i-	下げ	—	saga-r- 下がり
—	sida-i-	垂で	—	sida-r- 垂だり
—	siduma-i-	鎮め	—	(siduma-r- 鎮まり〈平〉)
—	sugu-i-	過ぎ	sugu-s- 過し	
			(sugO-s- ★〈平〉)	
—	suwa-i-	据ゑ	—	(suwa-r- 坐り〈鎌〉)
—	təməmO-i	★留み	—	—

—	təma-i-	留・止め	—		təma-r- 止り
—	tama-i-	溜め	—		tama-r- 溜り
—	tuma-i-	詰め	—		tuma-r- 詰り
—	uwa-i-	植ゑ	—		(uwa-r- 植り〈平〉)
—	wO-i-	居	wO-s- ?食し		wO-r- 居り
—	wOpa-i-	終へ	—		wOpa-r- 終り

四段と二段および／あるいは派生四段

四段語幹	二段語幹(-i-)		派生四段語幹(-s-)	派生四段語幹(-r-)
(ajabum- 危ぶみ〈平〉)	ajabum-a-i- 危ぶめ		—	—
ajok- 揺き	—		—	—
(ajuk- ★〈平〉)	—		(ajuk-a-s- ★揺かし〈平〉)	
ak- 開・空き	ak-a-i-	明け	ak-a-s- 明かし cf. aka- 赤し	—
ap- 合ひ	ap-a-i-	合へ	—	—
ar- 有・在り	ar-a-i-	生れ	— cf. a-i- 得 a-r- 有	
ik- 生・活き	(ik-a-i- 生け〈平〉)		—	—
ikəp- 憩ひ	ikəp-a-i-	憩へ	—	—
imas- 坐し	imas-a-i-	坐せ	—	—
ir- 入り	ir-a-i-	入れ	—	—
jəs- 寄し	—		—	jəs-ə-r- 寄そり
jəs- 寄し	jəs-a-i-	寄せ	jəs-a-s- 寄さし	—
jak- 焼き	jak-a-i-	焼け	—	—
jam- 止み	jam-a-i-	止め	—	—
jasum- 休み	jasum-a-i-	休め	—	(jasum-a-r- 休まり〈平〉)
jurup- 緩ひ	jurup-a-i-	緩へ	—	—
kaduk- 潜き	kaduk-a-i-	潜け	—	—
kak- 懸・掛き	kak-a-i-	懸け	—	kak-a-r- 懸り

5.6 上代語動詞語幹の派生形──95

kakur-	隠り	kakur-a-i-	隠れ	—		—
kap-	交・買ひ	kap-a-i-	換・変へ	kap-a-s- 交し		kap-a-r- 換・変り
kat-	勝・克ち	kat-a-i-	勝て	—		—
kir-	切り	kir-a-i-	切れ	—		—
mət-	持ち	mət-a-i-	持て	—		—
magap-	紛ひ	magap-a-i-	紛へ	—		—
mas-	増し	—		—		mas-a-r- 勝り
midar-	乱り	midar-a-i-	乱れ	—		—
mit-	満ち	mit-a-i-	満て	—		—
muk-	向き	muk-a-i-	向け	—		—
mukap-	向き	mukap-a-i-	迎へ	—		—
nabik-	靡き	nabik-a-i-	靡け	nabik-a-s- 靡かし		—
nagusam-	慰み	nagusam-a-i-	慰め	—		nagusam-O-r-★慰もり
nak-	泣・鳴き	nak-a-i-	泣け	—		—
nam-	並み	nam-a-i-	並め	—		—
narab-	並び	narab-a-i-	並べ	—		—
natuk-	懐き	natuk-a-i-	懐け	—		—
nək-	残き	—		nək-ə-s- 残し		nək-ə-r- 残り
nipOp-	匂ひ	nipOp-a-i-	匂へ	nipOp-a-s- 匂はし		—
Odərək-	驚き	—		(OdOrOk-a-s-驚かし〈平〉)		
Okur-	送・遅り	Okur-a-i-	遅れ	—		—
pak-	佩き	pak-a-i-	佩け	—		—
pap-	這・延ひ	pap-a-i-	這へ	—		—
pedat-	隔ち	pedat-a-i-	隔て	—		pedat-a-r- 隔り
pik-	引き	pik-a-i-	引け	—		—
pirak-	開き	pirak-a-i-	開け	—		—
pit-	浸・漬ち	(pit-a-i- 漬て〈平〉)		pit-a-s- 漬たし		(pit-a-r- 漬たり〈平〉)
pur-	振・触り	pur-a-i-	振・触れ	—		—
—		puru-i-	古り	puru-s- 古し		—
pus-	伏し	pus-a-i-	伏せ	—		—

pusag-	塞ぎ	(pusag-a-i- 塞げ〈鎌〉)	—	pusag-a-r- 塞がり
sək-	退き	sək-a-i- 退け	—	—
sak-	咲き	—	—	(sak-a-r- 盛り〈平〉)
sak-	裂き	sak-a-i- 裂け	—	—
sak-	避・離き	sak-a-i- 避け	—	sak-a-r- 離かり
sakipap-	幸ひ	sakipap-a-i- 幸へ	—	—
sap-	障ひ	sap-a-i- 障へ	—	sap-a-r- 障り
sir-	知り	sir-a-i- 知れ	sir-a-s- 知らし	—
so/əp-	沿ひ	so/əp-a-i- 沿へ	—	—
sonap-	具ひ	sonap-a-i- 具へ	sonap-a-r-〈平〉具はり	—
təb-	飛び	—	təb-a-s- 飛ばし	—
təjəm-	響き	təjəm-a-i- 響め	təjəm-O-s- ★響もし	—
tək-	解き	tək-a-i- 解け	(tək-a-s-解かし〈中世以降〉)	—
təmənap-	伴ひ	təmənap-a-i- 伴へ	—	—
tətənəp-	整ひ	tətənəp-a-i- 整へ	—	—
tamap-	賜ひ	tamap-a-i- 賜へ	—	tamap-a-r- 賜り
tanəm-	頼・恃み	tanəm-a-i- 頼め	—	—
tat-	立ち	tat-a-i- 立て	—	—
ter-	照り	(ter-a-i-〈近世〉照れ)	ter-a-s- 照らし	—
tir-	散り	—	tir-a-s- 散らし	—
tudop-	集ひ	tudop-a-i- 集へ	—	—
tug-	継・告ぎ	tug-a-i- 告げ	tug-a-s- 継がし	(tug-a-r- 連り〈鎌〉)
tuk-	付き	tuk-a-i- 付け	—	—
tukap-	使ひ	tukap-a-i- 仕へ	tukap-a-s- 遣はし	—
tum-	積み	—	—	tum-O-r- 積り
ugok-	動き	—	ugok-a-s- 動かし	—
uk-	浮き	uk-a-i- 浮け	—	—
(ukap- 訓仮名)浮かひ		ukap-a-i- 浮かへ	—	—
war-	割り	war-a-i- 割れ	—	—
wasur-	忘り	wasur-a-i- 忘れ	—	—

5.6 上代語動詞語幹の派生形──97

上記の筆者の挙げる派生原理とは大きく違うが、参考までに木田(1996: 97)の例のすべてを挙げる。木田の枠組も参考にして派生の枠組のさらなる拡張(二次派生等)を考えなければならない。

	ama-s- 余し	ama-r- 余り
	nəkə-s- 残し	nəkə-r- 残り
	kape-s- 返し	kape-r- 返り
(kega-r-a-i 汚れ	kega-s- 汚し〈新？奈良末から〉)
tapu-r-a-i- 倒れ	tapu-s- 倒し
naga-r-a-i- 流れ	naga-s- 流し

最後の naga-s-「流し」の例は、naga-i-「投げ」、naga-s-「流し」cf. naga- 長し〈形容詞〉として筆者の「二段と派生四段」の派生の枠組に挙げてある。

当然のことながら、共時論における派生・造語法・語彙組織と通時論における語彙形成とは全く別のことである。語彙の通時論として少なくとも以下の問題が有る。1)過去の言語の場合、実際に存在していながら文献にたまたま残っていない場合もありうる。したがって、2)上代語としての共時的存在が確認できても、それ以前の時点での存在の有無についての文献上の証拠が無い場合、一般に存在の確認はできない。比較方法による資料以前の言語状態の再建にも危ういことがある。有名な例では、《兜》《便り》《椿》等は(高ピッチを上線で表せば)それぞれ現代東京アクセントでカブト、タヨリ、ツバキ、現代京都アクセントでカブト、タヨリ、ツバキ等である。すなわち東京[高低低]／京都[低高低]という有力な対応があり、東西アクセントの分裂以前の時代の祖アクセント型から今のアクセント型が出来たと考えられている。《テレビ》も東京アクセントはテレビ、京都アクセントはテレビである。《テレビ》も上の対応に当てはまる故、東西アクセントの分裂以前に《テレビ》という単語が有って、それが後に東京でテレビ、京都でテレビになった、ということになる (ES生 1983: 82 以下)。しかし《テレビ》という単語は東西アクセントの分裂以後に出来た単語であることが明らかである (服部 1979b: 107 も参照)。

上代語の場合、派生動詞は(26)に見るとおり或る程度の資料もあり、1)に言う「文献にたまたま残っていない場合」は当然あるにしても、共時論としては、

(26)の「四段無し、二段と派生四段」は大部分が二段動詞が基で派生四段動詞を派生し、「四段と二段および／あるいは派生四段」は大部分が四段動詞が基でそこから二段動詞なり派生四段動詞なりを派生している、と考えてもよいのではなかろうか。

しかし通時論はどうであろうか。奈良時代の共時論としては一応、二段動詞が基のものと四段動詞が基のものとがある、と言えそうであるが、それ以前の時代にすべてが二段動詞であったとも、すべてが四段動詞であったとも、あるいはすべてが別の形の動詞であったとも、(26)の語彙から確定すべき論拠は今のところ無い。不規則動詞の形態が古形を残している可能性だけが唯一の頼みであろう。まだまだ考えるべき余地は有るのだが。

5.7 結　論

Frellesvig(2008: 178)は、四段活用動詞が(異なり語数であろう)75%もあり下二段活用動詞が20%、上二段活用動詞は僅僅30個しかないという。したがって圧倒的多数の四段活用動詞が本来のもので、下二段活用動詞は派生的で年代的にも新しい、というが、如何なものであろうか。圧倒的多数というのは'共時的に'規則的すなわち無標的というだけのことであり、古形を残しているかどうかという点では寧ろ否定的である。例えば英語動詞の過去形・過去分詞形形成や複数形形成においても、いまや come 〜 came; man 〜 men のような'不規則'と言われるものは益々少数になり、cow 〜 cows; learn 〜 learned のような'規則的'な接辞附加によるものが圧倒的に多くなってきている。しかし不規則形の方が明らかに古形に近い。

上代日本語の不規則動詞カ変・サ変・ナ変は二段活用的である。その語幹も語尾も古形の残存を思わせる。不規則動詞の語幹は古い母音調和の情報を保有している(古い女性母音標識を失って例外情報だけを保有しているのか、語幹内に未だに女性母音ɔを保有しているのか問題であるが)。その反面、高頻度のせいで語幹が短くなって、上代語では過去の「き」と禁止の「な…そ」の問題さえなければ、子音だけの語幹とすることが可能なほどである(16)。先上代語でカ変・サ変・ナ変の語幹が子音だけだったのかどうかは分らない。しかし

未然形のəは往時の母音調和の名残りに違いない。過去の「き」と禁止の「な…そ」も古形を残している可能性が有るように思われる。仮定上の過去のəsi、禁止のəsəの第一音節のəは「来(く)」「為(す)」の女性語標識⟨f⟩(に当るもの)による母音調和の結果かも知れない。

　上一段動詞は母音語幹動詞であっても1音節語幹のみで、その数も上二段動詞より遙かに少なく、活用語尾も二段動詞の語尾に近い。上一段動詞というのは上二段動詞の一段化現象と干渉しているように思われる：「居(ゐ)る」「廻(み)る」等。上一段動詞はFrellesvig(2008: 178)の言うとおり、不規則動詞に入れて好いのではあるが、早期に起った一段化動詞の類とすべきかも知れない。

　動詞語幹の派生を見ると、四段語幹から二段語幹が派生したと言えそうな規則動詞も確かにかなり有る。その一方で、上代語の共時態から見た所では、二段活用動詞が基でそれから派生した四段動詞も有ると言わざるを得ない。活用の種類の通時的先後関係としては、二段動詞的語幹(母音語幹)が古いとも四段動詞的語幹(子音語幹)が古いとも一概には言えない。しかし、古形を残していると考えられる不規則動詞の語尾は、二段動詞的語尾(-uru等)であり、この形は何らかの意味で古いものと思われる。

　動詞の共時的活用形形成としては、少なくとも文献時代では、「ル・レ附加」の「靡(なび)き」説よりも、「ル脱落」を好しとしたい。

付　記

　1. 本稿は京都大学(2009. 10. 17)、九州大学(2009. 12. 5)、大東文化大学(2009. 12. 19)で話した内容を改めたものである。それぞれの折りに有益な助言を下さった方々に感謝の意を表したいと思う。本稿の初出は、「上代語の動詞活用について」『水門　言葉と歴史』22: 左1-29、2010年。

　2. (18)のkə]isi → kəsi「来(こ)し」、na#kə]isə → nakəsə「な来(こ)そ」; se]isi → sesi「為(せ)し」、na#se]isə → na sesə「な為(せ)そ」において、形態素 isi、isəの接辞頭のiが連用接辞i#と意識されるようになると、(17)の適用によりkə]i#si → kisi「来(き)し」、na#kə]i#sə → na kisə「な来(き)そ」; se]i#si → sisi「為(し)し」、na#se]i#sə → na sisə「な為(し)そ」になったはずである。これが平安期に見られる形なのであろう。ただ「な来(き)そ」が平安期に実証されるか否かは知らない。

　3. Donald Smith(1969)や服部四郎(1969口頭)の説のように動詞連体接辞を-uruとすると、子音語幹に後続する時、その-uruのruが脱落することになる。本稿では5.5

節(d)「ル脱落案」の後半(91頁以降)の旧稿に大きく手を入れてuru説についての早田の考察を述べた。靡(本書第1章1.7節16頁以降，第5章87-88頁参照)との関係もまだ不十分である。考察を更に深める必要がある。

第6章 母音脱落

はじめに

　日本の国語学界では、上代語では母音連続は一般に忌避されていたと信じられている。母音連続は左母音脱落(左脱)あるいは右母音脱落(右脱)、あるいは両母音の第3母音への融合、で解消されるとされてきた。(連続する2母音より遠い母音まで考慮にいれる人もある。)左脱か右脱かは相対的に狭い方の母音が脱落するという。

　以上の通説は正しいか。

6.1　上代語資料

　上代語で最多の資料は奈良時代(8世紀)の成立と思われる歌集『万葉集』であり、そのほか僅かな量のものではあるがそれとほぼ同時代の韻文・散文資料である。上代語の音韻は後代のものと違うが、それは母音脱落にほとんど関係無い故、当該音節末に甲乙の小字(ローマ字には1, 2の小字)を附し、甲類音節と乙類音節との別を示すだけにする。

　このような研究のための上代語資料の厳密な選び方は難しいことである。少数でも信頼性の高いものにしたい。厳密な統計的研究は考えていない。

　以下厳密な表記はひとまず避けて出来るだけ簡略な表記を用いる。古代語の原文は「　」に入れる。音韻転写は片仮名とローマ字を用いる(脱落する母音はローマ字に下線を附す)。

6.2 典型例

(1) **L 左母音脱落**（左脱）

アハ＋ウミ甲 → アフミ甲　　「阿布瀰」(紀[1]歌謡 31)
ap<u>a</u>＋umi$_1$　　apumi$_1$　　広い方の母音が脱落している
淡　海

クレ＋ノ乙＋アヰ → クレナヰ　　「久礼奈為」(万葉 5-804)
kur<u>e</u>＋no$_2$＋awi　　kurenawi　　狭い方の母音が脱落している
呉　属格　藍　紅

ト乙コ乙＋イハ → ト乙キ甲ハ　　「等伎波」(万葉 5-805)
to$_2$k<u>o$_2$</u>＋ipa　　to$_2$ki$_1$[2]pa　　広い方の母音が脱落している
常　磐

アラ＋ウミ甲 → アルミ甲　　「安流美」(万葉 15-3582)
ar<u>a</u>＋umi$_1$　　arumi$_1$　　広い方の母音が脱落している
荒　海

カハ＋ウチ → カフチ　　「可敷知」(万葉 17-4003)
kap<u>a</u>＋uti　　kaputi　　広い方の母音が脱落している
河　内

(2) **R 右母音脱落**（右脱）

フナ＋イデ → フナデ　　「布奈弖」(万葉 15-3627)
puna＋<u>i</u>de　　punade　　狭い方の母音が脱落している
船　出

カレ＋イヒ甲 → カレヒ甲　　「可例比」(万葉 5-888)
kare＋<u>i</u>pi$_1$　　karepi$_1$　　狭い方の母音が脱落している
乾　飯

---

1) 資料略称：記＝古事記、紀＝日本書紀、仏足＝仏足石歌、万葉＝万葉集、古今＝古今和歌集、平家＝平家物語、平治＝平治物語、源＝源氏物語、後撰＝後撰和歌集、拾遺＝拾遺和歌集、後拾遺＝後拾遺和歌集、新古今＝新古今和歌集、日葡＝日葡辞書。
2) k<u>o$_2$</u>＋i から o$_2$ が脱落して ki になり、k が i によって口蓋化してキ甲(ki$_1$)になっている。

```
ノ乙＋ウミ甲 → ノ乙ミ甲        「能瀰」(紀歌謡31)
no₂＋umi₁      no₂mi₁         狭い方の母音が脱落している
属格　海

コ甲＋ウム → コ甲ム            「古武」(紀62, 63)
ko₁＋umu       ko₁mu           狭い方の母音が脱落している
子　産
```

6.3　今までの研究

今までの研究では、既述のように、左脱・右脱の条件は母音の広狭による――狭い方の母音が脱落するとされてきた。しかしその仮説では例外が多すぎるというのも事実である。そこで母音連続の2母音の外側の母音の広狭までも考察に入れる案も提出され、文法的・意味的な考慮もされてきた。中古(11-12世紀)のアクセントは上代のアクセントとほぼ同じであるという仮定のもとに、母音脱落する場合の連続する2母音の中古アクセントは同じ声の高さ(高高あるいは低低)である(従って上古語のそれも同じと考えられそれが重要だ)という報告もある(権1999a, c)。

多くの研究にも拘わらず、左脱右脱の条件は今ひとつすっきりしていない。

6.4　母音の広狭

母音の脱落条件に母音の広狭が関与する、ということは一般的にももっともなことであり、現代語でも「書いている」kaite iru → kaiteru のように /e/ よりも狭い /i/ が脱落しているし、「書いておく」kaite oku → kaitoku のように /e/ と /o/ の広狭は問題であるにしても、「母音の響度(sonority)は口の開きの大小に応じて、ア・オ・エ・ウ・イの順で、次第に小さくなる。」(山口1971: 4)ということで /e/ の脱落に応じているとされているようである。

上代語資料ではどうであろうか。隣接する2母音連続の広狭に関して、(1)の左母音脱落では広い方の母音の脱落が目に付くが、(2)の右母音脱落では狭

い方の母音が脱落している。これは一般的に言えることなのか。

筆者のおよその調査では、左母音脱落では広母音脱落と狭母音脱落の両方、右母音脱落では狭母音脱落ばかり、のようである。これについては後にやや詳しく報告する。

6.5　いわゆる母音連続の忌避

no$_2$-upe$_2$《の上》は一般に右母音脱落で no$_2$pe$_2$ になっているが、5拍句なり7拍句なりの定数句の中では一般に母音脱落は起こらない。

例えば、7拍句であるべき所に7拍句の
　　　　オモテノ$_乙$ウヘ$_乙$ニ「意母提乃宇倍尓」《面の上に》（万葉 5-0804）
が使われる場合は母音脱落は見られない。

ところが、5拍句であるべき所に6拍句のソ$_乙$ノ$_乙$ウヘ$_乙$ユモ《其の上ゆも》が使われれば、
　　　　ソ$_乙$ノ$_乙$**ウ**ヘ$_乙$ユモ → ソ$_乙$ノ$_乙$ヘ$_乙$ユモ「曽乃倍由母」（万葉 18-4125, 4126）
のように、字余りの1拍分の母音が脱落を起こして定数を整える。

以下に示したものは『万葉集』の7拍句の位置に8拍句を用い、母音連続ノ$_乙$ウヘ$_乙$《の上》で母音脱落を起こしてノ$_乙$ヘ$_乙$にして定数7拍に整えている例である。

　　　　ヒ$_甲$ト$_乙$ノ$_乙$ヒ$_甲$ザノ$_乙$ヘ$_乙$「比等能比射乃倍」《人の膝の上》（万葉 5-810）
　　　　サカヅキ$_甲$ノ$_乙$ヘ$_乙$ニ「佐加豆岐能倍尓」《酒坏の上に》（万葉 5-840）
　　　　コ$_乙$ノ$_乙$ヤマノ$_乙$ヘ$_乙$ニ「許能野麻能閇仁」《此の山の上に》（万葉 5-872）
　　　　ソ$_乙$ノ$_乙$カハノ$_乙$ヘ$_乙$ニ「曽乃可波能倍尓」《其の川の上に》（万葉 17-3953）
　　　　シゲ$_乙$キ$_甲$ヲノ$_乙$ヘ$_乙$ヲ「之気伎乎乃倍乎」《茂き峰の上を》（万葉 20-4305）
　　　　ムカツヲノ$_乙$ヘ$_乙$ノ$_乙$「牟加都乎能倍乃」《向つ峰の上の》（万葉 20-4397）

権(1999b)の言う、「脱落形【母音の脱落した音仮名表記】を含む句のほとんどが定数句【5拍なり7拍なりの音仮名表記】をなしている」(5頁)と、【脱落形・非脱落形の固定しているものとアリ型とを除き】「脱落によって定数句になる場合には脱落形が用いられることがあるが、脱落すると定数を満たさなくなるような場合には

脱落が極力避けられ、非脱落形が用いられる。」(12頁)というのは正しいと思う。

　すなわち上代語では母音連続が忌避されているわけではない。音数律どおりの拍数の句が使われる場合には一般に母音脱落は起こらない。音数律以上の長さの句が使われる場合に母音脱落を起こして音数律を整えているだけである。

6.6　古代語の脱落形と中古以降の非脱落形

　上代語の母音脱落は、韻文の音数律に合わせるための言わば臨時の形であり、資料の記録時に既に脱落形が固定しているものを除けば、後代(中古以降)の形では、上代の非脱落形になっているものが多い。これを母音脱落以前の形への「回帰」とみる考え方が国語学の世界では行われているように見えるが(例えば、小松 1977: 376, 385, 権 1999c: 36, 46)、筆者は、これは回帰ではなく、もとのままの形(話し手の脳裡の辞書中にある基底形)であると考えている。

　やや違う例であるが、ara＋iso$_1$ → ariso$_1$《荒磯》のような、平安中期以後の文献で初めてアライソの形が出てきて、上代文献では全てアリソ甲でありアライソ甲の形が実証されない場合、アライソは「平安中期以後に生じた形」(築島他 2011: 1-93、下線早田)とされている。得られた文字記録として正しい記述と言うべきだと思う。ただ本稿の筆者の立場は、上代においてアライソ甲という音声形(表面形)が文字に残されていなくても、上代の話者の脳裡には ara＋iso$_1$ → ariso$_1$ という共時過程が有ったであろう、ということである。そう仮定することで平安中期以後の話者が(ara＋iso$_1$ → ariso$_1$ という母音脱落過程を踏まないだけで) ara＋iso$_1$ アライソの形を実現できた、と考えるものである。上代の話者の脳裡の辞書にはこの単語に関して ariso$_1$ が記憶されていて、平安中期以後の話者の脳裡の辞書には、ariso$_1$ の代わりに新たに araiso が記憶されるようになった、とは筆者には考えられないのである。

6.7　筆者の考え

　右脱・左脱、後代の形との関係を表す略称を以下のように定める。

	右脱か左脱か	後代の形
AL	左脱	脱落形が後代の形
AR	右脱	脱落形が後代の形
BL	左脱	非脱落形が後代の形
BR	右脱	非脱落形が後代の形

母音脱落の形に後代の状態を加えて示せば以下の(3)のようになる。後代まで続かない臨時の形は( )で囲むことにする。

(3)

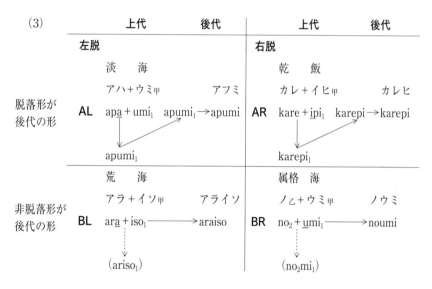

(3)の四つの類それぞれについて述べる(以下、散文のみに**散**を付ける)。

・**AL**(左脱で脱落形が後代の形)

この類は脱落形が上代後期(奈良時代)では既に音韻変化して固定しているものと考えられる。この類の複合形が意味的にも融合・固定している(例えば、アハウミ → アフミでは、奈良時代では通常《淡水湖》ではなく地名《近江》になっている)例が多いことにも矛盾しない。

例:

apa + umi$_1$ → apumi$_1$《淡海》「阿布美」(記 38)
       > 「あふみのうみ」(源・総角)(**散**)
kure + no$_2$ + awi → kurenawi《紅》「久礼奈為」(万葉 5-804)
       > 「くれなゐ」(源・空蝉)(**散**)等
to$_2$ko$_2$ + ipa → to$_2$ki$_1$pa《常磐》「等伎波」(万葉 5-805)
       > 「ときは」(源・若下)(**散**)
paya + uma → payuma《早馬》「波由麻」(万葉 18-4110)
       > 「はいま」(平安期訓点類、17 世紀仮名草子)(**散**)

 非脱形「ハヤウマ」は、fayavma 日葡等多数。この中古期(以後)のハヤウマは共時的には /ハヤ+ウマ/ であり、上代に母音脱落の固定した /ハユマ/(>/ハイマ/ 等)とは文法的にも意味的にも別のものになっていると思われる。

kapa + uti → kaputi《河内》「河内直」(紀・本文欽明 2)「百済本記云、加不至費直」(紀・注)「可布知」(万葉 17-4006)
       > 「かうちのかみ」(源・関屋)(**散**)
 cf. kapa + uti → kapati《河内》の例、上代にはナシ
       > 「かはちのかみ」(源・関屋)(**散**)
sasi + age$_2$ → sasage$_2$《差上》「佐々義」(仏足 9(小字部分))
       > 「さゝけ」(竹取)(**散**)
 非脱形は中古の「さしあけたる」(蜻蛉)(**散**)
naka + tu + omi$_1$ → nakato$_2$mi$_1$《中臣》「奈加等美」(万葉 17-4031)
       > 「なかとみ」(色葉字類抄・黒川本)(**散**)

動詞 ar- に由来するアリ型の以下(4)の四つの類は(**AL** 左脱も、**非脱**も)『続日本紀宣命』等散文資料に非常に多い。

(4)   **AL 左脱** | **非脱**

ni + ar- → nar-	(万葉 3-284)	>	nar-	ni ar-
zu + ar- → zar-	(万葉 15-3741)	>	zar-	zu ar-
ku + ar- → kar-	(万葉 5-793)	>	kar-	ku ar-
te + ar- → tar-	(万葉 2-95)	>	tar-	te ar-

- **BL**(左脱で非脱落形が後代の形)

この類は、本来の非脱落形が、韻文でだけ言わば音数律に合わせるために臨時に、母音脱落したものと考えられる。したがって、後代でも散文では非脱落形が生きている。

例：

　　waga＋ipe$_1$ → (wagi$_1$pe$_1$)《我家》「和岐幣」(記 32)
　　　　　　　　　　　　　　　>非脱「我いへ」(源・少女)(散)
　　BR 右脱の waga＋ipe$_1$ → (wagape$_1$)《我家》「和何弊」(万葉 5-837)もあり。ワギヘもワガヘも本来のワガイヘでなく、音数律に合わせるための臨時の形であるゆえ、左脱も右脱もあったのかも知れない。

　　ara＋umi$_1$ → (arumi$_1$)《荒海》「安流美」(万葉 15-3582)
　　　　　　　　　　　　　　　>非脱「あらうみ」(源・帚木)(散)

　　me$_1$si＋age$_2$ → (me$_1$sage$_2$)《召上》「咩佐宜」(万葉 5-882)
　　　　　　　　　　　　　　　>非脱「めしあげ」(古今 269 左注)(散)

　　ara＋iso$_1$ → (ariso$_1$)《荒磯》「安里蘇」(万葉 17-3959 他)
　　　　　　　　　　　　　　　>非脱「あらいそかげ」(源・松陰)(散)

　　古今・後撰・拾遺・後拾遺・新古今等の韻文の他、古今仮名序(中の歌)にも「ありそ」あり。上代の歌が中古の歌集に選ばれたものと歌語としての固定傾向とが有るか。

　　para＋no$_2$＋uti → (paranuti)《腹中》「波邏濃知」(紀 28)
　　　　　　　　　　　　　　　>非脱「はらのうち」(蜻蛉)(散)

　　to$_2$＋ipu → (tipu)《と云》「智布」(万葉 5-800)、平安期に融合 tepu(竹取)(散)あり
　　非脱 to$_2$ipe$_2$do$_2$「等伊倍杼」(万葉 5-892)等もあり＞「といふ」(竹取)(散)等
　　BR 右脱の to$_2$＋ipu → (to$_2$pu)《と云》「等敷」(万葉 5-8834)もあり。《と云》は使用頻度も高く、本来の非脱落形も多様な臨時の形も現代諸方言で固定しているのが見られる。

- **AR**(右脱で脱落形が後代の形)

この類に属するものは極度に例が少ない。筆者の気付いた所では、kare＋ipi$_1$ → karepi$_1$《乾飯》(万葉 5-888)、puna＋ide → punade《船出》(万葉 15-3627)

程度である。nari＋ide → naride《成出》(万葉 5-800) などは右脱か左脱か分からない。動詞 ide-《出》は後代単独でも de- になったのであるから右脱の適切な例とは言いがたい。《乾飯》にしても ei 二重母音は安定性が悪い。

　kare＋ipi$_1$ は右脱形 karepi が中古にいろいろ見られ、『太平記』にカレイも見られる。**非脱落形** kareipi も中古の散文にかなり見られる。

　左脱 **AL** の kapa＋uti《河内》(→ kaputi) は **AL** の所で既に述べたが、右脱形 kapa＋uti → kapati は上代に例が見られず、中古に右脱形の「かはちのかみ」と左脱の「かうちのかみ」の両形(**散**)が『源氏物語』大島本の同じ関屋の巻に見られる。

・**BR**(右脱で非脱落形が後代の形)

　この類は、歌語化していると思われる「モフ」《思ふ》(are＋o$_2$mo$_2$pu → (aremo$_2$pu)《吾思ふ》) を除けば、no$_2$＋umi$_1$ → (no$_2$mi$_1$)《の海》、ko$_1$＋umu → (ko$_1$mu)《子産む》、to$_2$＋ipu → (to$_2$pu)《と言ふ》等、みな左構成要素が1音節語で、1音節語の母音を脱落させたくないことで右脱になっているようにも見える。しかし左脱の to$_2$＋ipu → (tipu)「チフ」《と言ふ》も『万葉集』に少数ある。

　以上 **AL, BL, AR, BR** の4種のうち特殊な類——**AR**(極度に例が少ない) と **BR**(左構成要素が1音節語)——を除き、**AL** も **BL** も左脱であることは、その理由に関する憶説はともかく、「【上の語の】語尾の母音が脱落するのが原則である」(橋本進吉 1950: 243) のとおりと言える。

　以上の資料を改めて見ると、左脱は「複合語形成」(**AL, BL**)、右脱は「句形成」(**AR, BR**) のように見える。**AL** は固定しているということで当然句でなく複合した単語であることが明らかである。**BL** も上代には臨時に母音脱落を起こしても後代には概ね基底形のままで一語化して実現しているように思われる。**AR** は実例が少なすぎてよく分からないが、**BR** は前部要素と後部要素との組み合わせが自由なようで、一語化しているとは思えない。

　ただ、一語化しているとした **AL, BL** 中の後部要素初頭母音が明瞭に表記さ

れているのに対して、句であるとした **AR, BR** 中の後部要素初頭母音が表記されていない(右脱表記である)のは現代語の感覚からすると異様であろう。複合語形成と句形成がストレス付与の違いで区別される英語等の場合(複合語 bláck+bòard《黒板》,句 blàck#bóard《黒い板》)はストレスの強弱でそれなりに理解出来よう。上代語の「複合語 apa+umi$_1$《淡海》→ apumi$_1$《近江》」と「句 no$_2$#umi$_1$《「の海」》→ (no$_2$mi$_1$)の単語《海》umi$_1$ の u 脱落はどう解釈するか。上代語の母音脱落とアクセントに関して権(1999a)があるが、上代語母音脱落のあった母音連続は同調値連続(高高あるいは低低)であったと考えられる、という指摘はあるが、左脱／右脱に係わる(あるいは複合語か句かに係わる)言及は無いようである。

　本稿の筆者の一つの推測は、単語内で母音脱落を起こしても、固定した一単語である限り、残余の分節音長は事実上非脱であるのに対し、二単語からなる句の内部の単語間では先行語末母音は(朗唱の状態にもよるであろうが)かなり長呼しえたかとも思われる。その際、長呼されている先行母音に後続語の初頭母音が吸収された可能性も考えられる。3モーラ音節的なものは避けられたのかもしれない。実際の発音と表記とはかなり幅がありうる。中古のものであるが、歌集には「さもあらはあれ」と書かれていても同一の句が辞書には「サマラバレ」と書かれたりするのである(早田 1977a: 45; 1977c: 355(28) = 本書第8章 169頁)。

　「複合語形成」(AL, BL)と「句形成」(AR, BR)、「母音脱固定形」(AL, AR)と「母音脱臨時形」(BL, BR)とに分けて(5)に示す。

(5)		左脱表記	右脱表記
		「複合語形成」	「句形成」
母音脱固定形	**AL**	apa+umi$_1$ → apumi$_1$《淡海》 kure+no$_2$+awi → kurenawi《紅》 to$_2$ko$_2$+ipa → to$_2$ki$_1$pa《常磐》 paya+uma → payuma《早馬》 kapa+uti → kaputi《河内》 sasi+age$_2$ → sasage$_2$《差上》 naka+tu+omi → nakato$_2$mi$_1$《中臣》	**AR** kare+ipi$_1$ → kare-pi$_1$《乾飯》 puna+ide → puna-de《船出》

		n$\underline{i}$+ar- → nar- z$\underline{u}$+ar- → zar- k$\underline{u}$+ar- → kar- t$\underline{e}$+ar- → tar-		
母音脱 臨時形	BL	wa+g$\underline{a}$+ipe$_1$ → (wag$_1$pe$_1$)《我家》 ar$\underline{a}$+umi$_1$ → (arumi$_1$)《荒海》 me$_1$s$\underline{i}$+age$_2$ → (me$_1$sage$_2$)《召上》 ar$\underline{a}$+iso$_1$ → (ariso$_1$)《荒磯》 para+no$_2$+uti → (paranuti)《腹中》 to$_2$+ipu → (tipu)《と言ふ》	BR	wa+ga+$\underline{i}$pe$_1$ → (wagape$_1$)《我家》 no$_2$+$\underline{u}$mi$_1$ → (no$_2$-mi$_1$)《の海》 (are)+$\underline{o}$mo$_2$pu → (are)-(mo$_2$pu) 《(吾)思ふ》 ko$_1$+$\underline{u}$mu → (ko$_1$-mu)《子産む》 to$_2$+$\underline{i}$pu → (to$_2$-pu)《と言ふ》

「右脱」で消失する母音は概ね狭母音である。

「左脱」では左母音は完全に消え、「(句形成の)右脱」では右母音の消失は (文字に現れない)何かある種の相対的弱化なのかもしれない。

6.8 結 論

(5)の表が結論と言える。過度の単純化かもしれないが、母音の右脱と左脱が、英語・日本語のアクセントと同様、基本的に単語(複合語)と句の区別によるらしい、というのは自然な区別であるには違いない。

付 記

1. 本研究の主題は前々からの宿題であった。その一部は本書第12章12.4節(c)で述べた。本稿の原形は2015年12月19日、東京外国語大学アジア・アフリカ言語文化研究所伊藤智ゆき氏の研究会で話した。

2. 本書第14章の第17回で試みた語彙音韻論的試みもヒントになる。今後なお考えて行きたいと思っている。

3. 本研究に係わる研究文献の一部について国立国語研究所の木部暢子教授のお世話になった。心から感謝の意を表したい。

第Ⅱ部
音韻史の方法

第7章　言語と言語史のための音素論と音韻論

はじめに

　筆者の音韻分析に対して筆者の理解を超える意見に時々出遇う。それは脳裏の文法(辞書項目や規則など)を考慮に入れない言語学と、それを考慮に入れなければならない、むしろ脳裏の文法(その習得と有りようと史的変化)が重要だと考える言語学との違いであるらしい。筆者の考え方に賛成することを求めるわけではない。筆者の考え方を知って貰えればと思うのみである。

7.1　音　素

(a) 音素は音声レベルのものである

　筆者は構造言語学の時代に言語学を習い「音素」というものを教わった。現実の音声は、当然のことながら、物理的にも生理的にも無限の多様性を見せ、混沌としてとどまる所を知らない。それを記録する手段が精密であればあるほど記録した現実の音声は多様性を増し、それをもとにしたのではその言語の文法を記述することもできないし歴史を描くこともできない。そこで研究者が何か基準を立てて、個別言語・方言ごとに、その音声を少数の有限個の単位に整理したものが「音素」(phoneme)である。音素は各言語・方言ごとの少数の有限個の単位であるから、少なくとも言語の音の面は音素によって記述できるとされた。音声を音素に整理する基準は研究者によって様々である。直観を頼りに理想的な音観念を認定するメンタリスティックなものから、幾つかの作業原則を仮定してそれを厳密に適用することにより音素を導き出す、というメカニカルなものまで種々の提案がなされた。

　若造だった筆者が東京で開かれた日本言語学会の懇親会に出席したことがあ

る。まだ懇親会が一個の長いテーブルを 20 人そこそこの偉い先生方だけが囲んでフランス料理のフルコースを味わいながら品位の高いお話を交わす、というものだった頃のことで、筆者には場違いの所だった。筆者の右隣が服部四郎博士、左隣が筆者ほど若造ではない筈の小沢重男博士がお坐りになっていた。筆者は両蒙古語の先生に囲まれて本当に小さくなっていた。筆者の前には泉井久之助博士がお掛けで京風のお上品な語り口でお話になる。美味しいものを食べていると筆者も大胆になり右隣の服部博士に、「音素連続というものは実在する現実ではないような…」と訊いた。お答えは（一字一句まで正確に覚えてはいないが）、「そのとおり。理論上の構築物ですから。」というものだった。

そのご著書には「音韻論で扱う最小単位は音素である。言語学者は、音素が実在するとか現実に現れるとか言わずに、自分らが「音素を仮定する（或いは「立てる」）」と普通いう」とされ、音素は「架空虚構の概念ではない」が「仮定的単位」だとも述べられている（服部四郎 1960: 281）。「音素が実在するとか現実に現れるとか言わずに」という所がミソである。「私の共時音韻論は、一部の「生成音韻論」とは異なり、「表層構造」(surface structure) と言われる音声的現実のみを問題とする。」(服部四郎 1983b: 79)

(b) 音素は脳裏に貯蔵されている音形ではない

重要なことは、ヒトの脳裏に貯蔵されている音形が分からないから音素を仮定して脳裏の音形に逐次近似していく、というのではなく、あくまで音声レベルにおける仮定的単位として音素を認めたという点である。《傘》のような形態素ならば、音声も [kasa] と表記できるほどのものから余り離れない範囲で揺れるものだから、この音声を整理して /kasa/ と音素表示し、ヒトの脳裏にも /kasa/ に該当する形で貯蔵されていると考えて一応問題ないことであろう。しかし、《飲む》《飲んだ》というような動詞の場合は、それぞれの音素表示を nomu, noNda とすることは可能だが、nomu, noNda, nomasareru, nomasareta …のような音素連続の形をすべて脳裏に貯蔵しているとはとても考えられない。音素連続（音素列）は現実に存在する場所が無いものである。服部の音素(列)とは、音声(列)を或る基準（少数の作業原則）で整理した仮定的なもので、音素を導く整理は初めからヒト（母語話者）の脳裏に貯蔵されているものを探求しよう

とする操作とは違うのである。

　学部の授業の時だったと記憶するが、記述言語学の記述の目的は何か、という学生の問いに答えて服部博士は、記述した文法と辞書とによって非母語話者がその言語を理解でき、その言語を発することができるようになるためのもの、という旨のお答えをされた。

　別の機会に服部博士に、無限の文・無限に多様な音素列(当然脳裏に貯蔵できないものである)はどうして得られるのかとお訊ねすると、はっきり「類推」という言葉をお使いになった。無限個の出力形が可能になる「類推」機構について詳細にお聞きする機会はなかった。

　筆者の初学の時代の構造言語学では——統語論不毛の時代であったが——「音素」と(単語・形態素の)「意義素」についてはあれだけ論じられていたのに、不思議なことに、脳裏の辞書、その中に入っている形、ということは殆ど、むしろ「全く」、耳にしなかった。

　素朴に考えても、言語情報は架空のものではなく、また空気中に浮遊しているわけでもない。それはヒトの脳裏に貯蔵されている、としなければならない。その情報の中には、少なくとも、音に関する項目と規則とも呼ぶべきものとが有る。項目に規則を適用して展開した結果が音声表示とも呼ぶべき現象である。言語の史的変化も、その投影でもある地理的変化も、すべてヒトの脳裏に貯蔵されている項目および/あるいは規則の変化である。項目に規則が適用されて出てくる音声形は現象であり、どんなに整理しても脳裏に記憶できないほどに多様である。例えば、語幹に様々な接辞が付いて出来た形をすべて脳裏に記憶している、と想定することは量的に問題であるばかりでなく、機能的に余りにも無駄なシステムを考えることになり、ヒトの脳がそのような機構を持っているとは到底信じられない。

　構造言語学の音素論の教条を守る限り「レベルの混同」は許されない。音素論に文法情報を混入するような形態音韻論(形態音素論)は音素論ではありえないのである。辞書の中にtob《飛ぶ》という語幹が貯蔵されていて、ta《た〈過去〉》という接辞も貯蔵されていて、統辞論によってそのtobとtaが繋がれてtob-taが作られ、形態音韻(形態音素)規則でtob-taがtondaという音声形になる、というような記述はタブーなのである。tondaという音声形について音韻

対立を勘案して toNda という音素形に整理するしかない。共時的な記述でも通時的な解釈でも音素論と形態音韻論は峻別しなければならない。音素論に徹する限り各形態素が脳裏の辞書中にどういう形で貯蔵されていて、どういう規則が貯蔵されているか、ということは記述されないし、史的音素論でも辞書中の形態素の形、規則の形、それらの史的変化を音素論としては扱うことができない。音素列から音素列への変化を史的変化として扱うしかない。これは直列 (syntagmatic) 事象でも並列 (paradigmatic) 事象でも同じである。

(c) 音声形の史的変化とは

筆者としては構造言語学の教条に縛られず、ヒトの言語は脳内の文法(辞書と規則群)内で辞書項目列に規則群が適用されて表面の音声形が作られる、と考えている(1)。

(1)

後代の話者は前代の話者の「音声形」を聞いて自己の脳裏に自己の文法を形成する(2)。

(2)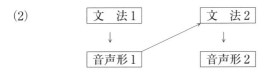

他者の音声形を聞いて作った自己の新しい文法は、他者の旧い文法や辞書項目および/あるいは規則とは多かれ少なかれ違っている可能性がある。(2)で見るとおり、音声形1から音声形2への変化は表面上の現象に過ぎず、実際には音声形1を聞いた話者はそれをもとに文法2を形成し、文法2を経て音声形2が作られる。後代の人は前代の人の脳裏の文法を見ることも出来ないから、文法1から文法2への直接の変化もありえない。我々は音声形やそれの反映である文字を通して文法(の変化)を考察しなければ歴史的変化の真相に近づくことはできない。以上の説明は、早田輝洋(1980: 237)に既に述べている。

日本語の史的音韻変化の例について考えてみよう。上代中央方言では、ほとんどのイ列音節・エ列音節・オ列音節について、後代には消失した甲乙二類の音の区別があった。例えば、四段活用動詞（子音語幹動詞）「遊ぶ」の命令形はアソ甲ベ甲で已然形はアソ甲ベ乙であった。（イ列エ列甲類の音節初頭子音は口蓋化音、イ列エ列乙類の音節初頭子音は非口蓋化音、オ列甲類の母音は円唇母音、オ列乙類の母音は非円唇母音、と考えられている。ここでは音声記号は略し、各音節の片仮名表記の次に甲乙の別のあるものだけについて甲乙を下付小字で示す。ローマ字には数字 1, 2 を小字で付す。）上一段活用動詞（イ列母音語幹動詞）例えば現代語の「見る」に当たる動詞の已然形はミ甲レであった。上代語のレには甲乙の別は無かった。上代語の前の段階（先上代語と呼ぶことにする）ではレにも甲乙の別があったと考えられる。すなわち已然形の歴史は(3)の如くである。

(3) 　　　　　　　　先上代語　　　上代語　　　　後代（平安期以降）
　　上一段動詞　　ミ甲レ乙　　　　ミ甲レ　　　　ミレ
　　四段動詞　　　アソ甲ベ乙　　　アソ甲ベ乙　　アソベ

上代語の共時態をどう記述するか。「ミ甲レはミ甲レ、アソ甲ベ乙はアソ甲ベ乙」のように、あらゆる動詞のあらゆる活用形が全てそのまま脳裏に貯蔵されている、と考えることはできない。筆者の学生時代の構造言語学のやりかたからすれば(4)のようになると思う。

(4)　a. 已然形形態素は、re と e の異形態を持っている
　　　b. 母音語幹動詞には異形態 re が続き、子音語幹動詞には異形態 e が続く

すなわち a 異形態の全てを記憶し、b 各異形態の接続の仕方が脳裏に貯蔵されていることになる。もちろんイ列・エ列の甲乙の別は音節にあるのではなく各母音にあるとすれば、(4)の中の異形態 e に乙類母音の指標を附することになる。上代語イ列・エ列の甲乙の別を母音にあるとする説は——結果として母音の数が多くなり、オ列も入れて上代語 8 母音説になるわけであるが——既に国語学者の間でも殆ど支持されていない、と或る国語学者から聞いた。しかし現

実には「8種類の母音があった」という解説の書かれている新しい古語辞典もある。

筆者としては、略式には、上代語已然形の共時的交替現象は(5)のように記述したい。

(5) 1) 已然形形態素は re_2 である。「見る」の語幹は mi である。「遊ぶ」の語幹は aso, b である。
    2) 動詞語幹末子音に続く r は脱落する。
    3) (r の脱落しなかった)re_2 は re(甲乙の区別の無い形)になる。

「見る」と「遊ぶ」の上代語已然形は(6)のような共時過程を経て表面形になる。

(6) 1) mi_1-re_2 aso_1b-re_2
    2) ― aso_1b-e_2
    3) mi_1-re   ―

これは、各形態素について全ての異形態を脳裏に貯蔵しているとしないこと、すなわち予測できるものをすべて脳裏に貯蔵するとするよりも最小限の貯蔵ですませ、予測できるものは規則で処理する、という原理による。注意すべきこととして、上代語の音声形には存在しない形 re_2 を上代の辞書項目として認めることがある。(5)の記述は(3)の先上代語の仮定内容が事実であれば、1)2)だけでそのまま先上代語の共時的記述であり、3)は先上代語から上代語への音韻変化の反映ということになる。しかし、(3)の先上代語の仮定内容が事実でなければ、(5)は(通時的変化を反映していない)上代語の共時的記述ということになる。

特定の時代の特定の方言でどういう分析が一層妥当であるかは、それぞれ根拠に基づいた議論によらねばならない。いずれにしても脳裏の辞書や規則を考察からはずし、音素列(先上代語)mi_1re_2 > (上代語)mi_1re > (平安期以降)mire; (先上代語)aso_1be_2 > (上代語)aso_1be_2 > (平安期以降)asobe だけを考察の対象にすると、史的変化は(音声列であれ音素列であれ)表面形から表面形への変化ということになり、現象でないヒトの記憶している何がどのように変わったのかというメカニズムの考察が、漠とした表面的な音声変化に埋没する恐

(d) 脳裏に貯蔵されている音形(辞書形)と音声形との隔たり

　脳裏の辞書が無駄の無い仕組みのものであるのならば、おおざっぱに言って予測できる所を引き受けるのが規則で、予測できないもの(辞書項目)の集合が辞書ということになる。構造言語学でもそのはずである：The lexicon is ... a list of basic irregularities (Bloomfield 1933: 274)。無駄の無い仕組みである限り、同一の形態素は辞書には同一の形(辞書形)で入っているとしなければならない。異形態は規則により導き出す。

　ドイツ語の名詞 Rat《助言(単数主格対格形)》、Rates《Ratの単数属格形》; Rad《車輪(単数主格対格形)》、Rades《Radの単数属格形》の音声形はそれぞれ(略式音声表記で)[raːt, raːtəs; raːt, raːdəs]である。Rat も Rad も単数主格対格形では全く同じ音声形 [raːt] であるから、音声を整理した音素表示としては両語とも単数主格対格形の場合同一の /rāt/ になる([aː] の音素形としては仮に ā で表記する)。

　語幹に母音が続いた場合に《助言》の語幹末子音は [t] であり(raːtəs)、《車輪》の語幹末母音は [d] である(raːdəs)ことを話者は知っているから、脳裏の辞書内の形(辞書形)としては、《助言》の語幹は rāt の形で、《車輪》の語幹は rād の形で貯蔵され、音節末の d はドイツ語一般に適用される「音節末阻害音中和規則」で無声音になる、とされよう。しかし構造言語学の音素論としては同一の形態素 Rad《車輪》に二つの音素表示 /rāt/ と /rād/ を条件によって変異する形(異形態)として仮定せざるをえない。

　服部四郎教授の晩年の演習で、或る方がご自分の研究している言語について発表され、ちょうど上のドイツ語の《車輪》のような現象を、母音が後続しない場合の語幹末音は /t/、母音が後続する場合の語幹末音は /d/ というように音素論として「正しい」分析(同一の形態素に /…t/ と /…d/ の二つの音素形を立てる分析)をした。服部教授はもちろん良しとした。そこで筆者が、私なら(辞書形としては)d で終わる語幹形を立て、母音が後続しない場合は d が t に変わるという規則を立てたい、という意見を述べた。その時服部教授は「本当はその方が好いのです。」とハッキリ仰ったので筆者も内心驚いたことをよ

く記憶している。

　同一形態素を同一の音形で表示し、それの多様な表面音声形の交替も当然論ずるわけであるから、しばしばこのような記述法は音交替の研究が目的か、少なくとも主要な目的か、のように誤解されることもあるが、交替の研究が主目的ではない。ヒトの脳裏に貯蔵されている形がどういうものか、どのようにして貯蔵(習得)されるのか、という問題が根本にあるのである。

　史的言語学においても、我々はその多様な音声形とそれの反映である文字表示を用いて脳裏の辞書中の項目や規則の通時的変化を考察し、またそれに係わる原理を考えたいのである。

　音声(連続)を、文法情報を考慮せずに対立等の考慮から整理した音素(連続)は当然もとの音声(連続)とそれほどかけ離れたものではありえない。そのような「音素連続」の構築を求める構造言語学としては、仮定した形が「話し手の主観と合致するかどうかを確かめるのが理想であると思う。」(服部 1951: 100 = 1987: 364)とされるのも首肯できるかも知れない。しかし、音声(連続)と脳裏に貯蔵(記憶)されている項目の形とは、両者を繋ぐ文法情報にも係わる幾つもの規則で結ばれているものである以上、少なくとも音声と音素の距離よりは大きくかけ離れていても当然である。母語話者の直観は、所与の形(表面形)がその母語のものであるか否か(母語として正しいか否か)の判断については有意味であるが、所与の分析が正しいか否かの判断の尊重は適当でない。分析に対する直観は(母語話者であっても)分析者としての直観である。

　脳裏に貯蔵されている項目の形や規則を正しく現実に近く仮定するのは難しい。何か基準を仮定して、その基準に合致するものを音素として導くことの方が当然容易である。しかし扱うのが難しいから扱わないというのでは、アメリカ構造言語学で意味を扱わなかったことと同じで正しいことではない。現実に我々が観察できるのは表面音声形であり、またその反映でもある文字である。研究がそこから出発するのは当然である。しかし脳裏の項目と規則の形とその変化の考察に進まなければその原理に近づくことはできない。

　ただ、筆者は脳裏に貯蔵されていない仮定上の構築物である音素(連続)そのものを考えることが全く無意味だとは思わない。既に言われているように、音声タイプライター等、音声自動認識装置を現実に作成するためには有用であろ

う。さらにヒトの音声知覚一般の研究のためにも有用かと思っている。

　音素列から(それに盛り込まれた情報の範囲内で)過不足無く音声列を作ることは可能であろう。従って脳裏にあるとされる辞書項目に規則を適用して音素列を作り、音素列から音声列を作るべく記述すれば好いではないか、という音素論者の意見もあるようである。しかしそれは問題である。まず、辞書項目から音素列を作る際には、音素列を作るためだけ(ad hoc)の特別の規則を設けなければならない。例えば、動詞《飛ぶ・過去》tob-ta から音素形 toNda を経てその音声形《飛んだ》tonda を作るためには、少なくとも調音点の指定されている辞書形 tob の b を調音点の指定されていない音素 N にしなければならない。すなわち、b からあらゆる調音点の指定を削除しなければならない(そういう規則が必要になる)。そして調音点の指定の無い音素 N が音声 n になる際に改めて調音点の指定をしなければならない。ヒトの覚えている形 tob や ta から音声形 tonda を作るためには、例えば tobta → tobda → tomda → tonda という(それぞれ根拠のある)過程を経て音声形は得られる。その過程の中に動詞語幹末子音の調音点の指定の無いものは出てこない。即ち、辞書項目形から音声形を得る過程には必要無い調音点指定削除規則を、調音点無指定の N を中間で得るだけのために、わざわざ設けることになる。調音点指定削除のような過程がヒトの脳裏で行われているのであれば、そのような過程が他にも独立に(音素表示を得るため以外に)有ることが期待されるが、果たして有るのであろうか。

　あるいは、音素レベルの表示で脳裏に貯蔵されているとすれば、脳裏の辞書の中に「飛ぶ」は tob と toN、「完了接辞」は ta と da という形で登録されているのだ、と主張することになる。しかし、「本」hoN が hom なり hon なりに交替する条件は明らかであり予測できるように、「飛ぶ」の tob が ton に交替する条件も明瞭である。このような予測できる交替形のすべてが辞書の中に登録されている、とすることは余りに無駄が多すぎる(さきの Bloomfield (1933)の言にも反する)。この場合は tob と ta だけが登録されているとし、予測できる交替形は規則が処理する、とするような最小指定の方が、他に不具合の起きない限り、好ましいと考える。

7.2 単語声調とアクセント

　今まで機会あるごとに或る程度はアクセントやトーンについて書いてきたが、今振り返ってみると筆者として言い足りない所もあり、また多くの方が研究を進めていることでもあり、改めて現在の筆者の考えを書いておくのも強ち無益ではあるまいと思う。

　関係する概念・術語を完璧に定義することよりも、現在強調したいこと、説明を加えたいこと、改めたいこと等を体系的ではないが書いておこう。

(a) アクセントとトーン

　以下「アクセント」と「トーン」をまとめて「音調」と呼ぶ。アクセントという言葉もトーンという言葉も、そのもとになっている欧米語では現在日本語で使われている意味とは大きく違う使い方をされていた。R. Jakobson(1937: 29 = 1962: 257 等)は、ドイツ語で書かれた論文であるが「ピッチアクセント」も「トーン(声調)」も「強さアクセント」も Betonung であり、区別して言うときは「ピッチアクセントと声調」を musikalische Betonung《音楽的(高低)アクセント》または polytonische Betonung《多音調アクセント》、「強さアクセント」は monotonische Betonung《単音調アクセント》または dynamische Betonung《強弱アクセント》と言っている。アクセントにもトーンにも Ton(トーン)という形態素が入っている。

　筆者はかつて弁別機能を重視して、音調標識の位置(どこにあるか――「どこにもない」を含む――)によって弁別される音調を「アクセント」、音調標識の形(どんな形か)によって弁別される音調を「トーン」あるいは「声調」と呼んだ。

　しかしこういう規定の仕方は既に言われているように様々に不完全であり、筆者の意図に反する分類になってしまう。例えば、佐賀県藤津郡久間の音調型は二つあり、一つは句の初頭モーラが高で、他の一つは全部低と報告されている。第1の型(A)は音調標識が第1モーラに、第2の型(B)は音調標識がない、ということで「アクセント」方言ということにもなりかねない。このような所謂2型アクセントは筆者としては鹿児島アクセントと同様「トーン」にしたい。

「アクセント」と「トーン(声調)」の区別を以下のように改めればどうであろうか？

(7) a. 脳裏の辞書中の項目(辞書項目)の音調指定として、辞書項目中の「位置」(どこ)を指定しなければならない音調を「アクセント」と呼ぶ。当然のことながら、一般に予測できる要素は辞書項目には指定されない。辞書項目中の指定は、他の辞書項目の音調と弁別するための最小指定である。
b. 辞書項目の音調指定として、その辞書項目に用いられる音調型の「種類」(どれ)を指定しなければならない音調を「トーン」(あるいは「声調」)と呼ぶ。

東京方言の名詞ハナ《鼻》はアクセントがない(平板型)ゆえ、その位置も指定されない。ハナ《花》はハナ⌉であるからそのアクセントは第2音節という「位置」が指定されている。辞書項目中の位置の指定情報がどういう音声形に実現されるかはその言語・方言の一般的な音声実現規則で指定される。辞書項目には必要最小限の指定しかない、と考えるべきである。

東京方言の動詞と形容詞は名詞や助詞と違って2型のトーン(声調)である。アカイ《赤い》の辞書項目形(辞書形)は平板型(無アクセント型)と指定され、シロイ《白い》のそれは起伏型(有アクセント型)と指定されている。この方言の動詞語幹・形容詞語幹は一般的な音声実現規則で音声形が指定されるまでに種々の接辞も附加されて単語の形になり、トーン(声調)も名詞や助詞と同様に位置のきまったアクセントに変換される。

佐賀県藤津郡久間方言では、ハナ《鼻》はA型と指定され、ハナ《花》はB型と指定される。このAとBは型の種類であり位置を示すものではないゆえ、この方言は2型のトーン(音調)方言である。この方言ではA型の高の位置が第1モーラということは予測できるから(A型なら第1モーラが高にきまっているから)辞書項目の中では高の位置は指定されない。各辞書項目には音調に関してそれがA型かB型かの指定だけがあり、A型は第1モーラが高、B型は全部低ということは他の一般的な音声実現規則で指定される。

北京語は4型の音節トーン(声調)言語であり、辞書項目〈飛〉[feː]は第1

声調、〈肥〉[feí] は第2声調、〈翡〉[feːi] は第3声調、〈費〉[fèi] は第4声調と指定されている。それぞれが一般的な音声実現規則で音声形になるのは言うまでもない。ただ、北京語に関して4種の音節声調がさらに分析される、ということに関しては後に((e)の(ア)で)説くことにする。

　アクセントが辞書項目に初めから附されていたものであれ、東京方言の動詞や形容詞のように辞書項目中のトーン(声調)から音声形への派生の途中でアクセントに変更・挿入されたものであれ、アクセントである以上は位置が有意味であるゆえ、音声形に到るまでの間に音韻規則によって顕著にその位置が変更されることもある。トーン(声調)は、音韻規則(tone sandhi 等)による形の変更は有るにしても変異は極めて緩慢稀少である。

(b) トーン(音節声調と語声調)——語声調と N 型アクセント…定型音調

　筆者の言う「単語声調(語声調)(word-tone)」(多分筆者としては Hayata(1976: 6) の a word-tone language が最初 [邦訳は早田(1999: 105)]) で、語声調は早田(1977a: 49; 1977c: 333 以下 = 本書第 8 章 146 頁)が最初)と上野(1984b, 2014)の「N 型アクセント」との違いについて一言述べておいた方がよさそうである。二型アクセントと言われている鹿児島方言の音調は筆者も「単語声調(語声調)」であるとし、上野も「N 型アクセント」であるとしている。筆者は、従来声調とは北京語の四声のように音節単位のもの(音節を担い手とするもの)とされていたのを、単語にも一般化して用いたい、ということから「(単)語声調」という術語を用いたものであり、上野の「N 型アクセント」は二型アクセント・三型アクセント等の定数型(定型)アクセントを一般化して N としたものと理解している。アクセントという術語は従来声調も含んでいたから「N 型アクセント」は問題ないが、声調は少なくとも狭義のアクセントを含まないゆえ、(古典的印欧語にいくつも有るという)定数型の弁別的アクセント言語を「(単)語声調」言語とは言えない。筆者としては定(数)型音調は定(数)型声調でよいのであるが、あえて言うならば定数 k であるから「k 型音調」にでもなることであろう。いずれにしてもどの名称も定義ではなく、曖昧性はつきものである。N にしても k にしても 0 や 1 を含むのか含まないのか、「N 型アクセント」は非弁別的なアクセントも含むのか、非弁別的な古典ラテン語のような ultima, penultima, antepenultima の 3 種しかアクセント型のない言語も、筆者は、三型音調すなわち「k 型音調」に入れたいし、北京語のような弁別的な音節声調も四型音調すなわち「k 型音調」に入れたいと思っている。

（c）ピッチアクセントとストレスアクセント——後者の物理的相関物

音声の実現において、指定された「アクセント」の位置の物理的属性と、指定されていない位置の物理的属性の違いは何か。アクセントも「ピッチ」によるものと「ストレス」によるものとがある、とよく言われる。日本語諸方言のアクセントはピッチすなわち声の高さによって区別される典型であろう。辞書項目中の指定されたアクセント位置が音韻規則等で様々に変わっていても、表面形における指定位置は基本周波数の高い所と可成り一致していると言えよう。もう一つの「ストレス」の方が問題である。「ストレス」あるいは「強さ」と言っても単純に、例えば音の振幅とは一致しない。指定されたストレスの位置以外の子音や母音も種類によっては大きな振幅を示すものも有り、またイントネーションも大きく作用する。ストレスアクセント言語と言われる英語やロシヤ語はどうであろう。英語のストレス位置の母音は音の持続時間（音長）と高ピッチによく対応しているという報告もある。ロシヤ語ではピッチはむしろイントネーションとよく相関していると思われる。音長は時に不安定である。

古典ラテン語はピッチアクセント言語だったと言われているが、アクセント位置が予測できるのであるから辞書項目にアクセントは指定されていない。(7)の定義からすればアクセントでもトーンでもないことになる。しかし予測される"アクセント"が付与されたその位置はアクセントのような振る舞いをするからピッチアクセントと言われているのであろう。このラテン語のピッチアクセントは、現代のロマンス諸語に到るまでに多くストレスアクセントに変わったようである。現代フランス語の(非弁別的)アクセント位置は古典ラテン語の(非弁別的)アクセント位置であり、それより語末部分の音節は消えるか1個のəに変わった。例えば、

(8) 直説法現在《愛する》(下線は非弁別的ながらアクセントが有ると言われる位置)

	ラテン語	フランス語	
1人称 単数	<u>a</u>mō	aime	[ɛm]
2人称 単数	<u>a</u>mās	aimes	[ɛm]
3人称 単数	<u>a</u>mat	aime	[ɛm]
1人称 複数	am<u>ā</u>mus	aimons	[ɛmɔ̃]
2人称 複数	am<u>ā</u>tis	aimez	[ɛm<u>e</u>]
3人称 複数	<u>a</u>mant	aiment	[ɛm]

「ストレスアクセント」すなわち「強さアクセント」という言い方は、その指定位置に力が入っているという感じを表している。力が入っているから典型的には持続時間が長くなったり、声が高くなったりはするのであるが、ストレスアクセントに共通する物理的特徴はないと思われる。中心的な特徴は、理想的には一層明瞭に調音され他の音との区別が一層顕著になっていると言えるが、中にはそういう音声的実現の皆無に見える言語もある。従って、筆者としては(9)のように言いたいと思う。

(9) ストレスアクセントの有る位置では、弁別される音素が他の位置のそれより多い

ロシヤ語(の akan'e 方言)では、ストレスの有る母音は表面レベルの音素で表現すれば、a e i o u の5母音音素が区別され、ストレスのない母音は a i u の3母音音素しか区別されない。イタリア語ではストレスのある所では母音は i e ɛ a ɔ o u の7母音音素が区別されるが、ストレスのない所の母音は i e a o u の5母音音素しか区別されない。英語の単語 télegràph と telégraphy を比べてみると、第1音節の母音と第3音節の母音で、ストレスの有る e と a はそれぞれ [e] と [æ] で区別されているが、ストレスのない e と a は区別無く曖昧母音 [ə] に弱まっている。

いわゆるアルタイ型母音調和を有する言語では、外来語等を除き一般にアクセントは弁別的でなく、また第1音節の母音音素数より第2音節以下の母音音

7.2 単語声調とアクセント

素数が少ないようである。現代蒙古語チャハル方言では(服部 1951: 99 = 1987: 362)、短母音音素は第1音節で7個 i a o u ä ö ü、第2音節以下では3個 i a ä のみ。長母音音素は第1音節で7個、第2音節以下で5個 ii aa uu ää üü (他に重母音があるが省略する)。moŋgala《蒙古人》なら強めは moŋ にあり「高」で、gala は「低」(同 1951: 90 = 1987: 351)。tämää《駱駝》は tä は「低」、mää は強めがあって高から低への下降調(同 1951: 90 = 1987: 350)。単語単位の発音では一応音節構造とその位置で強めも高さもほぼ予測できるとは言うものの、文中にあっては高さや強さの位置の特定はできないようである。

現代トルコ語では(外来語や例外的な形態素を除いて)語頭音節では8個の母音音素 i ı u ü e a o ö が区別されるが第2音節以下では6個の母音音素 i ı u ü e a しか現れないという(柴田 1955: 598)。トルコ語は音声的なアクセントが語末にあるとされているようである。服部(1955: 635)は「一般にチュルク語では單語の最後の音節に"アクセントの山"があり【中略】故にチュルク語の"アクセント"は音韻的にほとんど無意味である、といふことができる。」と言う。福盛(2004: 275)は「トルコ語の音声学的アクセントを音響学的に析出した結果からは【中略】基本周波数: 最終音節において高くなる。持続時間長: 最終音節の母音と最終音節以外の位置の母音とにおいて、相対的に前者が長くなる。ただし、アメリカ英語などのストレス言語ほどの長さではない。」これらの研究から分かることは、現代トルコ語は語末音節が高く、やや長い; しかし境界画定的機能はあっても音韻論的には無意味アクセントである、ということであろう。例外的な語を除いてすべての語末に物理的な音長と音高が実現するが、個別語彙の情報ではないから各辞書項目に附された情報ではない。この"アクセント"のある語末母音音素の区別が他の位置よりも多いという記述はないようである。

このような一般に言われている「音声学的なアクセント」に対して、筆者の挙げたストレスアクセントの共通特徴(9)の観点からすれば、現代蒙古語も現代トルコ語も語頭音節には母音音素が第2音節以下よりも多く区別されて現るから、現代語の共時論としてストレスアクセントが語頭音節にある、ということにもなりうる。ただ現実にそのような指定を現代蒙古語や現代トルコ語で実行して記述するためには、相当の困難を克服しなければならない。福盛(2010:

48-49)に簡単な批判があるが、もっと深く論ずべきものがある。音韻論として非常に面白い問題であるが今回は略す。そういうこともあり(9)が、その母音にストレスアクセントのあるための十分条件かどうかは問題である。しかし基底で語頭ストレスを認めないとすれば、第2音節以下の母音に8母音音素の中の例えば6母音しか現れないことを記述するためにはそれを音配列法(phonotactics)として規定することになろう。外来語等の非語頭アクセントは辞書項目中に指定されなければならない。

蒙古語やトルコ語の母音調和やアクセントの例外は興味あるものである。蒙古語のgerman《ドイツ》は、一語中に陰母音(女性母音)eと陽母音(男性母音)aが共存するという母音調和の例外をなしている。ger#manのような母音調和上の2語扱いも出来るが、文法上の明らかな一語を二語に分割したくない。実際にはアクセントに関係なく、最終音節母音(この場合、陽母音)が右方向spreadする。トルコ語でもアクセントさえ指定すれば、Japon《日本》、Japonca《日本語》(福盛2010: 52)など外来語等の第2音節のoやöの指定は、アクセントの指定以外では例外扱いでなくなる可能性があるかも知れない――勿論第2音節以降にも8母音を指定しての話である。

現代北京語は4種の「音節声調」を有する言語であるが、さらに語構成から予測される――したがって辞書項目には指定されていない――「単語ストレス」もあり、そのストレスの強さによって4種の声調の明瞭性が違う。以下北京語では母音の上に「ˉ」「´」「ˇ」「ˋ」を附してそれぞれ第1声、第2声、第3声、第4声の音節声調を表し、音節の前に「"」を附して単語ストレスを表す。例えば、"dōng"xī〈東西〉《東と西》、"dōng xī → "dōng xi〈東西〉《もの》のようにストレスのないxiは声調が弱化してxi(軽声)で実現する。ストレスのない音節では母音もやや中舌寄りになるようである。

「数」も自然数から「零」「負数」「分数」「無理数」「虚数」…と拡大して種々の面白いことが説明されるようになっている。音調とくにストレスアクセントなどは伝統的な枠内にとどまるべきではない。

(d) 弁別的音調と非弁別的音調

非弁別素性は実現しなくてもよい、という意味ではない。服部四郎もしばし

ば強調していたとおり、余剰的特徴は「余剰」どころではない。その言語・方言にとって重要なものであり、しばしば他の言語形式との弁別に資する重要な特徴になっている。一般に術語の意味を日常語の意味から解釈してはいけない。

筆者が「アクセント」は位置、「トーン（声調）」は形というような言い方をしていた当時は、もっぱら弁別性に関心をもっていた。仙台方言のような言語・方言は、少なくとも東京方言や京都方言のような弁別的な「アクセント」も持っていないし、鹿児島方言や京都方言のような弁別的な「単語声調（語声調）」も持っていないとしていた。しかし、語句を弁別する力は無いが「単語声調（語声調）」は有る、と今では考えている。

語句を弁別する機能以外の音調特徴である非弁別的な「単語声調（語声調）」（仙台方言など）や非弁別的な「アクセント」（古典ラテン語など）は当然語彙情報ではないのであるから、個々の辞書項目が持っている情報ではない。しかし個々の言語・方言が有する情報であるゆえ、文法の中に存在するはずである。

弁別的な「単語声調」を有しない東京方言の名詞のピッチ曲線は、アクセントのない語頭短音節では典型的には基本周波数曲線が下向きになり、それは主観的には語頭の「低」である。これがないと歯切れの悪い感じがする。弁別的ではないが個別言語方言情報と考えられる。ただ、個人差・場面差・短期間の時代的傾向に左右されるものかも知れない。それでも完全に東京方言固有の言語学的音調情報であり、非弁別的な「単語声調」と見ることもできよう。ネ⌉コ《猫》もイヌ⌉《犬》も同じ単語声調の別のアクセント型とするのである。

東京方言の言語学的音調情報は、1種類の（従って対立の無い）「単語声調（語声調）」と位置の対立のある「アクセント型情報」とが共存し、京都方言の言語学的音調情報は対立する2種類の「単語声調（語声調）」と位置の対立のある「アクセント型情報」とが共存している、と考えたい。

川上蓁(2000)が東京方言のトーンを(10)のようにしているのは、筆者の「単語声調（語声調）」とは大きく違うものである。川上は東京方言の名詞に2種類のトーン（不降トーンと下降トーン）を認め、下降トーンの中でアクセント（核）の対立がある、とする。

(10) 不降トーン　　サクラ　　　サクラ(○)

　　　下降トーン　⎧オトコ⌐　　オ⌐トコ(○)
　　　　　　　　　⎨ココ⌐ロ　　ココ⌐ロ(○)
　　　　　　　　　⎩イ⌐ノチ　　イ⌐ノチ(○)

川上のトーンは2種類ありながら弁別的とは言えない。アクセント情報による分類である。弁別的なアクセント情報を除けば音調形はすべて同じと言って済む。トーンとアクセントの両特徴を有する典型的な京都方言には複合語の場合、前部要素のトーン T_1 が複合語全体のトーンになり、後部要素のアクセント A_2 が複合語全体のアクセントになるという傾向(11)が特にトーンに関してはよく成り立つと言える。もちろん鉄則ではない。現代朝鮮語の単語声調方言にもこの傾向は見られる。

(11)　$T_1A_1 + T_2A_2 \rightarrow T_1A_2$

しかし(10)の音調特徴では対立する二つのトーンを仮定しただけに、前部要素のトーンが不降トーン(平板型)なら後部要素のトーンの如何に拘わらず複合語全体が不降トーン(平板型)になる、という予測がされるのにそれが成り立たなくなっている。

姜英淑(2008)の分析による韓国統営方言の名詞アクセントの分析(12)は複合語の音形が(11)の一般式に可成り合うように見えるのであるが、名詞の半分は(弁別的)アクセントで、半分は2型の(弁別的)語声調ということになっている。トーンを有する語彙はアクセントが無く、アクセントを有する語彙はトーンが無い。これは非常に冗長度の高い体系であるばかりでなく、このような体系が音調体系一般に許されるものかどうか心配な気がする。

(12) アクセントと2型語声調による統営音調の分析(姜2008)の4音節語

7.2 単語声調とアクセント——133

　現在の筆者としては全ての語彙に係わる(したがって統営方言や東京方言では非弁別的な)句音調(上野善道1984a)とも呼ぶべき語声調(基本的な音調特徴——東京方言なら「低高高…」、統営方言なら「高高低…」)と、個々の語彙に指定されているアクセント(核)指定との和から(種々の生理的・物理的変換を経て)音声形ができる、と考えている。アクセント(核)の無い型の音声形が基本的な語声調形(上記の東京方言の「低高高…」や統営方言の「高高低…」)に近いのは当然と考えられる。姜(2008)の「＾トーン」に対応する筆者の前アクセント(cf.(13)の ⌐○○… の⌐)がアクセント(核)にあたる、という根拠は今まで種々の機会に述べている(早田1999: 181以下等)。このアクセント(核)は標識直後の音節に「低」を置くという那須川(2012)の説とも相容れるように思われる。それでも姜(2008)でトーンとされている二つの型は確かにそれなりの特徴を示していることも事実で興味有ることと思っている。こういう方言は、アクセントからトーンへの変遷の過程にあるものかも知れない。
　この統営方言の筆者の分析の試み(13)はアクセントだけによるものである(早田2009a)。

(13) 1種類のアクセント(核)による統営音調の分析(早田2009a)　4音節語

(e) 同一言語・方言中の複数種の弁別的な音調
　音調素性としてアクセントと声調(トーン)を仮定したが、それだけでも言語・方言によって多様な分布が見られる。以下、両素性が辞書項目に指定されている(弁別的な)言語・方言の例を見てみる。
　(ア)　同一辞書項目に弁別的な複数種の音調を有するもの
　京都方言の名詞は同一辞書項目に2種類の語声調と多型のアクセントが共存している。動詞は2型語声調だけでアクセントは指定されていない。形容詞は語声調もアクセントも指定のない1型である。ただ管見の限り、京都方言の動

詞活用に伴うアクセントの音声形予想の仕組みは十分には研究されていないようである。McCawley(1977: 278 以下)参照。

チベット語ラサ方言の辞書項目は、有無のアクセントと2型の声調が指定されていると記述でき、そうすることにより京都方言にも仮定される複合語アクセント規則(11) $(T_1A_1+T_2A_2 \rightarrow T_1A_2)$ が京都方言以上に完璧に適用されているようである(早田1992: 15 以下, 1994: 58 以下)。チベット語の歴史ではこの規則は新しい成立だそうである。共通祖語に遡らない二言語で同一の規則が離れた地域に見られるということは、この規則が言語変化の過程で一般的に生じやすい形であることを示すものであろう。

京都方言やチベット語ラサ方言の音調素性のあり方と違うタイプの音調を持つ言語として北京語がある。7.2節(a)で少し触れたが、北京語は一般には4種の音節声調を有する音節声調言語(14)とされている。

(14) 北京語(4型音節声調として)　声の高い所を上線で表す
　　　　第1声　　　飛　　　[fēi:]
　　　　第2声　　　肥　　　[feī·]
　　　　第3声　　　翡　　　[fe·ī]
　　　　第4声　　　費　　　[fēi]

服部(1973, 1974)はこれを二つの素性(声の高さと強さアクセント)に分析した。以下、筆者の枠組みと用語で述べる。(14)に見るとおり、第1声と第4声は高いピッチで始まっている。また第1声は音節後部が――韻尾であるにも拘わらず――音節中核より遥かに長い。第3声は音節前部が極度に長い。「長い」ということは「強さ」の現れである。ストレスのない位置のěとǐは特に短く弱化して中舌的になっている母音である。

(14)を弁別的な声調と弁別的なストレスアクセントで分析して表せば(15)のようになる。

(15) 北京語(声調とストレス)
　　　　高起をH、低起をL、ストレスのある所を大文字で表す

第1声	飛	H feI
第2声	肥	L feI
第3声	翡	L fEi
第4声	費	H fEi

連続変調(tone sandhi)も(15)のように分析的にしたほうが説明できるようである。詳細は早田(2010b: 46 以下)参照。

北京語には上のような音節内の弁別的な声調と音節内の位置の弁別のあるストレスアクセントのほかに、語構成から予測できる(単語)ストレスアクセントもある(7.2 節(c)の最後の所)。

（イ）　文法範疇により別種の音調素性を有するもの

東京方言は名詞・助詞については辞書項目として弁別的なアクセントが指定され、形容詞・動詞については辞書項目として2型の語声調が指定されている。脳裏の辞書の中では位置の指定されていない形容詞・動詞の音調素性も辞書から取り出された段階で直ぐに音韻規則により、位置が有意味なアクセントに変換されると考えられる。

京都方言の名詞はアクセントと2種の語声調が弁別的、動詞は2種の語声調が弁別的、形容詞はアクセントも語声調も非弁別的である。

弁別的な或いは非弁別的な(単)語声調(句音調むしろ基本声調)は全ての言語・方言に有る、と考えるべきかと思われる。

おわりに

ヒトの言語情報はヒトの脳裏に記憶されているものであり、史的変化は脳裏の言語情報(項目や規則など)の変化である。表面に出てきた現象の変化だけを見て、その元になる脳裏の情報を考えないのは根本的に問題である。

付　記

1. 本稿の初出は、「言語と言語史のための音素論と音韻論」『大東文化大学日本語学科 20 周年記念論文集』2013 年、101-115 頁。
2. 同大学の学生のために啓蒙的に書いたつもりのものである。

3. 7.1節(c)「音声形の史的変化とは」の旧稿にあった最後の例は省いた。
4. 7.2節(b)「トーン（音節声調と語声調）」は旧稿から少し書き換えた。

第8章 生成アクセント論

はじめに

　生成文法理論に基づく音韻論いわゆる生成音韻論の考え方によれば、日本語のアクセントの記述はどのようになるか、それは構造言語学の音韻論（音素論）とどう違うのか、国語学で扱われて来た文献資料に基づく過去のアクセント現象はどのように説明されるのか、このような問題の一部をここに論じてみたいと思う。

　本稿の前半では現代方言の分析例を通して生成アクセント論の考え方やアクセントと声調(トーン)の概念を紹介し、後半ではそれを受けて、いわゆる名義抄(みょうぎしょう)アクセントを中心とする平安末期京畿方言のアクセント体系に対して私案を提出することにより、国語学の世界で論じられている種々の問題がわれわれの立場からはどのように解釈されうるかを示してみたい。

8.1　アクセント理論と現代方言の分析

(a) アクセント表示の抽象性

　日本語のアクセントは一般に声の高低——ピッチ——を利用している。われわれの発音をしかるべき器械で測定すればピッチ曲線が得られる。それでは、アクセントの表示としてそのようなピッチ曲線がもっとも精確で言語学的に有意味なものであるかというと、そうは言えない。東京方言の場合、例えば「喜んだ」という文節の声の高さは、主観的には曲線的でなく、[yorokonda]のように段階的な高低と感じられる。（文字や、音節あるいはモーラの代表記号○に声の高さを付する時、高・低・上昇・下降をそれぞれ、 $\bar{\bigcirc}$、$\underline{\bigcirc}$、$\acute{\bigcirc}$、$\grave{\bigcirc}$ で表す。）最近の生理・物理的研究によれば、音声を発する時の言語中枢から発音

器官に出されるアクセント指令は、上の主観的ピッチ感覚に近い、いわば2段階的なものであるらしく、それが発音器官で発せられてはじめて平滑な曲線になるもののようである。音声を聴取する場合も同様に上の主観的ピッチ形に近い言語学的なアクセント形を生成して、耳からの入力信号とつきあわせるものと考えられる。この言語学的アクセント形と物理学的ピッチ曲線との間の関係については、例えば、藤崎博也・杉藤美代子(1977)を参照。

　さて上のように考えれば、東京方言の「喜んだ」の言語学的に有意味なアクセント表示は、実際の物理的ピッチ曲線ではなく、[yoro̅konda]のような抽象化された表示ということになる。この表示では、個人による違いとか、何かの拍子に含まれる臨時的要素なども捨象されている。またこの方言では、仮に「ン」まで高くした[yoro̅ko̅n̅da]や、「ロ」を低にした[yo̅rokonda]や、「ン」を[m]にした[yoro̅komda]のような発音をしても別の意味になりうるものではない。したがって通じはする——それらの発音の間に対立はない——しかし、それは東京方言としてはその言語社会で認められない「変な」発音であり、少なくとも普通の時の発音ではない。[yoro̅konda]の表示は、したがって、ソシュール的に言えばラングの表示であり、パロル的なものは一切含んでいない。筆者はこのレベルの表示を「音声表示」と呼ぶが、従前の慣用で、音声表記、音声記号など音声云々と言う場合は、実際の要素、個人的臨時的要素をも含めることが多いので、そのような雑然とした表記と区別するためには、かつて用いられた「体系的音声表示」という呼び方の方が誤解がないかもしれない。

　音声表示、例えば[ヨロ̅コンダ]、はラング的レベルの表示ではあるが、さきにも見た通り、対立しないもの、予測のつくものまで含んでいるという意味で余剰的である。そこで言語学的に有意味なもう一つのレベルとして、余剰的なものを一切含まない表示、弁別的なものだけを含む表示のレベルが考えられる。では「喜んだ」の場合はどうなるか。東京方言の動詞にはアクセントに関して、「喜ぶ」のようにあらゆる活用形を通じて、高から低へのピッチの下り目(アクセント)のあるものと、「重なる」(カ̅サナル、カ̅サナッタ……)のように必ずしもピッチの下り目のない動詞の2種類があり、しかもその2種類しかない。そして活用形のどこにアクセントが来るかは予測できる。アクセントが必ずつく種類の動詞を仮に〈＋ア〉と略記し、アクセントが必ずしもつかない

8.1 アクセント理論と現代方言の分析——139

種類の動詞を〈−ア〉と略記すれば、[ヨロコンダ][カサナッタ]の弁別的要素のみを表した表示は、それぞれ概略 /〈＋ア〉yorokob-ta//〈−ア〉kasanar-ta/ のようになろう。このレベルの表示を「音韻表示」あるいは「基底表示」と呼ぶ。〈＋ア〉yorokob, 〈−ア〉kasanar, ta のような形態素が（文法的形態素 ta はともかく）語彙項目として文法の語彙目録の中に入っていると考える。したがって基底表示においては、同一の形態素は原則として同一の形である。基底表示で区別のある形でも、より具体的な音声表示では同じ形になることがある。例えば、(1)のごとくである。

(1)　　　　基底表示　　　　音声表示
　　買った　〈−ア〉kaw-ta　⟶　katta
　　刈った　〈−ア〉kar-ta　⟶　katta

東京方言では、動詞には2種類のアクセント型しかないが、名詞の場合は、n 音節の名詞につき $n+1$ 通りの型が区別される。例えば3音節名詞では(2)のように四つの型の区別がある。

(2) 命　イノチ(ガ)
　　心　ココロ(ガ)
　　男　オトコ(ガ)
　　桜　サクラ(ガ)

この四つの型を区別するものは、声が高から低へ変る「位置」だけである。余剰的要素を除き弁別的要素だけを表示する基底表示では、名詞アクセントについてはこの位置だけを示せば充分である。その位置を「'」の記号で示すと(2)の例は(3)のように表される。なお「桜」の型には高から低へ変る位置がない。

(3)　　　　基底表示　　　　音声表示
　　命　　イ'ノチ　ガ　⟶　イノチ　ガ
　　心　　ココ'ロ　ガ　⟶　ココロ　ガ
　　男　　オトコ'　ガ　⟶　オトコ　ガ
　　桜　　サクラ　　ガ　⟶　サクラ　ガ

「́」の記号で表した位置を「アクセント」と呼ぶ。あるいはこの位置にあるもの(この場合、音節の境界——音声表示に進むに従いモーラの境界に移る——)がアクセントを担っている、と言ってもよい。アクセントの担い手は言語・方言によって異なる。

　服部四郎の提唱する「アクセント核」は、基底表示のレベルより具体的な音素表示のレベルでの概念であり、弁別的な位置だけを示すアクセントとは同一視できない。

　生成音韻論の仕事は、文法の音韻部門における基底表示と音声表示との関係の説明、すなわち各形態素にしかるべき基底表示を仮定し、そこから音声表示を導くための手順(規則)を仮定し、それによって種々の共時的通時的音韻現象を矛盾なく統一的に説明することである。われわれが、音節、モーラ、分節音(母音や子音)などというのもすべて音声表示以前の抽象的な単位のことであり、音声表示より具体的な生理・物理的レベルでの話ではない。音声表示としてどういう形が仮定されるかは、むしろそれを入力とする生理・物理的研究の方でおさえることになるとも考えられる。

　なお本稿では、適宜、基底表示(に近い方の形)を / / で、音声表示(に近い方の形)を [ ] で囲って示すことがある。

(b) 生成音韻論と音素論

　構造言語学の音韻論(音素論)では、基底表示のレベルより具体的で音声表示のレベルより抽象的な「音素表示のレベル」の存在を主張し、このレベルを音韻論においてもっとも重要なものとしている。音素論では、音素表示と(自由変異の含まれない)音声表示は一対一に対応していなければならない。例えば、さきの(1)のように、同一の音声表示に対して相異なる二つの形を音素表示とすることは許されない。音素表示では(1)の「買った」も「刈った」もともに、ある学派によれば、kaQta のような形で表される。ここで Q は鼻音でない子音という以外に何も指定のない分節音を表す。しかし抽象性において基底表示と音声表示の中間に位置するこのような音素表示は、基底表示から音声表示を生成する過程には出て来ない、ということが明らかにされており(Chomsky 1964a: 89 以下)、日本語についても黒田成幸(1966)が促音と撥音を材料にして論じてい

る。生成音韻論では構造言語学の課する条件下の音素表示レベルは認められない、したがってそのレベルの単位である音素も認められない、ということになる。アクセントについても同じことが言える(McCawley 1968: 139)。例えば、筆者自身の東京方言では、短音節の語末にアクセントのある語とアクセントの全然ない語、/オトコˈガ/[オ￣トコガ] (男が)と /サクラガ/[サ￣クラガ] (桜が)のそれぞれを助詞なしで——オ￣トコ、サクラと——発音した場合に、「男」も「桜」も主観的ピッチ感覚はまったく同じである[1]。音素論の立場からすれば、対立のない同一の音声表示には同一の音素表示をたてなければならないから、「男」と「桜」には(4)のような AB 二様の音素表示の可能性があることになる。

基底表示から音素表示を得るためには、もし A 案なら、語末アクセントを消せ、B 案なら、無アクセントの語には語末アクセントを付けよ、という「形態音素規則」が必要になる。しかし、次に音素表示から音声表示を導くための「音声規則」は、音素表示のレベルがなくてもどっちみち必要な規則である以上、さきの語末アクセント消去(あるいは付加)の「形態音素規則」はまったくの無駄と言える。言語学的に重要なのは、基底表示と音声表示の両レベル、およびその二つを結ぶ一連の規則である。それらは共時的に重要であるばかりではない。史的音韻変化は、基底表示や音韻規則群の再組織化として説明される

---

1) ひとによっては音節数に関係ないというが、筆者の場合、1、2 音節名詞の主観的ピッチ感覚は、単独での聞き分けはかなり困難でも、分節音の同音性と無関係に明瞭な違いがある。ある語が語末アクセントか無アクセントか訊かれた時、1、2 音節名詞では助詞なしの形を表象してもどちらの型か即答できるが、「男」「桜」のように 3 音節以上になると助詞なしの形を表象し発音したのではどちらの型か咄嗟に答えられない。助詞をつけて始めて答えられるのである。米語の rider と writer の区別もこれに似ており、「単独では(in isolation)どっち(の語)かわからないでしょうね」と友人の米国人が言っていた。

し(例えばKiparsky 1973)、また言語変化における音声表示レベルの重要性はつとに明らかにされているところである。

ここで音素論の立場からするアクセント記述の一例として上野善道(1975)の山形県鶴岡市の方言アクセントの解釈を見たいと思う。この方言の、単独時(助詞の付かない時)に語末音節が高になる名詞は2類に分かれ、一方の類の語では助詞が付いた時にその高が後に1音節移るが、他方の類の語ではその高は移らない。例えば、(5)のごとくである。

(5) 足 ア̅シ̅ アシ̅ト̅ アシ̅カラ
　　雨 ア̅メ̅ ア̅メ̅ト ア̅メ̅カラ
　　頭 アタ̅マ̅ アタ̅マ̅ト アタ̅マ̅カラ
　　心 ココ̅ロ̅ ココ̅ロ̅ト ココ̅ロ̅カラ

すなわち「足」「頭」は語末の高が後に移るが、「雨」「心」では高が動かない。上野は、「足」と「雨」、あるいは「頭」と「心」のアクセントには単独の発音で差が見られないことなどから、「足」と「雨」、「頭」と「心」は単独では同じアクセント型に属し、助詞が付けば別のアクセント型に属するとして、(6)のような音素表示レベルの解釈を示している。

(6)　　　　単独　　　ト　　　　カラ
　　足　　　○Ô　　　○○Ô　　　○○○Ô
　　雨　　　○Ô　　　○Ô○　　　○Ô○○
　　頭　　　○○Ô　　○○○Ô　　○○○○Ô
　　心　　　○○Ô　　○○Ô○　　○○Ô○○

このように [アシ̅] を /○Ô/ あるいは /○●/ と「解釈」し、[アシ̅ト̅] を /○○Ô/ あるいは /○○●/ と「解釈」することは容易である。しかし、われわれが問題にするのはこのような音声表示の省略表記法ではなく、この方言で /アシ̂/ は /アシト̂/ になるのに、/アメ̂/ は /アメト̂/ にならず /アメ̂ト/ のままであることの共時的な統一的体系的説明である。

「足」と「雨」のピッチ形が、主観的客観的に同じであっても、この方言の話し手は、助詞が付けば両語は別の形をとる——両語にはアクセント上の区別

がある——ということを知っているのである。話し手のこの体系的な言語知識をわれわれは記述しなければならない。東京方言の「男」と「桜」のアクセント型が、基底表示として /○○○'/ と /○○○/ のように区別され、「買った」と「刈った」も /kaw-ta/ と /kar-ta/ のように区別されるのと同じことである。

上の鶴岡方言の例は(7)のように解釈されよう。

(7)　　　　　基底表示　　　音声表示
　　足　　　アシ'　　　⟶　アシ̄
　　雨　　　ア'メ　　　⟶　ア̄メ
　　足と　　アシ'ト　　⟶　アシト̄
　　雨と　　ア'メト　　⟶　ア̄メト

この方言の基底表示と音声表示を結び付けるために「その文節内で、アクセントの直後の音節を(直後に音節がなければ直前の音節を)高にせよ」という規則が仮定される。「草刈る」「猫居る」のような自立語動詞が後続する場合、その動詞は別の文節に属する。

(c) アクセントと声調(トーン)

音素表示レベルの「アクセント核」の担い手は少なくとも分節音(母音や子音)でしかありえないが、弁別的要素のみを表示する基底表示レベルでは、位置が弁別的であれば、分節音でない音節境界という位置がアクセントの担い手になりうるのも当然である。

音節境界(あるいはモーラ境界)がアクセントを担えば、n 音節語(あるいは n モーラ語)は、語頭アクセント型と無アクセント型とを加えて最大 $n+2$ 通りのアクセント型を持ちうることになる。東京方言は $n+1$ 通りしかアクセント型がないが、現代朝鮮語慶尚道方言の数々や15世紀の中期朝鮮語は $n+2$ 通りのアクセント型を持つ体系である(Hayata 1974)。日本語の方言でも服部四郎(1973: 46-53)の分析による香川県佐柳島のアクセントは、音素論に基づく服部や上野(1975: 62)は反対のようであるが、基底表示レベルにおいては $n+2$ 通りのアクセント型を持つ体系と思われる。

日本語東京方言やロシヤ語はどの音節(あるいは、音節境界)にアクセントが

あるかが有意味な言語である。どのモーラにアクセントがあるかが有意味な言語としては古代ギリシャ語などがあげられる[2]。上野善道(1976: 5)によれば山梨県奈良田方言のアクセントが音節単位でなくモーラ単位のものであるという。

東京方言を始めとする上のような言語はすべて「どの x に」(x は音節、モーラ、その境界など)アクセントがあるか、ということが有意味な言語であるが、人間の言語にはアクセントの位置を問題にしないで「各 x はどの」アクセントを持っているか、ということが有意味な言語もある。前者と区別する意味で、後者のようなアクセントを「声調」(tone)と呼ぶことにする。ただし「アクセント体系」という場合は、普通、両者を含めていう。

中国語は「各音節はどの声調を持っているか」ということが有意味な言語としてよく知られている。服部(1973: 13)によれば、中国語はさらにどの音節にアクセントがあるかということも有意味であるという。タイ語バンコク方言は各音節に平仄(ひょうそく)が区別され、さらに仄調の各モーラは高低どちらの声調を持つかの区別があるようである[3]。日本語諸方言をこれらの音節単位あるいはモーラ単位の声調言語と同様に扱う分析がかなり行われているようである。そこでは2種(高・低)ないし4種(高・低・昇・降)の声調を仮定し「各モーラ(あるいは音節)はどの声調を持っているか」ということが有意味であるとする。しかし、そのような分析が不当であることについて服部(1973: 13)が詳しく論じている。

日本語にも「各語(文節)はどの声調を持っているか」ということが有意味な方言は多数ある。よく知られている例として鹿児島方言があげられよう。この

---

[2] 長音節(2モーラ音節)には降調($\acute{V}V$)と昇調($V\acute{V}$)の対立があるが、短音節(1モーラ音節)にはこのような対立がない。

[3] 綾部裕子の研究によると、タイ語バンコク方言の音節は短音節(1モーラ)と長音節(2モーラ)に分かれ、音節単位の声調は全部で8型ある。中調を「平」、それ以外の声調を「仄」と見ると、長短の平調は各1型ずつしかないが、長音節仄調に4型、短音節仄調に2型あるので、仄調音節の各モーラに高低の別があると考えられる。すなわち、この方言の声調は次のように、「仄」と「高」の二つの弁別素性(distinctive features)で記述できるであろう。

	長音節(2モーラ)				短音節(1モーラ)	
仄	−	+	+	+	−	+
高	− −	− +	+ −	+ +	−	+
音声形	⎯⎯	⎯⎯⎺	⎺⎺⎯	⎺⎺⎺	⎯	⎺

上に見られる通り「仄」は音節単位の素性で、「高」はモーラ単位の素性と言える。

8.1　アクセント理論と現代方言の分析——145

表1　五箇アクセントの音声形（上野による）

1a(歯・絵)	エ̄	エ̄ガ	エ̄デモ	(エ̄グレ̄)
1b(葉・柄)	エ̀	エガ̄	エデ̄モ	(エグ̄レ̄)
2a(雨・糸)	ア̄メ	ア̄メガ	ア̄メデモ	(ア̄メグレ̄)
2b(山・橋)	ヤマ̄	ヤマ̄ガ	ヤマ̄デモ	(ヤマ̄グレ̄)
2z(風・口)	カゼ̀	カ̄ゼガ	カ̄ゼデモ	(カ̄ゼグレ̄)
3a(兎・裸)	オ̄サギ	オ̄サギガ	(オ̄サギデモ)	オ̄サギグレ̄)
3b(心・涙)	コ̄コ̄ロ	コ̄コ̄ロガ	(コ̄コ̄ロデモ)	コ̄コ̄ログレ̄)
3z(魚・頭)	サカナ̀	サ̄カナ̄ガ	(サ̄カナ̄デモ)	サ̄カナ̄グレ̄)
4a(小刀・鶏)	ニワトリ̄	ニ̄ワトリ̄ガ	(ニ̄ワトリ̄デモ)	ニ̄ワトリ̄グレ̄)
4b(九つ・朝顔)	アサガオ	アサガオガ	(アサガオデモ)	アサガオグレ̄)
*4c(棒切れ)	*ボ̄ーギレ	*ボ̄ーギレガ	(?)	(?)
4z(腹綿・金持)	カ̄ネモチ	カ̄ネモチガ	(カ̄ネモチデモ)	カ̄ネモチグレ̄)
5a(渡し舟)	(ワ̄タシブネ)	(ワ̄タシブネガ)	(ワ̄タシブネデモ)	ワ̄タシブネグレ̄)
5b(利巧者)	(リ̄コ̄ーモノ)	(リ̄コ̄ーモノガ)	(リ̄コ̄ーモノデモ)	リ̄コ̄ーモノグレ̄)
5z(稲光・宝物)	タカラモ̄ノ	タ̄カラモ̄ノガ	(タ̄カラモ̄ノデモ)	タ̄カラモ̄ノグレ̄)

（上野1975: 76、付表12による）

方言では、名詞・形容詞・動詞のすべてがその音節数に関係なく文節単位の二つの声調（文節末が下降するものと高く終るもの）のどちらかをとり、「どこに」が問題になるアクセントはない。したがってこの方言の基底表示では、各文節に（より厳密には、各語彙的形態素に）「降」か「平」しかの指定があるだけである。

　このような声調言語も、音声実質に密着した音素表示のレベルではアクセント（核）の位置が有意味なアクセント言語として分析されている。島根県隠岐郡五箇村字久見のアクセントに対する服部原案(1973: 33-39)、同補註案(1973: 37)、上野案（以上三者とも上野1975: 39-41, 76-78の呼び方による）もその例である。服部補註案と上野案を比べると、アクセント核の位置は同じで、核の性質に関するアクセント素論内部での解釈に違いがあるだけのようでもあるが、服部原案・同補註案より上野案の方がより完全な調査資料に基づいたものと考えられるので、いま上野案のみを見ることにする。

　この方言アクセントの音声形を上野(1975: 76)により表1に示す（括弧内の表記は服部の資料にないもの）。この表の中、*のついている4cの（服部の調査による）[ボ̄ーギレガ]は、上野が服部のと同一のインフォーマントをも含めて行った追跡調査では[ボ̄ーギレガ]で、4zの型であったという。それゆえ上野

表2　五箇アクセントの音素論的解釈(上野による)

	単独	ガ	デモ	グレー
1a(絵)	/O/	/OO/	/OOO/	/OOOO/
1b(柄)	/Ô/	/ÔO/ ⟶	/OÔO/	/OÔOO/
2a(雨)	/OO/	/OOO/	/OOOO/	/OOOOO/
2b(山)	/ÔO/ ⟶	/OÔO/	/OÔOO/	/OÔOOO/
2z(風)	/OÔ/ ⟶	/OOÔ/	/OOÔO/ ⟶	/OOOÔO/
3a(兎)	/OOO/	/OOOO/	/OOOOO/	/OOOOOO/
3b(心)	/OÔO/	/OÔOO/	/OÔOOO/	/OÔOOOO/
3z(魚)	/OOÔ/	/OOÔO/ ⟶	/OOOÔO/	/OOOÔOO/
4a(鶏)	/OOOO/	/OOOOO/	/OOOOOO/	/OOOOOOO/
4b(朝顔)	/OÔOO/	/OÔOOO/	/OÔOOOO/	/OÔOOOOO/
4z(金持)	/OOOÔ/ ⟶	/OOOÔO/	/OOOÔOO/	/OOOÔOOO/
5a(渡し舟)	/OOOOO/	/OOOOOO/	/OOOOOOO/	/OOOOOOOO/
5b(利巧者)	/OÔOOO/	/OÔOOOO/	/OÔOOOOO/	/OÔOOOOOO/
5z(宝物)	/OOOÔO/	/OOOÔOO/	/OOOÔOOO/	/OOOÔOOOO/

(上野1975: 78、付表15による)

の解釈では、4cの型は「無いものと見」た、とある(1975: 78)。表2に見るように、上野案は、a系列を無アクセントとし、b系列はその「高」のモーラにアクセント核があるとし、z系列は語頭以外の「高」のモーラにアクセント核がある、としたものである。それゆえ必然的に助詞の付き方によって一見不規則にアクセント(核)の位置が替る。表2ではその交替する所に⟶をつけている。

　この方言アクセントは、表1の音声形を見ても明らかなように、abz3種の語声調が弁別されるにすぎない[4]。文節中のどのモーラが高くなるかは表面的な問題である。この方言の話し手の文法中の語彙目録には、したがって基底表示には、各自立語につきabzどの声調に属するかが指定されているだけで、各文節はもとより各単語のどこにアクセント(核)があるかの指定はないと考えられる。それゆえにこそ助詞が付けば「高」の位置が移ったりもするのである。服部の調査で［ボーギレガ］があったのに上野の調査で［ボーギレガ］になるのも、アクセントの位置が有意味な言語では大変な違いであるが、語(文節)声調言語であれば、「棒切れが」全体が［OOOOO〜OOOOO］と時に動揺して

[4)]　すでに、広戸惇・大原孝道(1952)が隠岐アクセントを3種の型に分けている。

8.1 アクセント理論と現代方言の分析——147

も第2モーラ以降の昇降調(z型)であるには違いないのであろう。

この方言アクセントの音声表示を基底表示から導くためには概略(8)のような規則がたてられるであろう。簡単のためにこの方言の1音節文節は2モーラからなるとする。

(8)　1　a声調文節の最終モーラを「昇」にせよ。
　　　2　b声調文節につき、第2モーラが文節末でなければ第2モーラを、文節末なら第1モーラを「高」にせよ。
　　　3　z声調文節につき、第4モーラが文節末でなければ第4モーラを、文節末なら第3モーラを、第4モーラがなければ最終モーラを、「高」にせよ。
　　　4　第2モーラが「高」でなければ、第1モーラを「高」にせよ。

隠岐の方言は、広戸惇・大原孝道(1952)や金田一春彦(1972)の調査資料から見ると、この五箇村に限らず全島どの方言も3種の(周辺では2種の)語声調しか弁別しない語声調言語のようである。この隠岐、長崎、佐賀・熊本の西部、鹿児島、奄美・沖縄に見られるような2種から3種の語(文節)声調のみを持つアクセント体系は、日本語以外でも朝鮮南部や東部海岸域の方言などに見られる(Hayata 1976)。

いま述べた「語声調」も持ち、その上に東京方言などにあるような「位置が有意味なアクセント」も持っているという両要素を備えた方言が日本の近畿・四国の大部分を覆っている。大阪方言の例を(9)にあげよう。

(9)　　　　　　音声表示　　　　　　　　基底表示
　　　カ̄ 蚊　クチ̄ 口　サカナ̄ 魚　　「カ　「クチ　「サカナ
　　　ナ̄ 名　イシ̱ 石　アワビ̱ 鮑　　「ナ'　「イ'シ　「ア'ワビ
　　　　　　　　　　　カガミ̱ 鏡　　　　　　　　　「カガ'ミ
　　　テ̌ 手　フ̱ネ 舟　ウサギ̱ 兎　　ˇテ　ˇフネ　ˇウサギ
　　　　　　　サル̱ 猿　カブ̱ト 兜　　　　　ˇサル'　ˇカブ'ト

この方言では高く始まる語声調(文節の前に記号「を付けて示す)と低く始まって上昇する語声調(同じくˇを付けて示す)とが弁別的であり、その他にピッチ

の下る位置——アクセント（'で示す）——が有意味である。この方言の語声調は、低い始まり（∨）の方が高い始まり（⌐）に比して有標的と考えられるので低起の記号のみを表記することもあるが、いま筆者は声調という解釈により両記号を付することにする。表示法を別にすればほぼ上のような解釈が一般的であるが、低い始まりの語声調（∨）を語頭アクセント（'）とする説がマコーレー（J. D. McCawley 1979: 42, 1970: 527）によって出されている。たしかに二、三の興味ある根拠もあるのであるが、/'カブ'ト/のように同一基底形態素中に二つもアクセントがあったりもし、全体的に見て、この語頭アクセントは他のアクセントとは違う例外的な行動をとることになるので、筆者は上のように解釈する。

世界の諸言語を、アクセントを持つ言語と声調（トーン）を持つ言語とに截然と二分することは単純な問題でないが（McCawley 1970, 1979: 41）、日本語の諸方言の基底にある特徴としては上のようにアクセントと声調が明瞭に区別されると考える。現代の日本における韻律的特徴の類型論的分布を粗描すれば次のようになろう。日本列島の東部——本州、四国、九州東北端——には「アクセント」要素が分布し、日本列島西部——奄美・沖縄、九州（東北端を除く）、南に廻って四国・近畿、北に廻って隠岐——に「語声調」要素が分布し、その両要素が四国・近畿で共存している。宮崎県の方言なども声調の対立はないが、1種類の語声調を持つ言語といえそうである。日本語の韻律的類型論としては、以上の他に（和語における）母音の長短の対立の有無の分布が加わる。今までに発表された諸家の資料を見ると、奄美・沖縄の諸方言にはアクセントを持つ方言がほとんどないようで、大部分の方言で語声調と母音の長短だけが弁別的要素になっているらしい[5]。

---

5) 奄美の例を一つだけあげよう。徳之島浅間の方言の名詞アクセントには、柴田武（1960: 14-27）によると、次のような音声形がある。（1、2音節名詞と3音節名詞の一部の型を筆者流に簡略表記する）

  k̄ī: 毛 mīzī: 水 ʔa:kʼi 秋 ūnāy 姉、妹 mīyā:ko 都 kwīɲ 瓶
  k̲i̲: 木 ku̲śa̲: 草 ɸu̲:ni̲ 舟 ʔu̲tt'u̲ 弟、妹 ku̲tu̲:ba̲ 言葉 kwi̲ɲka̲ra 瓶から

この方言には、高起（⌐）と低起（L）の二つの語声調の他にはアクセントはなく、上の例の基底形は下のようなものと考えられる（下の2行では、長母音は母音の上に「—」を付す）。

  ⌐ki ⌐mizi ⌐ʔakʼi ⌐unay ⌐miyako ⌐kwiɲ
  Lki Lkusʼa Lhuni Lʔuttʼu Lkutuba Lkwiɲ-kara

基底形と音声形とを結ぶためには、やや言葉足らずであるが「(0)高起語名詞は高、他は

かつて朝鮮語のアクセントにつき二十数方言を対象に簡単な考察を試みた時(Hayata 1976)、アクセント言語の他に、二つの語声調を有する方言、三つの語声調を有する方言などはあったが、近畿・四国の諸方言のような声調とアクセントの共存する方言は、少なくともその時は見出しえなかった。しかし筆者の調べた朝鮮語方言アクセントは地域的にも偏りがあるし、調査もごく予備的なものにすぎない。

アクセントを調査する場合には、できれば5音節語程度までは調べて報告したいものである。1、2モーラ名詞だけを調べたのではアクセント言語か語声調言語かさえもわからないのである。

8.2 平安末期京畿方言のアクセント体系

『類聚名義抄(るいじゅみょうぎしょう)』の「アクセント」に代表される平安末期の京都を中心にすると考えられる方言のアクセント体系は、資料が多いわりには諸家の努力にもかかわらず音韻論的に解明されていない。この方言を中国語のような音節単位の声調言語であるとする分析に基づくアクセント論を除けば、すでに発表された諸案はきわめて限られた範囲の資料からしかものを言っていないので、今回可能な限り音韻体系全般にわたる資料を基にして、従来問題になった点を含め筆者の考えていることを述べてみたいと思う。

(a) 声点資料

この時代のいわゆるアクセントは、一般に、漢字や仮名の四隅に差された星点・圏点等の声点によって示されている。声点はその位置により、通常最大6種まで弁別される、ほぼ音節単位のピッチ記号である。この6種の記号を便宜上『金光明最勝王経音義』(1079年)の図にならい、「平」「東」「上」「去」「徳」「入」と呼ぶ。各記号の音価はほぼ次のように考えられている。本稿では音声表示として下の括弧内のように表す。

低、(1)その名詞内に長(2モーラ)音節がなければ名詞・複合成分名詞の最終音節を長く、(2)高起語名詞末短音節は低に、(3)低起語名詞に続く助詞の第1モーラ(音節？)は高に、助詞がなければ名詞の最終モーラを高にする」という順序づけられた規則があると考えられる。

平	低く平らな調子	[○]
東	高から低への下降調	[Ò]
上	高く平らな調子	[Ō]
去	低から高への上昇調	[Ó]
徳	高く平らな調子で子音に終る	[○C]
入	低く平らな調子で子音に終る	[○C]

　上に見る通り日本語の高さを表す記号としては、せいぜい低・降・高・昇の4種の、しかも文字単位にしか付かない記号があるだけである。本来中国語の単音節単位の声調を区別するために用いられた「音韻記号」を、まったく音韻体系の違う多音節語である日本語の声の高さを表すために「音声記号」として流用したのである。音声記号の体系が六声であろうと四声であろうと、日本語がそのような音節単位の声調言語でない限り関係のないことである。問題は声点資料の背後にある音韻体系をどう捉えるかにある。

　資料としては以下のものを用いた。図書寮本『類聚名義抄』(略称、図、11世紀末か)を中心に、『金光明最勝王経音義』(略称、金、1079年)、若干古いものも含まれる『日本書紀』の古写本(岩崎本は平安中期、前田本は平安後期、図書寮本は最古のものの奥書が1142年。略称はそれぞれ、岩、前、図、の次に巻名を添える)の他、『名義抄』の諸本——観智院本(略称、観)、高山寺本(略称、高)、鎮国守国神社本(略称、鎮)——を用いた。以上すべて写真複製本(書誌は章末に掲げた)によったが、鎮国守国神社本のみ、朱点の判読のつかない複製なので、原本と照合したという望月郁子の『和訓集成』(1974)に依った。そのほか高山寺本『和名類聚抄』(略称、和高、平安末期写)を始め、書写年代は著しく下るが『和名類聚抄』の諸本——伊勢十巻本(略称、伊十)、京本(略称、京)、京一本(略称、京一)、前田本(略称、前)、伊勢二十巻本(略称、伊廿)——を馬淵和夫(1973)の影印と索引を対照して用いることがある。

　上に見られるように資料の年代幅がややあるが、内容から見て充分同一のアクセント体系を反映していると考えられるので、個々の写本の信頼性は別にして、一応同列に扱った。

（b）形容詞

(10)に基本的なク活用形容詞の終止形と連用形をあげる。推定形に＊を付す。

(10) ┌ コシ 観
　　 └ コシ 鎮　　アツシ 図　　アヤフシ 図
　　　（濃）　　　（厚）　　　（危）
　　　＊コク　　　アツク 図　　＊アヤフク

　　　ヨシ 図　　タカシ 図　　アマネシ 図
　　　（善）　　　（高）　　　（普）
　　　ヨク 図　　タカク 図　　アマネク 図

一般に、出典の表示は最小限にし、語形と語義注は特別の必要のない限りそれぞれ現行の片仮名と漢字で表す。清濁の弁別のある万葉仮名や濁声点のある字には濁点を付するが、その他の場合は原則として濁点を付けない。

終止接辞を／シ'／、連用接辞を／'ク／と考えれば、(10)の例に対して(11)のような基底表示が仮定される。

(11)　┌ コ＝シ'　　┌ アツ＝シ'　　┌ アヤフ＝シ'
　　　┌ コ・'ク　　┌ アツ・'ク　　┌ アヤフ・'ク
　　　└ ヨ＝シ'　　└ タカ＝シ'　　└ アマネ＝シ'
　　　└ ヨ・'ク　　└ タカ・'ク　　└ アマネ・'ク

ここに見る通り形容詞には現代京阪方言と同様にすくなくとも二つの語声調——高起式（┌）と低起式（アクセントがない限り一般に最後まで低なので└で表す）——が認められ、ピッチの下り目——アクセント（'）——が有意味と考えられる。周知の通りこの時代の形容詞終止語尾（や連体語尾）は独立性が強かった。このような独立性の強い付属形態素（音韻面から言えばむしろ独立性の弱い単語）の境界を以後「＝」で示し、独立性の弱い形態素の境界は「・」（ローマ字の場合はハイフン）で示す。自立語も付属語も独立の単語の境界はスペースにしておく。

シク活用形容詞は例が少なく充分にはわからないが、「空し」ムナシ 図、ムナシク 高、「甚し」ハナハダシ 図、「正し」タダシ、タダシク 図などの例から、それぞれ(12)のような重音脱落（haplology）による共時過程が考えられる。

(12) 「ムナ・シ゠シ' ⟶ 「ムナ゠シ'
「ムナ・シ・'ク
「ハナハダ・シ゠シ' ⟶ 「ハナハダ゠シ'
⌊タダ・シ゠シ' ⟶ ⌊タダ゠シ'
⌊タダ・シ・'ク

他に、「如し」 ‾ゴ'トシ‾高、‾ゴトク‾高は、「ゴ゠シ'、「ゴ'ト・ク ⟶ 「ゴ'ト・クと考えられる。(同一語中に二つ以上アクセントがあれば、後のものが弱まりやすく、特に連続した場合は後のアクセントが消える。) したがって、「少し」 ‾スコ‾シ‾高、‾スコシキ‾?図も、⌊スコ'・シ゠シ' ⟶ ⌊スコ'゠シ' ⟶ ⌊スコ'゠シおよび、⌊スコ'・シ゠キ'であろう。

この方言は隠岐の五箇方言や朝鮮南部の諸方言のように三つの語声調を持っていたと考えられる。形容詞では例を多くとり出せないが、‾イヤシ‾図、‾イヤシクモ‾高 が第3の声調の例と考えられる。(ピッチ記号のないものは原資料に声点の付されていないものや虫喰い等により判読不能のものである。) この第3の語声調は、低く始まってアクセントがなくてもすぐ高くなるので「ˇ」で表すと、この例は、ˇイヤ・シ゠シ' ⟶ ˇイヤ゠シ'、ˇイヤ・シ・'ク・モ'[*‾イヤシクモ‾]になる。

(c) 動 詞

活用によるアクセント交替の多くの例は後に廻すとして、終止形と連用形の若干の例を(13)にあげる。

(13)
ˋス (為) 図	‾ヨル‾ (寄) 図	‾アガル‾ (上) 図	‾シタガフ‾ (従) 図	‾オビヤカス‾ (脅) 図
⌈‾シテ‾ 高・鎮				
⟨ シテ 観	‾ヨリテ‾ 図	‾アガリ‾ 図	‾シタガヒテ‾ 図	
⌊シテケリ 観				
⌈‾シヌ‾ 高・観	‾キル‾ 観	‾アグ‾ 図	‾カサヌ‾ 図	‾コシラフ‾ 金・図
(死)	(着)	(上)	(重)	(拵)
⌊シヌ 観	キテ 図	‾アゲテ‾ 図	‾カサネテ‾ 図	

8.2 平安末期京畿方言のアクセント体系——153

タ̄ツ 図　　イタ̄ム̄ 図　　アヤ̄マ̄ツ 図　　ウズク̄マ̄ル 図
　（立）　　　（傷）　　　　（誤）　　　　　（蹲）
タ̄チ 前仁徳　イタ̄ミ̄ 図　　アヤ̄マ̄チテ 図

╱ク 図顕宗　╱ラ 観　　　ハヅ̄ 金　　ヲサ̄ム̄ 図　　アラ̄ハ̄ル 図
（来）　　　（経）　　　（恥）　　　（納）　　　　（表）
╱キ 前仁徳　╱ヘテ 観　　ハヂ̄ 図　　ヲサ̄メ̄ 図

　　　　　　　　　　　　カ̄クス 金・図　（サ̄シ̄オク）観
　　　　　　　　　　　　　（隠）　　　　　（差置）
　　　　　　　　　　　　カ̄クシテ 図

　　　　　　　　　　　　ツ̄カル 金・図　（モチヰル）図
　　　　　　　　　　　　　（疲）　　　　　（用）
　　　　　　　　　　　　ツ̄カレタリ 観

「サシオク」「モチヰル」は一語になっていなかったかもしれない（金田一春彦 1964）。

　(13)の例の語幹は(14)のように仮定される。子音と母音を分ける必要が生ずるので適宜ローマ字を用いる [6]。

(14)　「sy-　　「yor-　「agar-　「sitagap-　「obiyakas-
　　　「si「ni̯-　「ki-　「age-　　「kasane-　　「kosirape-

――――――

[6]　この方言の音声の詳述は略すが、本稿にも関係してくる2,3の注意すべき点を述べる。まず、「あの『源氏物語』の」時代の「ハ行子音」は、初頭では[p]で、母音間では弱まり、とくに語中のものは[ɸ]に弱まっていた」という服部四郎(1973: 56)の見解に賛成であるが、私は語中の清子音は、ハ行子音に限らず一般に有声音的であったと考えている。したがって、非鳴音の清濁の対立は無声／有声ではなく、非鼻音／鼻音と考える。例えば、ハ行子音は語頭で[p]、語中で[β]（[ɸ]の有声音）であるに対して、バ行子音は[ᵐb]であったと考える。（「オモホス」＞「オボス」/omop-as-u/[omoβosu]＞[ombosu]の例参照。）母音間でハ行子音が[β]であってこそ、わずかに摩擦がゆるむだけで[w]に転呼しえたのである。またカ行清子音も語中で摩擦的有声音であったればこそ、「白き」＞「白い」、「白く」＞「白う」のような音便現象も無理なく説明できる。すなわち、/siro-ki/[sirogi〜siroɣi]＞[siroji]，/siro-ku/[sirogu〜siroɣu]＞[sirowu]。[ɣ]は[g]の摩擦音であり、後続する[i]や[u]の調音位置に引かれかつ摩擦が弱まったと考えられる。いまアクセントを問題にしている時代では、ハ行子音は母音間ですでに[w]になっていた。本稿の基底表示では一般に、清音はｐｔｋｓで表し、濁音はｂｄｇｚで表す。

		˩tat-	˩itam-	˩ayamat-	˩uzukumar-
˩kw-	˩pe-	˩padi-	˩wosame-	˩arapare-

		ˇkakus-	˩sas-i˥ok- ～ˇsasiok-
		ˇtukare-	˩mot-i˥wi- ～ˇmotiwi-

カ変、サ変、ナ変の語幹として示した形は便宜上のものであり、この時代の共時的基底形というわけではない。ナ変の「ni̯は付属語(の語幹)と考える。

終止接辞は /u˥/、連用接辞は /i˥/ と考えられる。ここで(15)の規則を仮定する。スペースと＝を語の境界とし、1-2-3 の順序に適用される。

(15) 1 (a) 語幹母音などの交替（詳細は省略）
　　　 (b) 母音連続・子音連続の第2音消去
　　 2 4モーラ以上の動詞の語末アクセントを1音節前にずらす
　　 3 非低起式（「やˇ）多音節語の語末アクセントを1音節前にずらす

終止形・連用形の基底形に(15)の規則を適用して音声形を導く若干の例を(16)にあげる。適用した規則の番号を左端に記す。

(16)		従ふ	重ね	恥づ	表はれ	傷む	隠す
		˥sitagap-u˥	˥kasane-i˥	˩padi-u˥	˩arapare-i˥	˩itam-u˥	ˇkakus-u˥
1		〃	˥kasane˥	˩padu˥	˩arapare˥	〃	〃
2		˥sitaga˥pu	〃	〃	˩arapa˥re		
3		〃	˥kasa˥ne				ˇkaku˥su

		為(す)	為(し)	死ぬ	来(く)	来(き)	経(ふ)
		˥sy-u˥	˥sy-i˥	˥si˥ni̯-u˥	˩kw-u˥	˩kw-i˥	˩pe-u˥
1		˥su˥	˥si˥	˥si˥nu˥	˩ku˥	˩ki˥	˩pu˥
2		〃	〃	〃	〃	〃	〃
3		〃	〃	〃	〃	〃	〃

8.2 平安末期京畿方言のアクセント体系──155

資料が不充分でよくわからないのであるが、(15)-2の規則に関して次のような、語末にアクセントのある4モーラ以上の動詞の例がある。「縛らる」シバラル図、「憎まる」ニクマル図、「被らしむ」カウブラシム図。金田一春彦(1964: 399)はこの現象を助動詞のせいにするが、助動詞が付いていても、「誘はる」イザナフの下右にハル観、イザナフ イサナハル高、「害はる」ソコナハル観・鎮の例がある。(15)-2の規則に「ただし、使役・受身等の接辞による延長語幹の場合は、アクセントをずらさない、あるいは、ずらさなくともよい」と加えるべきか。

他の活用形の問題は、本節(f)で扱う。

(d) 名　詞

名詞アクセントの基底形を考える場合、助詞の付いた時の形を見る必要があるが、この方言の特殊でない助詞「を」「に」「は」などは、信頼性のある資料による限り(17)のようにすべて高く付く。

(17)　水　　ミヅニ　図
　　　人　　ヒトヲ　前雄略傍訓
　　　山　　ヤマハ　前雄略
　　　天　　アメニ　前仁徳
　　　遂　　ツヒニ　図
　　　盛　　サカリニ　図
　　　末　　スヱヘハ　前仁徳
　　　春日　カスガヲ　図顕宗
　　　袴　　ハカマヲ　図雄略
　　　古　　フルキヲ　図
　　　大　　オホキニ　図
　　　心　　ココロハ　図
　　　豊　　ユタカニ　図

図書寮本『名義抄』に限れば、これらの助詞33例中、助詞の低い例は次の副詞的な2例のみである。オホキニ(ただし、オホキニス)、タチマチニ。他の

31 例はすべて高く付いている。

　上のような助詞が現代語のそれと違って独立性が強いとすれば、先行名詞に密着してその基底形を顕現する助詞が他にないだろうか。それが「の」であると考えられる。多くの現代方言で助詞「の」は通常の助詞以上に先行名詞に密着してアクセント上例外になっており、それゆえ一般に平安時代でも「の」は例外だったと考えられている。しかし他の助詞が独立的だった体系の中では「の」が現代語の一般助詞程度の密着性を持って先行名詞の基底形(の一部)を顕現していても何ら不思議はない。

　現代近畿方言で語末にアクセントのないいわゆる2音節四類名詞にも、平安時代では「衣」キヌノ 図、「粟」アハノ 観、「瓜」ウリノ 観・鎮、「肩」カタノ 観等々のように「の」が低く付いており、これらの名詞の語末にはアクセントがあったと考えられる。筆者は、この方言の2音節名詞の基底形に現代の四類と五類の別に当る区別はなく、「鍋」ナベ 図も「船」フネ 図・金も基底表示としては同じ型／L○○'／――Lナベ'、Lフネ'――だったと見るのである。すなわち音声形(18)は(19)のような基底形を持っていたと考えられる。

(18)　檜　　　船　　　一重　　　熨斗形　　　漉油
　　　――　　蛇　　　兎　　　　指貫　　　　打乱
　　　ヒノ　　フネノ　ヒトヘノ　ノシガタノ　コシアブラノ
　　　○ヘ　　ヘミノ　ウサギノ　サシヌキノ　ウチミダリノ

(19)　L○'・ノ　L○○'・ノ　L○○○'・ノ　L○○○○'・ノ　L○○○○○'・ノ
　　　ˇ○・ノ　ˇ○○・ノ　ˇ○○○・ノ　ˇ○○○○・ノ　ˇ○○○○○・ノ

　もしこの時代に基底レベルで／ˇフネ／／Lナベ'／のように四・五類の区別があったとすれば、「の」が付く時、2音節名詞にのみアクセントが挿入され、さらに「蛇」「百合」などの［○○］の語がひどく特殊になる。例えば(20)の音声形に対する基底形は(21)のように解釈されることとなろう。

(20)　(○○ノ)　ヒトヘノ　ノシガタノ
　　　フネノ　　ウサギノ　サシヌキノ
　　　　　　　　ヘミノ

8.2 平安末期京畿方言のアクセント体系——157

(21) (L○○ʼ・ノ)　L○○○ʼ・ノ　L○○○○ʼ・ノ
　　　ˇ○○・ノ　　ˇ○○○・ノ　　ˇ○○○○・ノ
　　→ ˇ○○ʼ・ノ
　　　　ˇヘエミ・ノ

　それでは同じ基底の型がどのようにして後に二つの型に分裂したか。それは基底形が同じでも音声形の違いが次第に固定化し、ついに基底形が再組織化されたと考える。この時代の語末下降調はどのような条件で実現されたか。第一の必要条件はもちろん語末にアクセントのあることである。次は、当該音節が多少とも長めに発音されたものであること。単音節動詞「為(す)」「着(き)」や、「よ」「や」「も」「そ」のような句節の切れ目に来る独立した単音節助詞、独立性の強い形容詞語尾「し」「き」、複合語末の単音節要素——「青砥」アヲト図、「昆布」ヒロメ図など——がそれである。東点の圧倒的多数はこの範囲に見出される。そのほかに語末音節が濁音(ᵐb ⁿd ⁿg ⁱz)で始まるもの、ある種のニュアンスが加わると考えられる名詞や副詞にもその傾向があると言えるようである。

　東点について信頼性のある資料として図書寮本『類聚名義抄』と『金光明最勝王経音義』に限って2音節名詞四・五類に付された東点の分布を金田一春彦(1974: 64)の分類に照らして見ると、(22)のように四類語には「平上」、五類語には「平東」の点が差される傾向が見られる。複数例ある場合の度数を括弧の中に示す。

(22)

	四　類	五　類
	(現代近畿方言で /ˇ○○/)	(現代近畿方言で /ˇ○○ʼ/)
平上	跡(3)、市、糸、臼、海、滓、上、絹、管、今朝、汁、隅、空、粒、罪、舟(2)、他、罠、我	汗、蔭、琴(2)
平東	帯	虻、声、常7)(2)、鍋、蛭

---

7) 「上̅平東」一例、「上東」一例。

(22)の語の第2音節初頭音を、わずかな数で信頼性にとぼしいが、異なり数で数えて百分比を出せば(23)の通りになる[8]。括弧内は度数である。

(23)

	濁　音		鳴　音 (m n r y w)		清　音		計	
平上	14%	(3)	45%	(10)	41%	(9)	100%	(22)
平東	50	(3)	50	(3)	0	(0)	100	(6)

もちろん筆者の気付いていない多くの資料もあろう。また2音節名詞四・五類に関係ないのでここに入れなかったもの、例えば「濃水」コムヅ図、「作り水」ツクリミヅ図、「汗溝」アセミゾ図、「墨壺」スミツボ図、あるいは第2音節がsで始まる「幣」ヌサ図、成分は必ずしも明瞭でないが複合語と考えられる「水手」カコ図のごときものもあり、どう数えるべきか問題である。今(22)の資料に限れば、「平東」に実現するものの最終音節初頭音は濁音5割、清音0であるのに対して、「平上」に実現しているもののそれは濁音1割余り、清音4割以上である。資料数があまりにも少なすぎるがやむをえない。2音節名詞四・五類以外のものも含めて、下降調に実現するための前述の種々の要因すべてを考慮に入れなければいけない。

　これらの要因についてはなお研究を要するが、どのような要因によるにせよ、この /L○○′/ 型の名詞は上のような傾向をもって音声的に [○○~○○̀] に実現していたと考える。もしこの考えが正しいとすれば、次のように考えられよう。一般的な助詞も後には次第に独立性を失って先行名詞に密着するようになり、下降調で実現する名詞の直後で低く実現するようになった。(動詞連用形に続く「テ」も同じである。)定常的に語末下降調で実現した名詞は多くはなかったであろうが、そういう名詞に付いた助詞が必ず低く実現するようになると、音声的に語末の下降しない名詞はむしろ音声形の近い「兎」の類と合流して基底形を再組織化してしまったと考えられる。一旦そうなると個々の単語は音声条件によらずに型の間を出入りすることが可能になったはずである。「の」はその時点ではじめて例外になる。以上を図示すると(24)のようになる。

---

8) 清濁の発音については脚注6参照。

8.2 平安末期京畿方言のアクセント体系——159

(24) （兎）　　○‾○‾○‾　／ˇ○○○／
　　 四類(舟は)　○○‾○‾　／L○○ʼ○／　　＞　／ˇ○○・○／
　　 五類(鍋は)　○‾○̂○‾　／L○○ʼ○／　　＞　○‾○̂○‾

この四・五類の分裂した時にはすでに「去」は弁別されなくなっていたであろう。この分裂は近畿四国方言にしか見られないのである。

　後に(25)のように、南北朝時代のアクセントの大変動によって、ˇとLの対立はなくなり、近畿四国方言の語声調は二つだけになった。

(25) ○‾○‾○‾　／ˇ○○ ○／
　　 ○○‾○‾　／L○○ʼ○／　　　　　＞　　／ˇ○○ʼ○／
　　 ○○○　／L○○ ○／　＞　○‾○‾○‾　／⌈○○ʼ○／

　なお語末以外の下降調がわずかながら見出されている。「了んぬ」ヲハ︢ヌ図、「莫惜」サ︢マ︢ラ︢バ︢レ図のような数語の縮約形は問題ない。これは後に触れる。金の「虹」尓自の尓の点は明瞭に東点と読めよう。濁音には入りわたりの鼻音があったはずであるから9)、この発音を簡略に表せば [niⁱȝi] となり、東点は [niⁱ] のピッチを捉えているものと考えられる。普通なら、n͞iⁱȝi と切り、上平(観・前)の点を差す所である。結局「虹」の基底形は／⌈ニʼジ／で、「石」や「唱」と同じ第2類に属し現代諸方言とよく対応する。また岩崎本『推古紀』に「日向」ヒ︢ムカの例がある。岩崎本といえども当てにならない例が若干あるので問題かもしれないが、「東平平」と明瞭に読めるこの例を信ずるとすれば、この地名を／⌈ヒʼ　Lムカ／と2語のように言ったのか、あるいは1語としても第1要素がやや長めに発音されるようなゆるい複合の形式があったと見なければならない。語末以外の東点の確実な例が多数確認されれば「日向」が本当にゆるい複合なのかどうかもわかることであろう。

　以上のような考えに基づいて名詞の音声形(表3)と基底形(表4)を示す。括弧にくくったものは一語化していないであろう。もっと適切な例があるかもしれない。

---

9)　脚注6参照。

「歯」と「巣」の声点はともに「去」であるが、金田一春彦(1964: 331)の提言により「歯」は語末アクセントのある型 /└ハ˥/、「巣」はそれのない型 /┌ス/ と見た。同じ去声でも両者の発音は若干違っていたと考えられる。「巣」は低から高に上昇して行くピッチ形で発音され、「歯」は低から高に上昇し最後にちょっと下降するピッチ形で発音されたかもしれない。後者のような発音はアクセント言語においても実際に可能であり、現に朝鮮南部の諸方言ではよく聞かれるものである。

漢語は和語と同列に扱うわけにいかない。例えば漢語には「駱駝」ラク̄ダ̄ノ̄マ̄観・鎮のように「の」が高く付いている例があるが、これこそ漢語は和語と違って閉音節も発音されていた証拠である。これは /└ラクダ˥/ ではなく、/┌rakda/ のような2音節名詞と考えられる。和語には一般に「去上」の語はあっても「去上上……」と続く語はない。筆者の気付いた唯一の例外「蓍実」メ̄ド̄グ̄サ観も複合語である。「去上」で始まる3モーラ以上の語はまず漢語である。例えば、「陵苕」農セウ̄観、「紫菀」シ̄ヲ̄ニ観・鎮、「翡翠」ヒ̄ス̄イ観、「露盤」ル̄ハ̄ン観・鎮 等々。次のような表記も実際には同じことであろう。「金銭（花）」コ̄ン̄ゼ̄ン観、「櫻欄」シ̄ユ̄ウ̄ロ観、その他「桃花石」道耳尺図、タ̄ウ̄ク̄ェ̄シ̄ヤク観 等々漢語の例はきりがない。「去上上…」が和語にはないにもかかわらず漢語にこのように多いということを考えれば、種々の程度に日本語化して定着しているにせよ、やはりこれら漢語の音形を外来的だと見る意識は濃厚であったに違いない。和語の音韻体系の中にそのまま入れるべきではない。以上すべて /┌noŋsew/、/┌siwon/、/┌pisuy/…… のように考えられる。

「∨」の語声調の「巣」「百合」「兎」……の型においては、語頭の上昇調は1,2音節語にしか現れていない。「脛」/└ハギ˥/ などの /└○˥…/ の型はアクセントがあるゆえに上昇が必要だが、/┌○○…/ の型は音節数が増すほど1音節当たりの長さが短くなって初頭音節は低とせざるを得ない形だったのであろう。さきのメ̄ド(蓍)とクサ(草)の複合語メ̄ド̄グ̄サでは、前部要素が2音節単独語のように発音されたのであろう。「∨」の語声調に関して次のような例がある。「蛇」の語は観本・鎮本に片仮名書きの単独例があり、また鎮本にヘ̄ミ̄ノ̄モヌケがある。いずれも「へ」の声点がややおかしいが、「ノ」が上声で続いているし、去声と見、/┌ヘミ/ と考えなければなるまい。ところが、書写年代

8.2 平安末期京畿方言のアクセント体系

表3 名詞の音声形

カ̄ア(蚊)金	ト̄リ(鳥)観	コ̄ロモ(衣)図	オ̄リモノ(織物)図	サ̄ザラナミ(細波)図
ナ(名)図	イ̄シ(石)図	チ̄カラ(力)観	コ̄ジウト？(小姑)高	(カ̄ハノカミ)(河伯)前
		ム̄カデ(百足)図	ミ̄ヅカネ(水銀)図	(ト̄ビラノキ)(石楠草)京一
			ク̄チバ̄シ(嘴)金	マ̄ガリカ̄ネ(曲尺)観
				チ̄カラガ̄ハ(力皮)観
テ(手)図	ク̄サ(草)観	ヲ̄トコ(男)図	ス̄ナドリ(漁)図	ス̄マシモノ(褌)図
ハ(歯)観	ハ̄ギ(脛)図	メ̄ビル(小蒜)観	メ̄ガハラ(牝瓦)観	(メ̄タマシヒ)(魄)観
	{フ̄ネ(船)図 / ナ̄ベ(鍋)図}	カ̄ブト(兜)観	ヤ̄マスゲ(山菅)図	(キ̄ヌノシリ)(裾)図
		{コ̄コロ(心)図 / ア̄ヲト(青砥)図}	タ̄ノゴヒ(手巾)図	ユ̄カタビラ(湯帷子)図
			{ツ̄チハ̄シ(土橋)図 / ア̄セミ̄ゾ(汗溝)図}	カ̄ハゴ̄ロモ(皮衣)図
				{ヒ̄トヘギ̄ヌ(単衣)図 / ツ̄クリミ̄ヅ(作り水)図}
ス(巣)観	ユ̄リ(百合)観	ウ̄サギ(兎)高	ウ̄チカケ(襠)図	ウ̄チミダ̄リ(打乱)図
			ホ̄ホヅキ(酸漿)図	ア̄ヤメタ̄ム(地楡)図
				ツ̄ブネグ̄サ(馬蹄香)図

表4 名詞の基底形

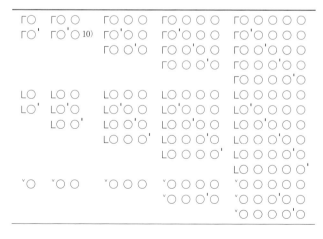

---

10) 後の複合語の所で見るように [◯̄◯] の多くの基底形は共時的に /⌈◯◯'/ かもしれない。

は下るが『和名抄』の伊勢十巻本と京一本、前田本(すべて去声を弁別する)とにヘミノモヌケがある。去声を平声に誤る可能性は点の誤写としては少ないのではないかと考えられるのに、ヘミノモヌケを、去声の弁別のある写本がどうしてヘミノモヌケにしたか。これこそ /ˊヘミ・ノ/ を2音節語と助詞のように発音した場合と、3音節語として発音した場合との音声的相違かとも見られるのである。

　さきの表3にあげた形の他に、金田一春彦(1964: 438)の言う通り「きらわれた」形であるにせよ、「平平上上」のような声点の付いた例が実際にはある。2語の連続も多いと思われるが、例えば、「土鍋」ツチナベ図、「銀」シロカネ観・鎮、「雨彦」アマビコ図、「朝潮」アサシホ図、「大君」オホキミ岩推古、「万代」ヨロヅヨ図、「中子勝」ナカゴガチ図、「弦袋」ユミヅルブクロ図等々種々見られる。上の例は「万代」を除いてすべて「平」から「上」に移る所に複合要素の境界がある。低い始まりで徐々に上昇して行くピッチは複合の境界で急に上昇してしまうことがあるのかもしれない11)。「大君」は古くは2語連続だった可能性がある。「万代」は岩崎本『推古紀』では、ヨロヅヨ三となっている。図書寮本『名義抄』のヨロヅヨは2語の連続か(ヨロツ高・観、ヨ観・高?)、さもなければともに /Lヨロヅヨˈ/ であろう。きわめて信頼性の高いと考えられている図書寮本『名義抄』でも「退く」の4例中3例はシリゾクだが1例はシリヅクである。○○○○の中には /L○○○ˈ○/ も /L○○○○ˈ/ も含まれているのであろう。筆者はこの方言のピッチの上り目が弁別的だとは思っていない。(26)のような例は枚挙にいとまがない。正しい一つ以外はすべてがすべて誤写なのであろうか。

(26)　稲負鳥
　　　イナオホセドリ　観・鎮
　　　イナオホセトリ　伊十
　　　イナオホセトリ　京一・前
　　　イナオホセトリ　伊廿

---

11)　朝鮮語の方言で、複合境界まで同じピッチが持続するという例はよくあった。また脚注5の浅間の方言では複合境界で高起語のピッチが急に落ちることがあるようにも見える。

(e) 複合名詞

一般に、複合名詞 X+Y において、語声調は X、アクセントは Y が優先する。Y の独立時の形にアクセントがない場合は、(27)の形が一般的と言える。

(27)　…+○○'○○

　　　…+○○'○

　　　…+○○'　($\xrightarrow{(15)-3}$…+○'○　非低起語で)

　　　…+○?

そこで(28)の規則が仮定される。

(28) 複合名詞 X+Y において、

　A　X の語声調が全体の語声調になる(Y の語声調が消える)

　B　Y のアクセントが全体のアクセントになる(X のアクセントが消える)

　C　Y にアクセントがない時は、Y の第 2 音節末にアクセントが挿入される

　D(=(15)-3)　低起式(L)でない多音節語の語末アクセントを 1 音節前にずらす

ただし「事(コト)」「物(モノ)」のような派生的接辞が Y の位置を占める時は一般に複合語規則は適用されず、アクセントなしにそのまま続くようである(桜井茂治 1975: 163)。

ごく一部であるが(29)に例をあげる。適用された規則を矢印の上に示す。

(29)「カハクマ+Lツヅラ' $\xrightarrow{ABD}$ 「カハクマ・ツヅ'ラ

　　　　　　　　　　　　　　　　　(カハクマツヅラ 観・京一・前　川隈葛)

　　　「サハ+ˇアララ'キ $\xrightarrow{AB}$ 「サハ・アララ'ギ

　　　　　　　　　　　　　　　　　(サハアララギ 観・京一・前　沢蘭)

　　　Lヤマ+Lヒヒラキ' $\xrightarrow{AB}$ Lヤマ・ヒヒラキ'

　　　　　　　　　　　　　　　　　(ヤマヒヒラキ 京一・前　山柊)

　　　Lシロ+Lナマ'リ $\xrightarrow{AB}$ Lシロ・ナマ'リ　(シロナマリ 観・前・伊廿　白鉛)

└ヒトヘ˺+└キヌ˺ $\xrightarrow{AB}$ └ヒトヘ・ギヌ˺　　（ヒトヘギヌ図　一重衣）
ˇウチカケ+└キヌ˺ $\xrightarrow{ABD}$ ˇウチカケギ˺ヌ
　　　　　　　　　　　　　　　（ウチカケギヌ図・観　打掛衣）
└オホ+⌈マツリ・コト $\xrightarrow{AC}$ └オホ・マ˺ツリ・ゴト
　　　　　　　　　　　　　　　（オホマツリゴト観　大祭事）
⌈ミ+└ツクロヒ $\xrightarrow{AC}$ ⌈ミ・ヅク˺ロヒ　　（ミヅクロヒ図・観　身繕）
└ユ+└カタビラ $\xrightarrow{AC}$ └ユ・カタ˺ビラ　　（ユカタビラ図　湯帷子）
⌈イ˺シ+⌈タタミ $\xrightarrow{ABC}$ ⌈イシ・ダタ˺ミ　　（イシダタミ観・鎮　石畳）
└モノ+⌈カタリ $\xrightarrow{AC}$ └モノ・ガタ˺リ　　（モノガタリ図・鎮　物語）
└ココロ˺+└マドヒ $\xrightarrow{ABC}$ └ココロ・マド˺ヒ
　　　　　　　　　　　　　　　（ココロマドヒ図・観・前　心惑）
└ハマ+ˇササゲ $\xrightarrow{AC}$ └ハマ・ササ˺ゲ
　　　　　　　　　　　　　　　（ハマササゲ図・京一・前　浜大角豆）
⌈チ˺カラ+└カハ $\xrightarrow{ABCD}$ ⌈チカラ・ガ˺ハ
　　　　　　　　　　　　　　　（チカラガハ観・京・前・伊十　力皮）
└オビ˺+└カハ $\xrightarrow{ABC}$ └オビ・カハ˺　　（オビカハ観・京・前　帯皮）
⌈キリ+⌈ツボ $\xrightarrow{ACD}$ ⌈キリ・ツ˺ボ　　（キリツホ和高　桐壺）
└スミ+⌈ツボ $\xrightarrow{AC}$ └スミ・ツボ˺　　（スミツボ図　墨壺）
└アセ˺+⌈ミゾ $\xrightarrow{ABC}$ └アセ・ミゾ˺　　（アセミゾ図　汗溝）
└ヒ+⌈ミヅ $\xrightarrow{AC}$ └ヒ・ミヅ˺　　（ヒミヅ図　氷水）
└ツクリ+⌈ミヅ $\xrightarrow{AC}$ └ツクリ・ミヅ˺　　（ツクリミヅ図　作り水）

　Yが2音節になると、語彙化の故であろう、規則Cの例外が多くなる。「…草（グサ）」「…鳥（ドリ）」「…虫（ムシ）」のように、Yは限られているがXの種類数の多い複合名詞では(30)のように規則Dが拡大されてD´「(低起式でも)語末アクセントを1音節前にずらす」となっているようである。しかし全体的には普通の規則Dの適用されている例の方が多いと言えよう。

(30)　⌈ヒツジ+└クサ $\xrightarrow{ACD'}$ ⌈ヒツジ・グ˺サ　　（ヒツジグサ観・鎮・京一・前　羊草）
　　　└イタチ+└クサ $\xrightarrow{ACD'}$ └イタチ・グ˺サ　　（イタチグサ観・京一・前　鼬草）
　　　ˇアヤメ?+└クサ $\xrightarrow{ACD'}$ ˇアヤメ・グ˺サ　（アヤメグサ観・京一・前　菖蒲草）

8.2 平安末期京畿方言のアクセント体系——165

また(31)のように「石」「橋」など○○ 'の類の基底形は、複合語から見ると、多くは/「○○'/としなければならないようである。独立の時は規則Dによって、「○○' ⟶ 「○'○になろう。

(31) ⌊ムマ+「セ'ミ $\xrightarrow{AB}$ ⌊ムマ・セ'ミ　　　（ムマセミ観・鎮・前　馬蟬）
　　　「イシ'+「ハシ' $\xrightarrow{ABD}$ 「イシ・バ'シ　　　（イシバシ図　石橋）
　　　⌊ツチ+「ハシ' $\xrightarrow{AB}$ ⌊ツチ・ハシ'　　　（ツチハシ図・和高・前　土橋）
　　　「カル+「イシ' $\xrightarrow{ABD}$ 「カル・イ'シ　　　（カルイシ図・観・前　軽石）
　　　⌊ツミ+「イシ' $\xrightarrow{AB}$ ⌊ツミ・イシ'　　　（ツミイシ図・観　積石）

　Yが1音節のものについては、信頼性のある資料に乏しく、充分にはわからない。

　議論のやかましい「汗溝」「作り水」「墨壺」などは、(29)のごときものと考える。「水」は、ミズノホトリ図(湾)のように「の」が高く付いているので、共時的には語末アクセントを持っていなかったと思う。通時的に、語末アクセントのある語のように考える見解(小松英雄1971: 630 以下)はあるが、いま何とも言えない。

　「溝」「壺」には「の」の続いた例を知らないが、図書寮本『名義抄』に声点の付いた「溝」の単独語4例があり、うち3例は「上上」で1例だけ「上東」(あるいは「上平」)の点が差されている。それゆえ共時的にもこの語は/「ミゾ'/(に当る型)であるとする見解があるが、これはなかなか問題である。規則D「非低起式(「やv)の多音節語では、語末アクセントを1音節前にずらす」は品詞の別なく広く適用される音声的な規則であり、古今を通じ近畿方言一般に見られるもので、定式化には問題があるにせよ、にわかに除き難い。「溝」のミとゾに何らかの独立性がない限り、/「ミゾ'/であれば「石」のように高−低で実現することになる。現代近畿方言で「溝」が高−低になっている例はないようであるし、また「汗溝」の「溝」のような複合語後部要素(Y)中のアクセントは、(29)の多くの例のように、共時的には複合過程で与えられうるものである以上、「上東」の点の差された「ミゾ」は何かの間違いか、臨時の音声的なものではないかと考えたい。なお「上東」の語としては図書寮本の「常」の2例、ツネ、ツネ三が問題になる。第1例の「ツ」には「上」と「平」が付

いている。朝鮮語を調査していた時、副詞にイントネーション様のものがかぶさって韻律形（音の高さ・強さ・長さ）が変ることがあった。副詞のそのような現象は現代日本語方言でも見られる。「常」の例も何かニュアンスが加わって語頭が高まったものではなかろうか。

図書寮本『類聚名義抄』は信頼性が高いとは言え、アクセントに関する限り――筆者の誤解があるかもしれないが――次のような異常な形が見られる。「言」イフココロハ 70-2（イフであるべき所）、「阡」タチシノミチ 206-6（「ノ」の付き方が普通でない。観のタチシノミチ法中 24 オ 5 の方が「ノ」に関する限りもっともらしい）、「蹇」アシナヘ 104-1（他にアシナヘもあり、金もアシナエ 5 オ）、「詐」イツハリ 78-5,7　94-4　96-5（4 例もあるが何か音声的なものか、○○○○型の動詞の名詞化形は普通○○○○である。連用形○○○○か）、「泥」ヌル 39-4（ヌルであるべき所、第 1 音節が長めに発音されたのを音声的に捉えたのか）、「踆」シリゾク 113-4（1 例のみで他の 3 例はシリゾク、臨時の音声的変異か）、「繕」ヨクス 313-3（他にヨク、ヨウスがあるのにこれ一つだけおかしい）、「浪」オモハズニ 18-5（「思はずに」ならオモハズニとあるべき所）、数例ある「マコト」に 2 種の点のあるのは出典から見ると点を写したような感じもする。まだいろいろ問題の箇所もあるようである。筆者としては、文選師説という「ミゾ」23-6 の声点「上東」をそのまま素直には受けいれ難いのである。

(f) 動詞の活用形

活用形のごく一部だけをとりあげ、詳細は略す。参照の便のために (32) に (15) の規則を繰返す。

(32)　1　(a) 語幹母音などの交替
　　　　　(b) 母音連続・子音連続の第 2 音消去
　　　2　4 モーラ以上の動詞の語末アクセントを 1 音節前にずらす
　　　3　非低起式多音節語の語末アクセントを 1 音節前にずらす ((28)D)

この規則でいう「語」の境界は、本稿ではスペースと ＝ で表したものである。すでに終止接辞 /u'/、連用接辞 /i'/ を仮定したが、連体接辞はアクセントの

8.2 平安末期京畿方言のアクセント体系——167

ない /ru/ と考える。高起式の動詞の連体形は語末まで高である。例、「言ふ」「ip-ru」$\xrightarrow{1b}$「ipu」イフ観・鎮、「聞こゆる」「kikoye-ru」$\xrightarrow{1a}$「kikoyuru」キコユル岩皇極。低起式の語は最終音節の直前まで平声になっていて最終音節だけ上声になっている。これは「訴ふ」のように語幹が4モーラ(以上)で終止形が uCta-pu 図のように後から2音節目が高い形でも連体形は uCtapuru 図のようになっている。このピッチ形は次に来る語の高さにも関係ない。例えば「独り在る寡」(ヒトリ アル(ヤモメ)観、「訴ふる事」ウＣタフル(コト)図、また助詞の前や文末のように次に名詞の来ない時でも同様である。例えば「想ふに」オモフニ三図、「我は寝しかど人そ響もす」(ワレハ　ネシカド　ヒト　ソ)トヨモス岩皇極。これは、低起式の動詞句においてピッチが普通の高さにまで徐々に上昇して行くイントネーションのようなものではなかろうか。高起式動詞の連体形と、高起式動詞から派生した名詞化形とが共に無アクセントであるように、低起式動詞の連体形も、名詞化形と同じく無アクセントであると考える。連体形のアクセントはク語法などとも関連してなお考えるべきである。以下若干の活用形の例をあげる。

已然接辞は(33)のように /re'/ と考えられる。

(33) ⌊mi-re'-ba　　　　　　　　　　　　(ミレバ図　見れば)
　　「age-re'-ba $\xrightarrow{1a}$ 「agure'ba　　　(ミアグレバ高　見上れば)
　　⌊oros-re'-ba $\xrightarrow{1b}$ ⌊orose'ba　　(ミオロセバ観　見下せば)
　　「sy-re' $\xrightarrow{1a3}$ 「su're　　　　　　(ナズレソ観　何ずれそ)
　　⌊kw-re' $\xrightarrow{1a}$ ⌊kure'　　　　　　(マヰクレ前仁徳　参来れ)

仮定接辞は(34)のように /a'ba/ と考えられる。

(34) ⌊kw-a'ba $\xrightarrow{1ab}$ ⌊ko'ba　　　　　(コバ図武烈　来ば)
　　「kise-a'ba $\xrightarrow{1b}$ 「kise'ba　　　　(キセバ前雄略　着せば)
　　「nak-a'ba　　　　　　　　　　　　(ナカバ図允恭　泣かば)
　　⌊taye-a'ba $\xrightarrow{1b}$ ⌊taye'ba　　　(タエバ前仁徳　絶えば)

否定接辞「ず」は(35)のように /a'zu/ と考えられる。

(35) 「sy-a'zu $\xrightarrow{1ab}$ 「se'zu　　　　　　(セズ観　為ず)

└kw-a˥zu $\xrightarrow{1ab}$ └ko˥zu　　　　　　　（コス前仁徳傍訓　来ず）

┌atap-a˥zu　　　　　　　　　　　　（アタハズ図　能はず）

┌kikoye-a˥zu $\xrightarrow{1b}$ ┌kikoye˥zu　（キコエズ前雄略　聞こえず）

└ar-a˥zu　　　　　　　　　　　　　（アラズ観・高　あらず）

└omop-a˥zu　　　（オモハズニ図　思はずに。図の声点は合わない）

└omopoye-a˥zu $\xrightarrow{1b}$ └omopoye˥zu　（オモホエス前雄略傍訓　思ほえず）

否定接辞「ぬ」は(36)のように /an/ と考えられる。

(36)　┌mitibik-an-ru $\xrightarrow{1b}$ ┌mitibikanu　（ミチビカヌカ図・観　導かぬか）

　　　└ar-an-ru $\xrightarrow{1b}$ └aranu　　　　　　（アラヌ観　あらぬ）

　　　ˇarik-an-ru $\xrightarrow{1b}$ ˇarikanu[アリカヌ]　（アリカヌ前雄略傍訓　歩かぬ）

命令接辞は(37)のように /˥yo/ と考えられる。

(37)　┌sy-˥yo $\xrightarrow{1abc}$ ┌se˥　　　　　　　　（セ観　セか？　為）

　　　┌sy-˥yo-˥yo $\xrightarrow{1abc}$ ┌se˥yo　　　　　（セヨ前雄略傍訓　為よ）

　　　└mawi-i˥ └kw-˥yo $\xrightarrow{1abc}$ └mawi˥ └ko˥ $\xrightarrow{?}$ └mau˥ko

　　　　　　　　　　　　　　　　　　　　　　　　（マウコ観　参来）

　　　┌i ┌ni̱-˥yo $\xrightarrow{1abc}$ ┌i ┌ne˥　　（イネ観・高　去ね。イネが期待される）

　　　└mi-˥yo　　　　　　　　　　　　　　　（ミヨ観・高　見よ）

　　　┌yame-˥yo　　　　　　　　　　　　　　（ヤメヨ観　止めよ）

　　　└na-˥kar-˥yo $\xrightarrow{1abc}$ └na˥kare˥

　　　　　　　　　　　.　（ナカレ観　勿れ。ナカレが期待される）

　　　└toras-˥yo $\xrightarrow{1abc}$ └torase˥　　　　　（トラセ前仁徳　取らせ）

　　　└sa mo˥ └ar-a˥ ba └ar-˥yo $\xrightarrow{1abc}$ ⋯└are˥ $\longrightarrow$ └sama˥ara˥baare˥

　　　　　　　　　　　　　　　　　　　　　　　　（サマラバレ図　莫惜）

「来」の命令形「コ」の声点の付いたよい例がないのは残念である。去声が期待される。ここでは(38)の1(c)の規則が(15)(32)の1(b)に続いて適用されるものとして仮定されている。

(38)　1　(c)　子音の直後のアクセントは後にずれる。(C˥V → CV˥)

8.2 平安末期京畿方言のアクセント体系──169

　完了の助動詞「ぬ」は(39)のように動詞の連用形に独立的な形態素 /⌈ni̲/ が付いたものと考えられる。

(39)　⌈kubire-i' ⌈ni̲-u' $\xrightarrow{1ab3}$ ⌈kubi're⌈nu'　　　　　（クビ<u>レヌ</u>図　縊れぬ）
　　　⌈wopar-i' ⌈ni̲-u' $\xrightarrow{1ab3}$ ⌈wopa'ri⌈nu' ⟶ ⌈wopa'n⌈nu'
　　　　　　　　　　　　　　　　　　　　　　　（ヲ<u>ハヌ</u>図　了んぬ）
　　　⌊yam-i' ⌈ni̲-u' $\xrightarrow{1ab}$ ⌊yami'⌈nu'　　　　　（ヤ<u>ミヌ</u>観　病みぬ）
　　　⌊taye-i' ⌈ni̲-u' $\xrightarrow{1ab}$ ⌊taye'⌈nu'　　　　　（タ<u>エヌ</u>観・鎮　絶えぬ）

この「ぬ」は直前にアクセントがあっても低くならない。すなわち次項の完了の「り」より独立的な助動詞であった。

　完了の助動詞「り」は、動詞の連用形に「あり」の続いた形 i'⌊ar であることは確かであるが、この時代にはすでに、音形部門の入力形としては母音の同化が行われていたであろう。すなわち共時的には融合(syncretism)変換形として、(40)のように e' に多少独立的な r が続いた /e'=r/ の形が考えられる[12]。

(40)　⌈watar-e'=r-i' $\xrightarrow{3}$ ⌈wata're=ri'　　　　（<u>ワタレリ</u>図　亘れり）
　　　⌊tat-e'=r-i' ⟶ ⌊tate'=ri　　　　　　　　　　（タ<u>テリ</u>図　立てり）
　　　⌊narap-e'=r-i' ⟶ ⌊narape'=ri　　　　　　　（ナラ<u>ヘリ</u>図　習へり）

　完了の助動詞「たり」は、共時的には(41)のように連用形に続く独立的な /⌊tar/ と考えられる。

(41)　⌊pe-i' ⌊tar-i' $\xrightarrow{1b}$ ⌊pe' ⌊tari'　　　　　（ヘ<u>タリ</u>観　経たり）
　　　⌊namamek-i' ⌊tar-i' $\xrightarrow{2}$ ⌊namame'ki ⌊tari' ⟶ ⌊namame'yitari'
　　　　　　　　　　　　　　　　　　　　　　　（ナマ<u>メイタリ</u>高　艶いたり）

---

12) 類似の形のものとして、繋辞の「なり」/na'=r/(< ni ⌊ar)、助詞の「より」/yo'=ri/ がある。（「+」は「=」と「-」の中間に位する境界）
　　⌈mare+na'=r-i' $\xrightarrow{3}$ ⌈mare'+na=r-i'　　（<u>マレナリ</u>観　稀なり）
　　⌊yuta-'ka+na'=r-i' ⟶ ⌊yuta-'ka+na=r-i　　（<u>ユタカナリ</u>観　豊かなり）
　　⌊opo=ki'+na'=r-i' ⟶ ⌊opo=ki'+na=r-i　　（オホ<u>キナリ</u>図　大きなり）
　　⌈kuti+yo'=ri $\xrightarrow{3}$ ⌈kuti+'yo=ri　　　　　（ク<u>チヨリ</u>観・鎮　口より）
　　⌊siri+yo'=ri　　　　　　　　　　　　　　　（<u>シリ</u>ヨリ観・鎮　尻より）

「sugure-i⌐ ⌐tar-ru →[1b3] 「sugu⌐re ⌐taru　　（スグレタル図　勝れたる）
「ni-i⌐ ⌐tar-i⌐ →[1b] 「ni⌐ ⌐tari　　　　　（ニタリ高・観　似たり）
⌐taye-i⌐ 「ni̠-i⌐ ⌐tar-ru →[1ab] ⌐taye⌐ 「ni⌐ ⌐taru → ⌐taye⌐ndaru
　　　　　　　　　　　　　　　　　　（タエンダル図　絶えんだる）

　通時的に te ⌐ar から来たとすれば、「た」の高く始まる形があってもよいようであるが、われわれの手にする資料の範囲では、上声点の差されている「た」の信頼性は薄いようである。

　その他、種々の興味ある助詞助動詞もあるが別の機会に譲ってひとまず筆をおく。

　この方言は、一言で要約すれば、自立語に3種の語声調を区別し、声の下り目の位置の弁別的な、いわば「語声調・ピッチアクセント言語」と考えられる。語声調が一つ多いという点を除けば、基本的には現代近畿方言と変らない。

使用した写真複製本
図書寮本『類聚名義抄』:『図書寮本類聚名義抄』勉誠社、1969年。
『金光明最勝王経音義』:『金光明最勝王経音義』便利堂、1959年。
『日本書紀』:『秘籍大観日本書紀』大阪毎日新聞社、1927年。
観智院本『名義抄』: 天理善本叢書『類聚名義抄観智院本』八木書店、1976年。
高山寺本『名義抄』: 天理善本叢書『和名類聚抄三宝類字集』八木書店、1971年。
鎮国守国神社本『名義抄』: 尾崎知光編『鎮国守国神社蔵本三宝類聚名義抄』未刊国文
　　資料刊行会、1965年。同じ編集者による立派な複製本（勉誠社、1986年）が出ている。
高山寺本『和名類聚抄』: 天理善本叢書『和名類聚抄三宝類字集』八木書店、1971年。

付　記
　1. 本稿の初出は「生成アクセント論」『岩波講座 日本語 5 音韻』岩波書店、1977年、323-360頁である。
　2. 8.1節(c)の香川県佐柳島のアクセントについては、その後の上野(1977: 306-308)は「4型アクセントの様相を呈しているように見える」とし、早田(1978)は4型の語声調方言と解釈している。

第9章　音節構造の変遷

要　旨

　上代日本語の音節構造は、短母音開音節のみで長母音や閉音節はなかった、というのが通説である。しかしそのような言語は存在そのものが疑わしい。ロロ語(彝語)は徹底した短母音開音節言語であるといわれるが、それには緊喉母音／非緊喉母音の対立があり往時の閉音節と開音節の対立を残している。上代日本語が短母音開音節言語であったという通説は疑うに値するものと筆者は信じている。万葉仮名で表記しえなかった母音の長短や、イ・エ列乙類音節さらにオ列甲類音節の二重母音の可能性等を完全に否定し去ることは出来ないと考える。

　地理的な分布や世代差、鹿児島市方言の一部のアクセント規則から見ても、日本語諸方言のアクセント(核)[1]の担い手は、歴史的に音節からモーラに移って来ているように思われる。なお筆者は、長い音節を2と数え、短い音節を1と数える音韻規則が有る時、その(必ずしも等時間でない)数える単位をモーラという。

---

[1]　服部四郎の術語「アクセント核」、特にその「核」、はその担い手が音節・モーラ・母音・共鳴音などのような実質的なものでなければならない。表面レベルの音素論を守る服部音素論では当然のことであろう。筆者が「アクセント」と呼んでいるものは一層抽象的で、最初朝鮮語アクセントの分析から必要とされたもので、上記の音以外にも音節と音節の境界(語頭音節の直前・語末音節の直後)のような「位置」に措定する音調特徴を言っている。服部音素論によれば、それは「核」ではない、とされた。従って筆者はそのようなものには「アクセント核」という言葉は使わず「アクセント」と言っている。決して「アクセント核」という言葉を嫌っているわけではない。早田(1999)等参照。

9.1 上代語の音節構造

「上代語には音節とモーラの区別が無かったばかりでなく、長音節(重音節)と短音節(軽音節)の区別も無かった、後者の区別は漢語の影響である」と現在一般に考えられているようである。「音節とモーラの区別がない(従って音節だけである)」ということと、「長音節(重音節)と短音節(軽音節)の区別がない」ということとは同じではない。英語にも漢語北京語にも音節とモーラの区別は無いが、ともにCVVやCVCのような「長音節(重音節)」とCVのような「短音節(軽音節)」の区別は有る(最近では、英語の重音節は2モーラ音節、軽音節は1モーラ音節というプラーグ学派的でない言い方もされている)。即ち、日本語の上代語にはCVVもCVCもなく、音節はすべてCV或いはVの形であったというのが通説である(勿論これは音韻論上の問題である。音声的にCVのVが長母音で発音されても、その長母音と短母音とが音韻的に区別されていなかった——弁別的でなかった——という意味である)。古代語資料を見ると、長母音や二重母音表記をしている仮名表記はすべて曲調(contour tone)語のようである。形態論的に——統辞論的にさえ——母音が続くと、先行母音あるいは後続母音が脱落したり両母音が融合したりしているのが、その証拠とされているようである。

しかし、音節構造が(C)Vという短母音開音節だけという言語は、日本周辺を見回しても極めて珍しい(実はそれに近い言語が一つは報告されているが)。それに琉球諸方言に見られる、文献上2音節に遡らない長母音、と短母音との対立も気になることである。一般に、歴史時代の2音節に遡らない長母音は、余程近代的な正書法でない限り、通常、文字には現れない。ラテン語のように母音を並べて長母音を書けばよさそうなものでも書かれていない。琉球諸方言のそういう長母音の発生についてはアクセントから説明できるという主張が有る一方で、周辺言語との比較から本来の長母音の存在を支持する論が最近も出されている。

上に述べた珍しいが少なくとも一つは報告されているという、音節構造が(C)Vだけ(に近い)という短母音開音節言語とは、チベット・ビルマ語派のロロ語(彝語)である(南島諸語にも徹底した開音節言語が有ると言われるが、大

抵は母音の長・短や二重母音・単純母音の区別は有るようである)。西田龍雄(1992)によれば、ロロ語を話す彝族は、中国の雲南省と四川省西南部に545万人以上いるという。ロロ語音節の基本形態はCVで、母音には緊喉母音と非緊喉母音との対立が有る。有声閉鎖音直前の鼻音の有無は弁別的である。鼻音にも非鼻音にも有声／無声の対立が有る。鼻母音／非鼻母音の対立の有る方言もある。声調は方言により3〜5種で語彙的に弁別的、ストレスアクセントは文法的に予測できるものらしい。緊喉母音の発生は「もともと末尾の閉鎖音が縮約し、先行の母音を変形したところにあると考えられる」(p.1102)という。すなわち閉音節韻母が緊喉母音になったものであるらしい。この言語は、母音の長短の対立のない(二重母音もない)開音節のみからなるものであるが、共鳴音子音(sonorant)に狭母音の続く音節は「母音は聞きとれず、子音が持続して音節の担い手になる」。こういうmやlだけからなる音節は、音韻論的解釈によっては、子音音節(子音だけからなる音節)と解釈できるかもしれないが、その持続時間からしても声調を担えるという点からしても、また緊喉性の有無を識別できるということからしても、充分「音節」といえるものであろう。CV音節といっても、母音で始る音節も有るのであるから、声調を別にすれば、音声的には、CV, V, C, C<u>V</u>, <u>V</u>, C(<u>V</u>)(下線は緊喉母音)の6種の音節が有ることになる。この言語の音節構造は、短母音開音節のみとはいうものの、実は緊喉母音の有無という往時の開音節と閉音節の区別を明瞭に有しているのである。その区別の片鱗すら無いとされる上代日本語とは、やはり、違う。

　上代日本語の音節構造を(C)Vただ一種と仮定するならば、ロロ語の現実もよく知るべきであろう。ロロ語の、閉音節に遡る開音節が、周囲の閉音節言語、特に中国の標準語である漢語北京語などの影響をどう受けるか、今後どう変容するか、日本語の歴史の観点からも興味あるところである。

　上代日本語は、スピーチ速度が現代のそれに比して余程緩慢であったであろう、とはよく言われることである。確かに、一語の音節数や弁別されるアクセント型の数から見ても、その通りであったと考えられる。しかし、スピーチ速度が遅いということで、音節構造が短母音開音節の一種類に徹していたということを正当化しうる訳ではない。スピーチ速度が遅くても、母音に関して長短の対立が無ければ、「短母音」である(ロシヤ語やイタリア語等の開音節の単純

母音——非二重母音——は、ストレスが有る時、十分長く発音されることが多いが、母音の長短の対立は無い、いわば短母音である——例、Lenin〈レーニン〉)。上代語短母音開音節を主張するためには、文献上の言語でなく、現実に観察できる生きた言語で、徹底した短母音開音節構造の言語を——できるなら幾つも——見せてくれることが必要であろう。その意味からも、上代語のイ・エ列乙類音節の——それだけではない(オ列甲類音節も疑わしい)が——二重母音の可能性を完全に否定し去ることはできない、と考える。

9.2 音節からモーラへ

通説のように、上代日本語には音節だけが存在しモーラは存在しなかった、そして漢語等外来語の影響でモーラが発生発達したとすれば、日本語は音節言語からモーラ言語に発展してきたことになる。確かに現在「アクセント(核)の担い手」は我々の目の当りで音節からモーラへ移って来ているのが見られる。筆者(一種の東京方言の話者)は、「天皇」「大王」という単語をそれぞれテンノ⌐ー、ダイオ⌐ーと発音し、複合語「神武天皇」「仁徳天皇」「聖武天皇」「閻魔大王」「金角大王」などはそれぞれ、ジ⌐ンムテンノ(⌐)ー、ニ⌐ントクテンノ(⌐)ー、ショ⌐ームテンノ(⌐)ー、エ⌐ンマダイオ(⌐)ー、キ⌐ンカクダイオ(⌐)ーのように発音する。ここで⌐はアクセント(ピッチの下がり目)、(⌐)は弱化したアクセント(時には聞えない程のピッチの下がり目)である。一般に少なくとも基底形(辞書形式)ではアクセント「⌐」は音節(境界)が担っており、モーラが担っているのではない、と筆者は考えている。即ち、テンノ⌐ー、ダイオ⌐ーのアクセント「⌐」は次語末のモーラ(語末モーラの前のモーラ)「ノ」や「オ」が担っているのではなく、語末音節「ノー」や「オー」が担っている。この方言では、複合語 X+Y において Y が(3モーラ以上で、或いは漢字語なら2字漢語以上で)語末音節アクセントまたは無アクセント(平板型)であるとき、複合語 X+Y のアクセントは Y の第1モーラに来る(カ⌐ントー+チホ⌐ー→カントーチホー、ア⌐ズマ+オトコ⌐→アズマオ⌐トコ、ハ⌐ト+クルマ→ハトグ⌐ルマ)、さもなければ上のように複合しない(ジ⌐ンム+テンノ⌐ー→ジ⌐ンムテンノ(⌐)ー)。Y が語中アクセントであれば、そのアクセントが複合

語全体のアクセントになる(イ⌉セ＋モノガ⌉タリ → イセモノガ⌉タリ)。とこ
ろが若い世代の間では上の語をジンムテンノ⌉ー、ニントクテンノ⌉ー、ショ
ームテンノ⌉ー、エンマダイオ⌉ー、キンカクダイオ⌉ーのように言うものが多
く、筆者でもエンマダイオ⌉ーは言う可能性があり、「明治天皇」は、タイシ
ョーテンノ⌉ー(これは複合していない形ととれる。タイショー＋テンノ⌉ー)
の類推からか、メ⌉ージテンノ(⌉)ーよりもメージテンノ⌉ーの方が普通である。
これらの形はXのアクセントが無くなりYのアクセントがそのまま複合語全
体のアクセントになっているのであるから、アクセント規則に変化がないとす
る限り、Yが語中アクセントになっているとしなければならない。即ちテン
ノ⌉ー、ダイオ⌉ーの「⌉」は語末音節「ノー」「オー」ではなく、次語末モ
ーラ「ノ」「オ」が担っていると解釈される。即ちアクセントの担い手が音節
からモーラに移っているのである。

　これを逆に辿れば、時代を遡るほど担い手は音節になる、ということも考え
られる。勿論アクセントの担い手が音節であっても、モーラと音節の区別は有
りえて、長音節と短音節の区別も有りうるし(東京方言のほかには古典ラテン
語等)、モーラと音節の区別が無くても重音節と軽音節の区別は有りうる。

　上代日本語が、通説にいう通りロロ語以上に徹底した(C)V音節言語であっ
たのか、一部の南島諸語のように(C)VC音節は無いが(C)V音節と(C)VV音
節の区別は有る開音節言語であったのか、はたまた現代語のような(C)V(V)
(C)というかなり自由な音節構造を有している言語だったのか、筆者の見る所
では未だに全く解明されていない。

9.3　分析の抽象性

　上に述べた、時代を遡れば遡るほど、モーラよりも音節がアクセントの担い
手になるかもしれない、ということは周圏論的見方には合致するようである。
現代諸方言におけるアクセントの担い手の分布は、列島中央部で次第に音節
からモーラへ移行しつつあるように見えるのに対し、東北や鹿児島のような列島
周辺部では担い手はいまだ顕著に音節であってモーラではないようである(モ
ーラが無いのであれば当然のことである)——ただし、琉球諸方言は問題であ

176——第9章　音節構造の変遷

る。しかし、その音節というのも余り単純ではなく相当に抽象的な扱いを要する場合もある。鹿児島市方言の例を挙げる。鹿児島市方言は周知のように句末下降型(A型)と句末上昇型——寧ろ多少抽象的に「平板型」と言いたいが——(B型)の2種の単語声調(上野善道の「式」)を有している。ピッチ形としては、句の長さが充分であるとき、A型は次句末音節が高くなりB型は句末音節がやや高くなる(ア̇カ̄ペン：A、アオ̄ペ̇ン：B)。

　ところが、歴史的には2音節であったが子音脱落により現在は1音節になっている長音節には次のようなピッチ形になるものがある(サマ＞サー〈様〉)(これ以下の例は上野善道(1992)による)、

　　　カワムラサ̄ー̄(川村様：A)　ナカムラサー̄(中村様：B) (p. 18)

この対立だけ見るとモーラ単位のように見えよう。さらに、次の歴史的に3音節だったものが1音節になっている超長音節(トオリ＞トーイ《通》)を見ると、

　　　ヒトド̄ー̄イ(人通り：A)　　ヒトドー̄イガ(人通りが)
　　　ホンドー̄イ(本通り：B)　　ホンドーイガ̄(本通りが)

「「ド」と「ー」の間に音節の切れめを示す分節音上の特徴がないにもかかわらず」(p. 109)、「「ーイ」…で…一音節を成していると見るべき形である」(p. 108)これは3音節［ト・ヲ・リ］が2音節［ト・ヲイ］になった時の形を残しているのであろう。

　本来的な長母音の、西洋語起源の外来語では次のとおり表面形の音節、即ち音声的な音節の意味で次句末音節が高くなっている、

　　　ト̄ロ̄ンボーン(楽器名：A)　　トロンボ̄ー̄ンガ
　　　グリーンティー(緑茶：A)　　グリーンティ̄ー̄ガ
　　　ワンパタ̄ー̄ン(B)　　　　　　ワンパターンガ̄　　(p. 109)

サマ＞サー(様)やト・ヲ・リ＞トーリ(通り)のような通時的に2音節であったものは、分節音上、共時的な表面形で音声学的に1音節で発音されても、韻律上は一時代前のものを残している。従って共時的にこれを記述する時は、「歴史的長音節」を例外扱いするか、その他の音節を例外扱いするかしない限り、

どのような形であれ抽象的な分析が要求されることになる。

付言：以上の例は上野(1992)の例であるが、鹿児島市方言を母語とする話者であっても窪薗晴夫は、例えば、トロンボーンで、「ボー」の所が短くなるとトロンボンになり、トロンボーンは許しがたい発音であるという。

定　義

1　音　節

　例えば東京方言において、「里親」と「砂糖屋」の発音を、意味に関係なく観察しても、その音の違いに気が付く。前者は、いわば［サトオヤ］と表せるのに対して後者は［サトーヤ］とでも表記したくなる。前者の［トオ］では、［ト］と［オ］の間に強さの弱まり——谷——が観察されるのに対し、後者の［トー］では［ト］の後に谷は聞えず次第に同じ音が弱まっていくことが観察されよう。両語を不自然でなく短く、部分に切って発音しようとすれば、前者は「サ・ト・オ・ヤ」となるであろうが、後者は「サ・トー・ヤ」としたくなる。そうでないと「谷」の有無を無視した発音になるからである。このような弱まりも無視せずに短く部分に切って発音することを、「どんぶり」について行ってみれば、［ドン・ブ・リ］になる。もし［ド・ン・ブ・リ］と切ると［ド］と［ン］の間に「どんぶり」には無い「谷」が生じ、［ン］が改めて強まり始めてしまう。「札幌」も同様に不自然にならない程度に切って発音すれば［サッ［sap］・ポ・ロ］になる。このような、不自然な「谷」を入れることなく最小に切って発音した切片を "syllable" といい、これを通常「音節」と訳している（「音節」を別の意味で用いる人もいるから「シラブル」の方が安全かもしれない）。「里親」は［サ］［ト］［オ］［ヤ］という四つの音節からなり、「砂糖屋」は［サ］［トー］［ヤ］という三つの音節からなっている。「どんぶり」は［ドン］［ブ］［リ］という三つの音節、「札幌」も［サッ］［ポ］［ロ］という三つの音節からなっている。

　以上は「音節」syllable を音声学的に定義したものである。東京方言の場合、これは、上の程度の明瞭な発音であれば、音韻論上の音節としてもそのまま当てはまる。特に「音韻論上の音節」の意味では、E. D. ポリワーノフ

(Polivanov)が遅くとも1920年代(おそらく1927年)に日本語および中国語について sillabema という術語を用いている(音韻論上の単音は fonema)(早田 1997: 6)。

2 モーラ

　音節［トー］は音節［ト］よりも長い、［ドン］は［ブ］や［リ］よりも長い、［サッ］は［ポ］や［ロ］よりも長い、しかも東京方言など多くの方言ではその長い音節は短い音節の倍の長さがあると感じられ、現代の定型詩で五・七・五なり七・七と数える時には、長い音節を2と数え、短い音節を1と数えている。そういう方言ではアクセントを指定する際に、この数え方で指定する規則になるのが普通である(例えば、外来語のアクセントの位置)。この単位、即ち［ドンブリ］を4の長さと数える単位、を mora といい通常「拍」と訳すが、「拍」を別の意味で使う人もいるので私は「モーラ」といっている(ラテン語らしく「モラ」とすべきだという意見もある)。「里親」は4音節で4モーラ、「砂糖屋」も「どんぶり」も「札幌」も3音節で4モーラである。

　東北地方の方言では、例えば山浦玄嗣(1986: 36)によると、「ケセン語」では長い音節と短い音節の区別はあるが、その長さの比が東京方言等のように2対1ではなく1.5対1ぐらいである、という。即ち「長音節(重音節)」と「短音節(軽音節)」の対立は有る——これは重要なことである——しかし、長音節を2と数え、短音節を1と数える音韻事象——したがって、そういう音韻規則——は、この方言には無いようであるから、長さの単位「モーラ」は存在しないのであろう。長さの単位としては音節の数を数えるのかもしれない。同じく「重音節」と「軽音節」(或いは2モーラ音節と1モーラ音節)の区別が有りながらその長さの比が2対1でない英語は、ストレスとストレスの間がほぼ等時間になると言われる(stress-timed language)。これに対してロマンス語などでは、音節の山と山との間がほぼ等時間に発音される syllable-timed language である。東京方言は mora-timed language になる。

　「重音節」と「軽音節」の持続時間の比が2対1でない英語についてもモーラというのは、「後ろから3モーラ目にストレスを置く」の如きストレス付与規則が有る——長い音節を2と数え、短い音節を1と数える規則がある——か

らである。
　改めて言えば、一般に、長ꞌいꞌ音ꞌ節ꞌを2と数え、短ꞌいꞌ音ꞌ節ꞌを1と数える音韻規則ꞌがꞌ有ꞌるꞌ時ꞌ(その2なり1なりは必ずしも等時間でなくてよい)その数える単位を「モーラ」という。

付　記
　1. 本稿の初出は、国語学会平成 5 年度秋季大会(北海道大学)のテーマ別研究発表会の一つ「音韻史の展開——音節構造の変遷——」の中の筆者の発表をまとめた「日本語の音節」『国語学』178: 1-6、1994 年。
　2. 各発表者に『発表要旨』と「音節」と「モーラ」の『定義』を求めたものである。本稿における「モーラ」の定義は、旧来一般的であったプラーグ学派的な「長さの単位」であり、R. ヤーコブソン(Jakobson)や J. M. マコーレー(McCawley)の使っていた定義で、現在ではやや違う意味でも使われる。
　3. 脚注 1 に「アクセント」と「アクセント核」について書き加えた。服部の定義する「(アクセント)核」では、筆者としてはアクセント現象を一般的に論ずるのに狭すぎるからである。

第10章　音声形として実現しない基底形
── 佐賀方言の動詞未完了連体接辞の例

佐賀方言の動詞の未完了連体接辞には、(1)に見られるように、rが現れない[1]。

(1)

	言切の形	禁止形	～時
見る	miʔ	minna	mittoki
起きる	okiʔ	okinna	okittoki
出る	dzuʔ	dzunna	dzuttoki
食べる	tabuʔ	tabunna	tabuttoki
取る	toʔ	tonna	tottoki
為る	suʔ	sunna	suttoki
来る	kuʔ	kunna	kuttoki
言う	yuu	yuuna	yuutoki
買う	kau	kauna	kautoki
持つ	motsu	motsuna	motsutoki
書く	kaku	kakuna	kakutoki
飛ぶ	tobu	tobuna	tobutoki
漕ぐ	kogu	koguna	kogutoki
刺す	sasu	sasuna	sasutoki
読む	yomu	yomuna	yomutoki
死ぬ	sinu	sinuna	sinutoki

---

1) 資料は佐賀県武雄市生れの母方言語者である陣内正敬関西学院大学総合政策学部教授(初出当時)による。また久保智之福岡教育大学助教授(初出当時、現九州大学文学部教授)の調査資料も参考にさせて貰った。u消去規則の最終的な環境指定の発案は、久保によるものである。両氏に感謝申上げる。

現象的には、東京方言の動詞末の [ru] が、この方言では、言切りの時と母音が後続する時には声門閉鎖音、他の音が後続する時にはその後続音に同化した形になっている。したがって、この形態素は、動詞のr以外の子音語幹に続く時には常に [u] であるが、r子音語幹と母音語幹に続く時には、後続の音が母音の時は [ʔ]、半母音・子音の時は逆行同化して重子音になる。後続子音が流音の時にも重子音になる。例えば、taburroo [tabulloː]《食べるだろう》(語幹は /tabe/)。

それでは、この方言の動詞未完了連体接辞の基底形は何であろうか。/ʔ/ を基底形とし、後続音への逆行同化が考えられるが、その場合、子音語幹に続く時に、(2)のような規則が必要になる。

(2) ʔ → u （例：kak + ʔ → kaku《書く》

これは音韻規則とは言い難い。この方言で、声門閉鎖音が母音で現れる傾向は見られないようである。形の上では補充法(suppletion)ということになろう。しかし、連体接辞がどの子音語幹動詞に続く時にも、すべて補充形が出るというのも不自然であろう。

それでは、東京方言と同じく /ru/ を基底形として、母音語幹に続く時に、そのuが消去され、残ったrが後続子音に同化するが、同化する環境にない時には、そのrが [ʔ] になる、とすればよいか。確かに、それで実際の表面形が出てくるのであるが、出てくる、そして歴史的にもそのような道程を辿ったのであろう、というだけで何か根拠に欠ける、としか言いようがない。他の基底形からでも表面形は出るのだから。

ちなみに本方言の母音語幹動詞は、東京方言と同様にi-語幹とe-語幹からなるが、e-語幹動詞のみ語幹末母音がuと交替する二段活用である。子音語幹動詞の語幹末子音目録も東京方言と同じw, t, k, b, g, s, m, n, rである。「為る」「来る」は強変化動詞である。

上の(2)のような補充法的解決法を避けるとすれば、その逆の形(3)も同じく補充法になるから駄目ということになる。

(3) /u/ → ʔ （例：oki + u → okiʔ《起きる》

子音［ʔ］（及び逆行同化による他の子音）と母音［u］の間を交替するのであるから、この接辞の基底形としてはCV形の/xu/を仮定し（暫く子音はdummyのxにしておく）、子音語幹に続く時には、この接辞の子音が消去され（例えば、《飛ぶ》tob+xu → tobu）、母音語幹に続く時には接辞の母音uが消える（例えば、《起きる》oki+xu → okix）と仮定されるように思われる。すなわち、子音語幹動詞でも母音語幹動詞でも、語幹モーラ数が動詞の音節数になる、という力が働いているかの如くである。

　子音語幹に続く時には接辞の子音が消え、母音語幹に続く時には接辞の母音が消える、という上の言い方は実は正確でない。さきにも触れたように、r-子音語幹動詞に続く時は、他の子音語幹動詞の時と違い、(4)のようにuが消えるのである。

(4)　《飛ぶ》　　tob+xu → tobu → [tobu]
　　《取る》　　tor+xu → toru → tor → [toʔ]　等

r-子音語幹動詞は寧ろ、(5)に見るような母音語幹動詞に近い現象を呈している。

(5)　《起きる》　oki+ru → (okixu) → okix → [okiʔ]　等

結局、接辞のuが消えるのは、母音語幹に続く時に接辞の子音xの後のuが消える訳ではなく、子音語幹末の子音((4)のtor-uのr)であれ、母音語幹に続く接辞初頭の子音((5)のoki-xuのx)であれ、動詞末の或る種の子音の後のuが消える、とすべきものである。その子音は、語幹末子音であるか接辞の初頭子音であるかを問わない。uの消去は、もちろん、子音語幹動詞に後続するxuのxの消去より後に行われる。そうでないとxuはすべてxになってしまい、uの現れる機会がなくなってしまうから。uの消去に形態素境界が関わらない以上、接辞xuのxは、r以外の語幹末子音であってはいけない。なぜならば、(4)のtob-uに見るように、r以外の語幹末子音にuの後続した連体形では、uは保たれているからである。xになりうる子音、すなわち、本方言の子音音素目録に有りながら動詞の語幹末に立たない子音は、東京方言と同じく、y, d, zの三つである。xになりうる子音はy, d, z, rのうちのいずれでもよい、という

ことになる。

　r-語幹動詞を処理するために((4)参照)、(6)のu消去規則が必要である。

　　(6)　u → ∅ / r ___]verb

母音語幹動詞のためのu消去規則は(7)の形になる。

　　(7)　u → ∅ / x ___]verb

u消去規則において、(7)のxとして、y, d, zのどの一つを特に選ぶべき特別の根拠もない。xとしてrを選べば、(6)と同じ規則になる。

　xとして特にy, d, zのいずれかを選んで(6)(7)二つの規則を設ける根拠もない以上、xにrを選びu消去規則は(6)一つとすべきであろう。すなわち、本方言の動詞未完連体接辞の基底形を/ru/とするのが妥当だと考えられる。

　基底形のrは表面に現れなくても、r-語幹動詞に本接辞が続いた時に、子音の落ちた接辞uの続いたruが、母音語幹に続いた時の接辞xuと行動をともにすることがxをrとする根拠である。

　「書く時」「起きる時」「分る時」、「読むな」「食べるな」「取るな」及び「読む」「食べる」「取る」(言切りの形、仮に「‖」で示す)の派生を(8)に挙げる。禁止の形態素naの処遇、逆行同化とr声門化の順序・処遇はまだ突詰めていない。

(8)　a.　　[kak+ru][toki]　[oki+ru][toki]　[wakar+ru][toki]

〃	〃	〃	〃	〃	〃	語幹末母音変音
kaku	〃	〃	〃	wakaru	〃	子音消去
〃	〃	okir	〃	wakar	〃	u消去
〃	〃	okit	〃	wakat	〃	逆行同化
〃	〃	〃	〃	〃	〃	r声門化
kakutoki		okittoki		wakattoki		

　　b.　　[yom+ru]na　　[tabe+ru]na　　[tor+ru]na

〃	taburu	〃	語幹末母音変音

第 10 章　音声形として実現しない基底形──185

	yomu	〃	toru	子音消去
	〃	tabur	tor	u 消去
	〃	tabun	ton	逆行同化
	〃	〃	〃	r 声門化

| | yomuna | tabunna | tonna | |

c.	[yom＋ru] ‖	[tabe＋ru] ‖	[tor＋ru] ‖	
	〃	taburu	〃	語幹末母音変音
	yomu	〃	toru	子音消去
	〃	tabur	tor	u 消去
	〃	〃	〃	逆行同化
	〃	tabuʔ	toʔ	r 声門化

| | yomu | tabuʔ | toʔ | |

付　記

1. 本稿の初出は、「佐賀方言の動詞未完了連体接辞の基底形」『九大言語学研究室報告』19: 1-4、1998 年。

2. 或る形態素の基底形として仮定した形が音声形として実現しないような音韻論は'抽象的'すぎる、として一時は排除されたものである。この抽象性の議論のお蔭で、基底形の仮定について一層厳密化が進んだ。本稿は、音声形として決して実現しない音形 ru を、動詞の未完了連体接辞の基底形として認める例として挙げた。この例では、未完了連体接辞 /ru/ は決して [ru] で実現しないが、動詞語幹末子音 r＋未完了連体接辞 ru(r＋ru) は接辞頭子音脱落で r＋u になり、その音連続(r＋u)は未完了連体接辞 /ru/ と同じ音声で実現している。それ故、未完了連体接辞の基底形を /ru/ と仮定するのが適当なのである。

第 11 章　音変化と元の体系の保持
　　　　——満洲語および日本語の音韻史から

はじめに

　ある言語の音韻史に注目していると、既に失われたかに見える現象が、実は体系の深い所には保持されている、あるいは、何らかの別の形で復活する、ということが見られるものである。復活ということでは、音変化の結果、ある音韻なり音韻結合が失われると、その体系の穴を埋めるように同じものが復活する、とよく言われている。例えば、日本語の音韻史で、/p/ が失われて /h/ になると、後から外来語、擬音擬態語等から [p] がまた生じた、あるいは、[ti] が [tʃi] になると後から外来語で [ti] がまた生じる、等。
　奈良時代中央語のチチ [titi]《父》が東国方言では、中央語のシシ /sisi/ に当る万葉仮名で書かれている。既に言われているように、中央語で [titi~tidi] であったこの単語が、東国方言では一歩早く [tʃitʃi~tʃidʒi] になっていたものと考えられる。即ち、中央語でシ /si/ の少なくとも異音の一つに [tʃi] が有ったであろうが、後世の中央語でシ /si/ とチ /ti/ の区別が失われていない以上、中央語では、/si/ の異音 [tʃi] が失われた後に /ti/ が [tʃi] になった、と考えなければならない。中央語の音韻史で、[tʃi] はシ /si/ の異音としては失われたが、チ /ti/ の異音として復活したのである。同様に音節 [ti] はチ /ti/ の異音としては失われたが、外来語音節ティの音声として復活したことになる。
　音韻体系の穴は結構埋められるものであるらしい。
　上代日本語には、母音の長短の音韻論的対立が無く、二重母音が無く、閉音節が無い、等と言われているが、現代の日本語にその全てが存在するし、またヒトの言語の一般的なあり方から見ても、その説はかなり問題を含んでいる。
　以下ここでは、日本語の唇音と、日本語とやや似た音韻史を展開している満洲語の唇音の音韻史に問題を限ることにする。

11.1 現代口語満洲語(錫伯語)

満洲ツングース語族の一つである満洲語は、1599年にモンゴル文字を用いて満洲語を表記するようになったと言われ、1632年にその文字に圏点を(圏と点を弁別的に[1])附して一層満洲語の音韻を表記しやすいものにした。1644年の入関(清軍が山海関を越え北京を占拠、明の滅亡)以後、満洲語は衰退に向っていったが、満洲語を表記する限りでは、この表記法を用いていた。乾隆年間に皇帝の命により満洲地区から新疆省に移された錫伯族は、唇音表記を僅かに改めた他は今なおこの文字を用いて表記している。その言語は、清朝時代の満洲語の直系としては大いに問題であるとしても、現代の満洲語と言って差支えないものである。その唇音は、音声として [b] [f] [v] [w] [m] を有し、(1) のような分布をしている。他に [p] が有るが、主として外来語と擬音擬態語に現れる特殊なもので、今扱わない。

(1) 現代満洲語(新疆省の錫伯語)の唇音の分布

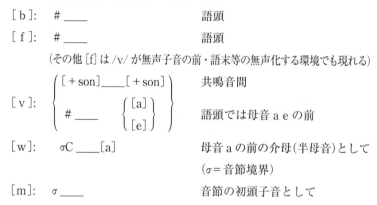

語頭の [v] は母音 a e の前に起る。語中(母音間)の [v] はあらゆる母音の前に起る。[ve] は [vi] のように弱い場合があり、それが語末や無声子音で始る音節の前で無声化して [fi̯]〜[f] で実現する。(例：[afi̯qɑ:]《天》、[fefi̯]〜

---

1) 例えば、文字素 k に圏も点も附さなければ /k/、圏(○)を附せば /x/、点(、)を附せば /g/ になる。

[fef]《女陰》。山本謙吾(1969)では /fefə/[fɜf]。この音素表記を見て司馬遼太郎は『韃靼疾風録』で「フェファ」としている。）(1)をやや別様に表せば(2)のようになる。[m]は、当面、問題ないゆえ略す。

(2)　　語頭　　　介母　　　語中　　　　出現環境
　　　［b］　　　　　　　　　　　　　　全ての母音の前
　　　　　　　　　　　　　　［v］　　　全ての有声音の前
　　　［f］　　　　　　　　（［f］）　　全ての母音の前、及び語中で後続音
　　　　　　　　　　　　　　　　　　　が無声の時
　　　［v］　　　　　　　　　　　　　　母音 a e の前
　　　　　　　　　［w］　　　　　　　　母音 a の前

　共時論を抜きにして通時論に走る向きもあるが、筆者としてはまず共時体系を考えてから通時論に行きたいと思っている。即ち、共時体系にどれだけ元の音韻体系が反映しているかも知りたい。また、そうでなければ歴史は明らかに出来ないと考えている。さて、これらの唇子音は、どういう音素分析がなされるであろうか。

　サピアは archisegment を認めない。biuniqueness の原理をとらない。音韻論の立場によって種々の解釈が可能であろう。語頭で少なくとも［a］の前では［b］［f］［v］の区別が有るのであるから、3種の音素 /b, f, v/ は認められるであろう。語中の［v］は語頭の［v］と同じ音声であるゆえ、語頭の［v］即ち /v/ と同じ /v/ でなければいけない、という音韻論もあることであろう。しかし、そのように解釈すると /v/ は語中では全ての母音の前に来るのに、語頭では母音 a e の前にしか来ない、という変った分布を示すことになる。分布を考慮して、母音間の同じ［v］でも、/a, e/ の前の［v］は /v/、その他の母音の前の［v］は /f/ とするのも根拠が無い、と思われる。

　実は、清朝時代の言語資料から、この語中の［v］は、語頭では今なお存続している［b］と［f］の区別が語中で失われて生じたものであることが分っている。しかし、そういう歴史資料が無くとも、分布の上から(3)のように解釈できると考えられる。

(3)　語頭　　　介母　　　母音間　　　出現環境
　　／b／[b]　　　　　　　　　　　　全ての母音の前
　　／f／[f]　　　　　　　／f／[v]　　全ての有声母音の前
　　　　　　　　　　　　（／f／[f]）　全ての無声化母音の前
　　／w／[v]　　　　　　　　　　　　母音 a e の前
　　　　　　　　／w／[w]　　　　　　母音 a の前

即ち、/f/ は語頭と無声化の環境で [f] で実現し、無声化しない全ての母音間で [v] で実現するのである。清朝時代の /b/ と /f/ は母音間で /f/ だけになった、ということになる。/w/ は語頭では /a, e/ の前、介母としては /a/ の前、にしか出現しないという制限の多い音素で、語頭では強く発せられて唇歯音で実現し、介母としては、即ち子音の直後では、弱められて両唇音で実現するのであろう。

そして現代の錫伯(シベ)語も、(3)の音素と全く同じ文字遣をしている。同じ文字でも sonorant 間の摩擦音は有声化されているが、清朝時代もそうだった(Adam 1873: 16)。

11.2　清朝時代の満洲語

清朝時代の満洲語は(4)のようなものであった(早田 1998c)。外来語・擬音擬態語を除く。[p] は、[m] の次、ある種の強変化動詞の語尾、外来語・擬音擬態語にしか出現しないゆえ略す。

(4)　清朝時代の満洲語
　　語頭　　　介母　　　母音間　　　出現環境
　　／b／[b]　　　　　　　／b／[β]　　全ての母音の前
　　／f／[f]　　　　　　　／f／[v]　　全ての母音の前
　　／m／[m]　　　　　　　　　　　　全ての母音と wa と p の前
　　／w／[v]　　／w／[w]　　　　　　母音 a e の前

清朝時代の [mwa] は錫伯語では [ma:] に変化している。但し [twa, dwa,

qwa, ɢwa, χwa] は変っていない。[Cwe] は錫伯語で [Cu:] か [Co:] かに変っている。

　子音の分布から見当がつくと思うが、この言語の /f/ は /p/ から来たものである。このような唇音退化は、満洲語ばかりでなくモンゴル語などにも見られるが、勿論日本語にあることは夙に知られている所である。

　さきに錫伯語の所で見たが、満洲語にあった母音間の /b/[β] と /f/[v] が、錫伯語では区別を失って /f/[v] になっている。満洲語・錫伯語の [v] は正確には [ʋ] で書くべき摩擦の弱い唇歯音であり子音直後の介母では両唇音 [w] で実現する /w/ である。即ち、満洲語の母音間の /b/[β] と /w/[ʋ] が錫伯語で区別を失って皆 [ʋ] になったということは、日本語の母音間のハ行子音 /p/[β] とワ行子音 /w/[w] が区別を失って皆 [w] になった「ハ行転呼」に極めて類似する変化である。両言語とも語頭では2音の別(錫伯語 [b] と [f]、平安末期日本語 [p] と [w])を保っているのである。

　上述の如き唇子音の体系を有する清朝時代の満洲語文字表記を、早田の方式によるローマ字転写で、(5)の4行目(〈清朝〉の行)に示す。アルタイ語学・満洲語学で行われている通常の満洲文字ローマ字転写は、清朝時代に Möllendorff(1892＝光緒18)の用いた方式に依っているが、それは第二次大戦後の錫伯文字表記((5)の5行目の〈錫伯〉の行)のとおりである。

(5)　満洲文字

	/fa/	/fe/	/fi/	/fo/	/fu/	/wa/	/we/	/mwa/
	[fa~va]	[fe~ve]	[fi~vi]	[fo~vo]	[fu~vu]	[va]	[ve]	[mwa]
清朝	fa	fe	wi	wo	wu	wa	we	muwa
錫伯	fa	fe	fi	fo	fu	wa	we	(tuwa)

(錫伯語では /mwa/ はなくなっているゆえ、/twa/ の表記を挙げた)

　清朝時代の f, w を表す満洲文字は、元は f と w の区別の無い w 字だったのであるが、母音 /a, e/ の前でのみ音素としては /f/ と /w/ の区別が有るゆえ、1632年(天聡6年)の文字改革の際に、/a, e/ の前の w 字に一画を加えた f 字を作ったのである。最小限の字素の区別としてはそれで良いのであるが、それでは音素の区別と一致しない。錫伯語では1947年頃(李・仲・王1984: 3)、ようや

く(5)のように、/i, o, u/ の前の w の字にも一画を加えて、/a, e/ の前の /f/ を表す文字と同じ f 字に改めた。これは音素表示に忠実な転写である。早田の転写は、史的研究のために敢えて満洲文字の字形に忠実にしたものである。

11.3 日本語

次に日本語の唇音について見てみよう。バ行子音 /b/(上代は [ᵐb])は関係ないゆえ略す。上代日本語の清濁の対立は、現代語のような [±有声性] の対立ではなく、[±鼻音性] の対立と考えられる。共鳴音間の単一の非共鳴音は、有声音で発せられたものと思われる。

(6) 上代日本語

	語頭	母音間	出現環境
ハ行子音	/p/[p]	/p/[β]	全ての母音の前
ワ行子音	/w/[w]	/w/[w]	u 以外の全ての母音の前
マ行子音	/m/[m]	/m/[m]	全ての母音の前

さきにも述べたように、日本語では上代に有った母音間のハ行子音 /p/[β] とワ行子音 /w/[w] との区別が、平安末期には失われて [w] になっている。上代語唇子音とオ列甲乙母音との関係については後に触れる。/w/ と後続母音との組合わせは、上代語の表記で既に wa we wi wo の4通りのみであった。/w/ は現代語では錫伯語のように a の前にしか来ない(7)。

(7) 現代日本語(東京方言など)

	語頭	母音間	出現環境
	/h/[h∼χ∼ç(∼ɸ 関西方言)]		全母音・半母音の前
	/w/[w]	/w/[w]	母音 a の前

上代語の語頭の /p/ は現代語の /h/ になったが、その間に外来語・擬音擬態語用に /p/ が新たに生れた。更に後に、外来語において母音の前にも [ɸ] が現れるようになった。これを音素 /f/ と見る立場と、/hw/ と見る立場との

両方がある。往事の /p/[p～ɸ～β] の復活とも言えよう(と言っても音声としては連続であるが)。音声として [β] はありながらも、/bwa/ と考えられる [βa] の如き音は安定して生れない。ヴァイオリンのような表記は、視覚上のヴァとバの区別は容易であるゆえ安定しても、音韻的に [ba] と [βa] が区別されない以上、外来語のファは /fa/ であって /hwa/ ではない、とすべきかも知れない。/hwa/ の組合わせが生れるのなら /bwa/ の組合わせが生れてもよさそうに思われる。しかし、/f/ が生れて更に /v/ が区別されて生れるのは困難であろう。これはやはり現代日本語(東京方言など)における、破裂音(破擦音を含む)と摩擦音の弁別は、無声子音では存在する(ka/χa, tsa/sa, tʃa/ʃa, tsu/su, tʃu/ʃu, pa/ɸa)が、有声子音では存在しない(ga/γa, dza/za, dʒa/ʒa, dzu/zu, dʒu/ʒu, ba/βa)ということから説明されるものと思われる。両唇音 [β] と唇歯音 [v] との区別の問題ではない。

上代日本語においては、イ列・エ列・オ列の万葉仮名に2通りの別が書分けられており、それを便宜上甲類・乙類と呼んでいる。イ列・エ列の仮名は唇子音と軟口蓋子音の後にのみ2類の別が認められるゆえ、子音の違いと考えられ、オ列の仮名は唇子音の後にのみ区別が無いゆえ、母音の唇の調節に関係がありそうだと考えられている。ところが同じオ列の仮名が『古事記』と『日本書紀』『万葉集』等とで僅かに違いがある(8)。

(8) 『古事記』

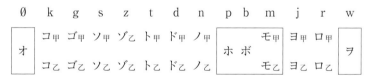

『万葉集』『日本書紀』など

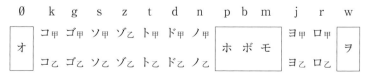

唇が関与しない子音の後ではオの甲乙は区別されているが、唇が関与してい

ると思われる時には甲乙の別が、『古事記』のモを除いては、無い。これはオ列甲乙母音の違いが唇の円さ或は w の存在の違いを思わせる。それが『古事記』の m だけに例外的に区別が有るのである。

ここで気になるのは清朝時代の満洲語である。そこでは、介母 /w/ は歯音・軟口蓋音の後では、/ta, twa/, /qa, qwa/ のように対立しているのに、唇音 /b, p, f/ の後では対立が無く /w/ は来ない。/ba, pa, fa/ は有るが /bwa, pwa, fwa/ は無い。ところが、同じ唇音でも /m/ に関しては、/ma/ と /mwa/ は対立して存在するのである。/ma/ と /mwa/ の対立は現代の錫伯語ではなくなって、/ma/ だけになってしまった。ちょうど上代日本語のモ甲とモ乙の区別がなくなったように。

おわりに

果してヒトの言語は、それぞれが固有の変化の方向付けを有する潜在的な或る種の力を持っていて、その言語が分裂した後もその力が発動されて子孫の各言語が同じ方向への変化を示しているのであろうか。筆者はそのような見解には大いに疑問を持っている。言語が分裂した後、表面的には隠れていても、深部にはなお元の構造を蔵している場合もあれば、ヒトの言語の普遍的な構造、一般的な変化の発現に過ぎない場合もある。親族関係のない、万一親族関係があるとしても悠久の昔の関係に過ぎない、そういう言語同士に幾多の並行した言語変化が見られるのである。満洲語と日本語はどういう関係にあるのか分らないのであるが。

付 記

1. 初出：本稿はもと、1998 年 10 月 3 日國學院大学で行われた日本エドワード・サピア協会の同名の講演に基づき、同協会『研究年報』13: 37-44、1999 年に「音変化と元の体系の保持——満洲語および日本語の音韻史から」として発表したものである。

第12章　生成音韻論による接近法
——母音縮約を例に

はじめに

　以下に日本語音韻史の観点から上代語母音縮約の問題を中心に取上げ、筆者なりの解説と考え方を述べる。

　日本語音韻史の論考には、通時過程と共時過程との区別が截然としていないものや共時過程の考察が欠如しているものを多々見かける。通時過程を明らかにするためには、共時過程を明らかにすることが先決である。母音体系にせよ、アクセント体系にせよ、祖語ではどういう体系をなしていたのか、変化の各段階でどういう体系をなしていたのか、どういう共時態からどういう共時態に変化したのかを厳密に説明すべきである。共時論に通時論を差し挟むことはむしろ問題であるが、通時的研究に共時態の考慮は必須である。

　音韻変化に関して言えば、一般に通時過程は音声的に自然な変化であるが、共時過程には不自然な過程(従って不自然な規則)も存在する。一群の自然な通時過程の結果である表面形を、後代の話者は、音声的に不自然な過程でも最適な(一層簡潔な)共時規則(群)を用いて産出する、と考えられるからである。共時過程は通時過程を反映している場合もあるが反映していない場合もある。

12.1　資　料——文字表記、韻文と散文

　同一祖語(祖方言)の子孫である同系諸言語(方言)は共通祖語の特徴をそれぞれ分け持っている。同系諸方言を比較することによって祖語を再構するのが正規の方法であるが、同系諸方言が一個の中央集権的国家の範囲内に入り、強大な勢力を持つ都の方言がほとんどすべての同系諸方言を侵食してしまった日本語諸方言では、琉球方言その他若干の離島の方言を除くと比較方法による成果

は部分的にしか期待できないようである。比較方法を考慮しながらも文献資料による日本語史の研究に主力が置かれているのも無理のない所である。

　文献資料は文字で記されている。上代日本語の場合は漢字ばかりが用いられている。漢字は音節文字であり、子音と母音の自由な組合わせを表記するのが難しい。閉音節も苦労してせいぜい p, t, k, m, n (ŋ) しか表せなかったし、音調も極く一部の資料に漢字の表す漢語の声調を利用して表記してあるものが見られる他には顕現していない。漢字表記では母音の長短の区別も一般に期待できない。文字表記が音韻を表している、と思いこまないことが重要である。

　世界の言語で、母音の長短（あるいはそれに類する音調）の音韻的区別もない開音節ばかりの言語、というものの確実な例は寡聞にして知らない。有ったとしても極めて珍しいものであろう。一般に、分節音は文字表記されるのであるが、超分節音（音調（prosody）——母音の長短、声の高低・強弱、その他の喉頭調節など）は、よほど近代に創成あるいは改革された文字表記法を除くと、表記されないのが普通である。漢字でモンゴル語を表記している『元朝秘史』（漢字音写は 14 世紀と言われている）は、モンゴル語の閉音節を、問題の子音で始る漢字を小字で書くことによって表している（(1) の「惕」参照）。当時の漢語（中原音韻）は音節末の -p, -t, -k の区別を失っていたからである。漢字にない音、例えば r 音は l 音の文字に小さく「舌」の字を添えて表記するなど、かなり神経質に音を表している。しかし (1) のように母音の長短は区別していない（服部 1983a: 5、音韻表記は服部）。

(1)　客捏徹 /känääčä/《誰から》【所在略】
　　　格捏惕 /gänät/《急に》【所在略】

即ち同じ漢字〈捏〉で長母音を含む /nää/ も、短母音を含む /nä/ も表している。

　上代日本語に閉音節がなかったとすれば、母音の長短の音韻的区別はあったと考えた方がよい。服部 (1979b: 98) は少なくとも奈良時代にはまだ母音の長短の区別があったとしている。文献時代の 2 音節に遡らない長母音音節は、今でも沖縄語には明瞭に存在している（例：首里方言 ʔi:tʃi《息》、ʔu:si《臼》、wu:ki《桶》等）。

以上のようなことから、上代日本語に長母音が音韻として存在していても上代語文献にそれが表記されていないのは極めて自然であると考えられる。それ ばかりではない。現実に母音の長短が音韻的に対立している言語でも、詩歌のジャンルでは長短が区別されないことがある。沖縄語では一般には母音の長短の音韻的区別があるが、琉歌では区別されない。なお、琉歌は「漢字と伝統的仮名遣の平仮名とで表記されている」(服部1968: 解説の3頁)が、今でも「三味線にのせて歌われる」(服部: 同2頁)。ポリワーノフ(1931年と思われる遺稿、アルパートフ1997より引用)はその注の8で:

(2) 琉球語の長音節は、詩の行において短音節と同じ単位に数えられ、また韻文の朗唱に際しては、実際に短縮される。言葉を換えて言えば、琉球語の詩的言語では、【音声としての】長母音も、長母音によって齎される長音節観念【音韻としての長音節】も存在しないのである。

と述べ、服部(1968: 解説の4頁)では:

(3) 日常語の長母音や長鼻母音は琉歌では短く発音されるのが普通だ。たとえば、【『標音評釈琉歌全集』の】第1番の歌の /ˀNdaN/、第3番の歌の /nigeja/, /tabori/ は、日常語では /ˀNNdaN/, /nigeeja/, /taboori/ と発音される。

と書かれている。また「琉球語(沖縄島方言)では、母音 a i u には長短の二種があるが、e と o は長母音があって短か母音がない。然るに琉歌では短い e や o が現れる」(服部1959: 138)という点でも日常語と違う。なお琉歌の典型的な形式は8・8・8・6で三十字詩と言われている。1例を挙げよう。『標音評釈琉歌全集』第341番、遊女よしや /jusija/ の歌(17世紀)の一つを『標音評釈琉歌全集』のままの音韻表記で示す。筆者による仮の直訳を添える:

(4) ˀújubaranu tumiba 　　及ばぬと思えば
　　 ˀumui másukagami 　　思い増す鏡
　　 kazija cóɴ ˀuçuci 　　影すらも写して
　　 ˀugami busjanu 　　 拝みほしやの

上の cón は日常語では coon であり、《影》は kazi の他に kaagi の形もある。

『万葉集』などの定型詩も、日常語の音形と違うことが十分にありうると考えるべきであろう。現代日本語では通常1長音節は2モーラであり、詩でも2拍に数えられる。関西方言などの基底で短い（音声的に長い）1音節自立語は、現在、定型詩では1拍にも2拍にもなると言う。散文の場合でも、基底で短い限り、助詞が付けば短く発することも可能である。

12.2　比較言語学

日本語音韻史の面でも、文献で不十分な所が比較言語学の方法によって分る場合がある。例えば、イクとユク《行く》はどちらが古いか？　(5)の資料は、国立国語研究所編(1963)、服部(1978: 115-116)によるが、簡略音声表記に改め、アクセントは略す。現代（共通）語、現代首里方言、上代語の形を示した。現代首里方言の動詞の語尾は現代（共通）語、上代語に対応していない形である。

(5)	現代	言う	石	何時	夢	指	蝦	色	稲	馬
	首里	ʔijuɴ	ʔiʃi	ʔitsi	ʔimi	ʔi:bi	ʔibi	ʔiru	ʔnni	ʔmma
	上代	いふ	いし	いつ	いめ乙	および	えび甲	いろ乙	いね	うま

	現代	湯	枝	結い	亥	藺	宵	好い	居る	酔う
	首里	ju:	juda (j)ida	(j)i:	(j)i:	(j)i:	jui	(j)i:-	(j)ijuɴ	wi:juɴ
	上代	ゆ	江だ	ゆひ甲	ゐ	ゐ	よ甲ひ甲	よ乙き甲	ゐる	ゑふ

これを見ると、上代語で母音で始る単語は現代首里方言で声門閉鎖音 [ʔ] で始り、上代語で子音（ヤ行・ワ行）で始る単語は現代首里方言で声門閉鎖音 [ʔ] で始っていないことが分る。「行く」は現代首里方言で [ʔitʃuɴ] であり、[ʔ] で始っているゆえ、これは「ゆく」でなく「いく」に対応している。

服部(1978)は首里だけでなく、祖納（与那国）、石垣（八重山）、大浜（八重山）、平良（宮古）、池間（宮古）、辺土名（沖縄）、志戸桶（喜界）、亀津（徳之島）、名瀬（奄美大島）の「行く」「石」「何時」「湯」「枝」「指」の例を挙げ、同様に

対応していることを示している。即ち、この対応により、沖縄諸方言と上代語が分裂する以前の日本語では、「行く」はjでなく母音で始まっていたことが分る。

12.3 連　濁

Kuroda(2001)は日本語の「連濁」は、むしろ「頭清」である、という新説を唱えている。単独時に語頭で清音で現れる音が語中で「連濁」するのでなく、語中で濁音で現れている音が単独時の語頭で「頭清」する、という説である。

(6)　　　単独のときの形　　　複合語のときの形
　　1　kasa 傘　　　　　　　ama-gasa 雨傘
　　2　geta 下駄　　　　　　 niwa-geta 庭下駄
　　3　kago かご　　　　　　yuri-kago 揺りかご
　　4　tuti 土　　　　　　　 aka-tuti 赤土
　　5　hasigo はしご　　　　 nawa-basigo 縄ばしご

紙幅の都合で詳説を避け、やや'俗な'表現で紹介するが、(6)のような清濁の交替を説明する従来の連濁説とKuroda(2001)の頭清説(に基づいたもの)とでは、以下のように規則と例外の指定が大きく違ってくる。

(7)　　基底形
　　　　　連濁説　　　　　　　頭清説
　　1　kasa　　　　　　　　　gasa
　　2　geta　　　　　　　　　geta［－頭清］
　　3　kago　　　　　　　　　kago
　　4　tuti［－連濁］　　　　 tuti
　　5　hasigo［－ライマン］　 basigo

200──第12章　生成音韻論による接近法

(8) 規則・例外

連濁説

　連濁規則
　（複合語連接で 清音 → 濁音）

　連濁規則の例外［－連濁］

　h-b 交替（連濁のとき h → b）

　ライマンの法則
　（語中に濁音があれば連濁しない）

　ライマンの法則の例外［－ライマン］

頭清説

　頭清規則
　（語頭で 濁音 → 清音）

　頭清規則の例外［－頭清］

　b-h 交替（頭清のとき b → h）

すなわち(7)(8)に見るように、連濁説では「ライマンの法則」と「ライマンの法則の例外」とが必要になるが、頭清説では「ライマンの法則」もなく、従って「ライマンの法則の例外」もない。「ライマンの法則」は基底形の音列に吸収されているのである。基底形の語中の濁音分布の傾向は、単に語頭と語中の両方に濁音の来ることは少ない、というだけでなく、もっと広範に考察すべき問題であると思われる。頭清説は現代語だけでなく、古代語に関して一層興味有る課題を提供してくれるものである。(6)(7)の5種の類のうち、通常の和語は1と3の類のものが多く、2の類に入るものは「下駄」「ゴム」のような漢語（的な文字遣いのもの）や外来語の他には「ばら（薔薇）」「ごみ（塵芥）」「ぶち（斑）」「ばける（化ける）」等和語ではあまり多くない。4の類に入る和語は「つち（土）」（「つち（鎚・槌）」は1の類）、「きた（北）」等かなり少ない。5の例は極めて少ない。この5種の類への分属とそれぞれの史的性質、語頭・語中の清濁音の分布・その例外の分布・外来語との関係・それらの史的変化などなど、精査考察する必要がある。

12.4　上代語母音縮約

(a) 上代の共時態

　従来、上代語では母音連続が忌避されていて、母音連続は可能な限り縮約（母音融合・母音脱落）を起す、などの音韻規則による現象のごとき記述が見られる。これについて改めて考えてみたい。上代語の音韻を論ずるためには上代

語の音韻体系に基づかなければならない。上代語の母音体系と五十音図をごく簡略な音声表記で(9)と(10)に表してみる。対立のない口蓋化は表記を省略した。口蓋化以外の子音の音価については今回詳述を略す。

(9) 母音体系

    i   u
        ə   ə = オ乙 [ə〜ɵ]
    e   o   o = オ甲 [o]

        a

(10) 五十音図

	甲	乙		甲	乙	甲	乙
a	i		u	e		o	～ ə
ka	kʲi	kᵊi	ku	kʲe	kᵊe	ko	kə
ga	gʲi	gᵊi	gu	gʲe	gᵊe	go	gə
sa	si		su	se		so	sə
za	zi		zu	ze		zo	zə
ta	ti		tu	te		to	tə
da	di		du	de		do	də
na	ni		nu	ne		no	nə
pa	pʲi	pᵊi	pu	pʲe	pᵊe	po	～ pə
ba	bʲi	bᵊi	bu	bʲe	bᵊe	bo	～ bə
ma	mʲi	mᵊi	mu	mʲe	mᵊe	mo	～ mə
ja	(ji)		ju	je		jo	jə
ra	ri		ru	re		ro	rə
wa	wi		(wu)	we		wo	～ wə

オ列乙類母音の音価は、平安時代にオ列甲類と合流し [o] になったと考えられることから、有坂秀世・服部四郎は上代末期には [ə] の円唇母音 [ɵ] になっていたという意見である。母音 i, e に先行する舌頂音(歯と歯茎音)子音の口蓋化 (C^j) は書分けられていなくて、弁別的ではなかった。上代の「シ」「チ」の音

は音声としては乙類音だったとする説がある(亀井1950)。しかし、その論文で亀井氏は、上代のイ列乙類音を単純母音 [ɨ] だったとの仮定に基づいて論を進めている。これは筆者としては受容れられない説である。例えばキ甲類音節 [kʲi] とキ乙類音節 [kɨ] のような大きく違う音が合流して、次代に [kʲi] になるとは考えられない。[kʲi] と [kï̯i～kᵊi] のような、同一母音に収斂するような二つの音であってこそ合流して、ともにiの直前子音が口蓋化した、と言えるのである。ア行のオの甲乙(oとə)は万葉仮名で区別されていないが、服部(1976b: 10)は、日本語で区別がありながら当時の漢字音では書分けられなかった、としている。ただoとəは同一形態素内に共存しないことから、ある程度は推測可能である(本章では推測可能な区別は書分けた)。唇子音で始まるホ・ボ・ヲの甲乙の別も書分けられていない。モの甲乙の別も書分けられていないが、『古事記』にのみ書分けが見られる。oとəの区別は唇音の次で失われやすかったかと思われるが、鼻音mの次でのみ区別がある程度保たれたのであろう。清朝時代の満洲語でも qwa、ɢwa、χwa、twa、dwa、tʃwa、dʒwa はあったが、唇音で始まる pwa、bwa、fwa はなかった。しかし唇音で始まっても mwa はあり、ma と対立していた。この mwa も現代の満洲語(錫伯語(シベ))ではなくなり、maになっている。上代語の ji と i、wu と u の音韻的対立も問題である。カイ《櫂》、クイ《悔い》、オイ《老い》も、ウウル《植うる》のウウも2音節だったと考えられるからである。

　上代語では母音調和はすでに失われていた。上代の甲乙の別は母音調和のあった時代の陰母音・陽母音の対に対応するものではない(早田2006)。

(b) 母音縮約とは

　母音縮約とは、ここでは2母音連続において母音が弱化して音声的に二重母音あるいは第3の母音になること(融合)と、前後いずれかの弱化した母音が完全に消失すること(脱落)とを言う。母音弱化の結果でも融合か脱落かによって大きく異なる結果を生じることがある(11)。以下Cは子音、Vは母音。

(11) 前母音弱化(イ列母音の場合)
　　　i　CVi → Cᵊi　　　　　母音融合　イ列乙類音節(Vはa以外)

12.4 上代語母音縮約

ii　CVi → Ci（→ Cʲi）　　母音脱落　イ列甲類音節

例（「-」は形態素境界、「#」は単語境界、「]」は動詞語幹末境界）：

kamu-i → kamᵊi　　　　　　　　《神》　　融合
tuku-i]azu → tukᵊi]azu（→ tukᵊizu）　《尽きず》　融合
tuku-s]azu → tukusazu　　　　　《尽さず》
wa#ga#imo → wagimo → wagʲimo　《我が妹》　脱落

(11)の例の中の《吾妹》の ga#imo のような単語+単語では脱落はあっても融合を起こして ˣ(wa)gᵊemo にはならないことに注意すべきである(「ˣ」は非文法的な形であることを示す)。naga#iki → nagᵊekʲi ナゲ乙キ甲《長・息 → 嘆き》も単語+単語で明らかに融合であるが、上代の共時過程とは言えない。これは通時的な変化である。共時的には、動詞 naga-ik- の名詞形 naga-ik-i → nagᵊekʲi が《嘆き》である。taka#iti → takᵊeti タケ乙チ《高市》の文字が正しい語源を表しているとしても共時過程とは言えない。共時的には既に固定している語彙形式とすべきである。共時的には a#i でなく a-i がエ乙類の基底形と考えられる。以後「-」と「#」は特に必要な場合以外はすべて「-」で示す。

kamᵊi《神》～kamu(-na-dukᵊi)《神な月》、tukᵊi《月》～tuku(-yo)《月夜》、tukᵊizu《尽きず》～tukusazu《尽さず》、kᵊi《木》～kə-nə-pa《木の葉》、kopᵊi《恋》～kopo-sʲi《恋ほし》(ホの甲乙の書分けはないが、甲類のコとの共存からこのホも甲類とする)、sakᵊe《酒》～saka-dukʲi《酒杯》などなど、イ列乙・エ列乙は共時的交替形が豊富である。その単独形で現れない方の異形態、有坂(1957: 50、初出は1931)の言う被覆形、を基底形とするのが適当である。単独で現れる方の異形態、有坂の露出形は、単独形の音形から見て、基底形に -i の付いた形と仮定される。すなわち(12)のように母音連続 a-i と、ə-i, o-i(甲乙不明の O-i も含む)、u-i とがそれぞれエ列乙類音節とイ列乙類音節として実現する、と考えられる。

(12)　Ca-i　　→ Căe～Cᵊe　　例：saka-i → sakᵊe　《酒》
　　　Cə-i ⎫
　　　Co-i ⎬ → Cᵊi　　　　　例：kə-i → kᵊi　《木》
　　　Cu-i ⎭　　　　　　　　　例：kopo-i → kopᵊi　《恋》
　　　　　　　　　　　　　　　　例：kamu-i → kamᵊi　《神》

動詞語幹の交替形の若干を(13)に示す。甲乙不明のオ列母音をOで表す。

(13)　　əkə-r　　*moja-r　　*tuku-r　　*pO-r　　uka-r　　wO-r
　　　　əkə-s　　moja-s　　tuku-s　　pO-s　　*uka-s　　?wO-s
　　　　əkə-i　　moja-i　　tuku-i　　pO-i　　uka-i　　wO-i
　　　　[əkᵊi]　　[mojᵊe]　　[tukᵊi]　　[pᵊi]　　[ukᵊe]　　[wᵊi]
　　　　《起こる》　——　　　——　　　——　　《受かる》《居る》
　　　　《起こす》《燃やす》《尽くす》《干す》　——　　《？食す》
　　　　《起き》　《燃え》　《尽き》　《干》　《受け》　《居》

《居》《干》を上二段活用動詞としたが、語幹母音が二重母音である間は二段活用を保っていても、唇音の後では単純母音になりやすく、まずwᵊiがwiになって上一段化し、ついで他の唇子音の後でも単純母音化してpᵊi>pi>pʲi《干》、mᵊi>mi>mʲi《廻》等の上一段化が進行していったかと思われる。kuwa-i → kuwᵊe《蹴》の一段化もこれに類する通時過程なのであろう。造語法の常として存在しない形((13)で*を付したもの)もある。《経》のような交替形のなさそうな動詞も、エ列乙類である限りは基底形としてpa-iを立てざるを得ない。

このようなイ列・エ列の乙類音節の基底形を ə-i, o-i, u-i や a-i と考えることに対して、それは共時論でなく通時論ではないか、とする意見があるかも知れない。しかしこの -i は共時的に仮定された規則的な形である。過去に実際に存在した形は必ずしも -i ではなく、-gi であったり、-ni であったりしたのではないかと考えている。

豊富な共時的交替形を有するイ列乙・エ列乙とは違って、イ列甲・エ列甲には共時的交替形がない。唯一確実と考えられる共時的交替形は命令接辞の2形であろう——子音語幹ではsakʲe《咲け！》、母音語幹ではəkᵊijə《起きよ！》。命令接辞の基底形は jə と考えられる(14)。

(14)　　　　　《咲け！》　《起きよ！》
　　　　　　　[sak]jə　　[əkə-i]jə
　　　母音融合　　——　　　əkᵊijə

| 口蓋化 | sakʲə | —— |
| əː → e | sakʲe | —— |

上代語の共時態ではCʲəという音節は存在しないゆえ、直前の口蓋化子音に引かれてəが前舌化してeで実現したと言えよう。命令接辞以外に交替形がない以上、それ以外のイ列甲・エ列甲の基底形は、それぞれi, eとせざるを得ない。すなわち、子音+jと前舌母音(i, e)直前の(非舌頂)子音とは(音韻的に対立のある)口蓋化子音になる、という音韻規則が上代語にあったことになる。

　イ列甲・エ列甲には共時的交替形がないと上に書いたが、動詞の連用形+アリと考えられるリ完了形は融合ではないのか？　Ci-ar- → Cʲer- なら母音融合と言えるはずである。te#ar-(→ tar-)《たり》はte と ar- の間に助詞が入り得るが、リ完了形では-iと ar- の間に何も入らないばかりか、上代の共時態に「咲きあり」のような非縮約形は無い。この Ci-ar- は共時的には単語内の母音連続であるゆえ、必ず融合が起る。リ完了形 Cʲer- の er- に ar- との交替形は皆無である以上、Ci-ar- → Cʲer- は通時的な変化であり、上代の共時態ではその基底形は /er-/ のような形とせざるを得ない。eは前舌母音であるゆえ、直前の子音は口蓋化する。ただアクセントの面で、平安時代の図書寮本『類聚名義抄』では(声の高い所を上線で表せば)ワ̄タ̄レリ《絙》、マ̄サ̄レリ《愈》、カ̄サ̄ナ̄レリ《累》等のように語源を反映したアクセントを示している。共時的に /e|r-/ とでもして、アクセント句の境界を示さなければならない。サケ甲リ《咲けり》の基底形は sak-e|r-i ということになる。訓仮名として〈有〉の漢字が「**開有桜之**」《咲ける桜の》のように或る程度使われているという事実がある。《降れる》の意味で「フラル」と言っていた東国方言でなくとも、上代の中央方言話者は、リ完了形に《有》の連想があったのであろう。現代語で moe-《燃える》と moyas-《燃やす》に共通の形態素を抽出するのは無理であっても、mo(y) という類似の音形と意味とから共通性を母語話者は感ずるし、表記上も同じ文字〈燃〉を使いたくなる。上代語の話者も er- と ar- とは類似の音・アクセントと意味とから共通のものを直感し、同じ〈有〉の文字を用いたのではあるまいか。

　上代語母音縮約の問題を取上げた論文は多々あるが、中でも資料を広範に取

入れた山口(1971)、懸案だった韻文と散文における数的質的差異を扱った権(1999b)、筆者としては不満の多かった字余りについて優れた見解を示した高山(2006)に到るまで皆非常に参考になった。筆者としては、なお母音連続の忌避という音韻の問題としての扱い方、共時論と通時論との区別の問題に着目して見直しを進める。

(c) 母音連続の忌避は本当か

当然のことながら、言語史研究の対象は韻文言語ではなく散文言語である。文芸・芸能の制約に縛られないスタイル、散文である。

日本の韻文における顕著な特徴として、古来音数律が主要な役割を演じている。音数律との関わりから母音の長短も問題になる。伝統的な詩歌でありながら旋律をつけて歌われている韻文として沖縄の琉歌がある。既に(2)(3)(4)で紹介したように、その母体である日常語では音韻的に区別されている母音(および一部の子音)の長短も琉歌では区別されない。文字表記以外に観察することのできない上代の韻文にどのような非日常語的な制約があったとしても、音数律以外には何も分っていない。現実の資料では圧倒的に韻文の多い上代語でも、その音韻構造を考えるに当たっては、このことを十二分に考慮する必要がある。

散文言語の歴史と韻文言語の歴史は、この意味で、峻別しなければならない。従来の上代日本語における母音連続の研究は、散文言語と韻文言語を連続的に見ようとする研究と分離して考えようとする研究とに分かれるようである。橋本(1950、初出1942)以来の研究は、散文言語と韻文言語とを事実上区別せずに行われていたが、近年になってようやくその二つを分離する立場の研究が現れてきた(例えば、権1999b)。韻文は特殊性を意識して扱うべきである。

ここでは韻文と散文の違いを詳細にわたって論ずるつもりはないが、現代の我々でも歌っている日本古謡を例として少し取上げたい。

次の歌「かごめかごめ」(15)は普通に読み上げるとき、どのようになるだろうか。各句中の文字上の拍数を右端に記した:

(15) かごめかごめ　　　　　　　　　3-3

かごの中の鳥は	6-3
いついつ出やる	4-3
夜明けの晩に	4-3
鶴と亀と(つるつる$_{トモ}$)つべった(すべった$_{トモ}$)	6-4〜4-4
うしろの正面だァれ	8-3

調子のよい歌のように思われるが、各句の拍数から見ると定型詩とは言えない。ところがこの歌が実際に歌われる場合には(16)のようになる。拍の境界を「・」で示し、休止を○で示す。

(16)　カ　・ー　・ゴ　・メ　｜カ　・ゴ　・メ　・○
　　　カ　・ゴノ・ナ　・カノ｜ト　・リ　・ワ　・○
　　　イ　・ツ　・イ　・ツ　｜デ　・ヤ　・ル　・○
　　　ヨ　・ア　・ケ　・ノ　｜バ　・ン　・ニ　・○
　　　{ツ　・ルト・カ　・メト｜｜{ツ}
　　　 ツ　・ル　・ツ　・ル }｜｜ ス }・ベッ・タ　・○
　　　ウシ・ロノ・ショー・メン｜ダ　・ー　・レ　・○

上に見るとおり各句4拍で歌われている。8拍6行詩であるが、音楽上確実に存在する偶数句末の休止(○)を無視すれば7拍6行詩である。次に古謡「通りゃんせ」を挙げよう。

(17)　通りゃんせ通りゃんせ	5-5
此処は何処の細道じゃ	6-5
天神様の細道じゃ	7-5
ちいと(ちょっと$_{トモ}$どうか$_{トモ}$)通して下しゃんせ	7-5
御用のない者通しゃせぬ	8-5
この子の七つのお祝いに	8-5
お札を納めに参ります	8-5
行きはよいよい帰りは恐い	7-7
恐いながらも通りゃんせ	7-5
通りゃんせ	5

七五調か八五調に近いようであるが定型詩には見えない。ところが、江戸時代以来の節で歌うときは(18)のようになっている。

(18) ト ・ オ ・リャン・セ｜トオ・リャン ・ セ ・○
　　　コ ・コワ・ ド ・コノ｜ホソ・ミチ ・ ジャ・○
　　　テン・ジン・Ｎサ・マノ｜ホソ・ミチ ・ ジャ・○
　　　⎧チイ ・ Ｑト⎫
　　　⎨チョッ・ Ｑト⎬・ トオ・シテ｜クダ・シャン ・ セ ・○
　　　⎩ドー ・ カ ⎭
　　　ゴヨ・オノ・ナイ・モノ｜トオ・シャセ ・ ヌ ・○
　　　コノ・コノ・ナナ・ツノ｜オイ・ワイ ・ ニ ・○
　　　オフ・ダオ・オサ・メニ｜マイ・リマ ・ ス ・○
　　　○イ・キワ・ヨイ・ヨイ｜カエ・リワ ・ コワ・イ
　　　○コ・ワイ・ナガ・ラモ｜ト ・ オ ・ リャン・セ
　　　トオ・リャン・ セ ・○

私などが子供のときに撥音や促音で歌っていたモーラ音素に該当する拍の一部（それぞれＮとＱで表示した）は、西洋式の採譜では一般に休止符で書かれているようである。句末の○で表記した拍も引き音素Ｈで表すべきものかも知れない。この歌も伝統的な４拍で一貫している。(16)でも(18)でも文字を見ただけでは音数律ははっきり分からないであろう。音韻論的なモーラや音節で単純に拍が規定できるものではない。同じ「通りゃんせ」の初めの「トオ」でも――この歌の出来た当時は [towo] で２音節、今の東京では [toː] という２モーラの１音節――が(18)の第１句初頭では２拍分を占め、第２句初頭では圧縮されて１拍に押し込まれている。これは１句４拍という定型なのであるが、どのモーラをどの拍に割り振るのか、という規則性は十分には分かっていない。

それでも上の２例は現代においてメロディーもテンポも分っているからこれだけのことが言えるのであるが、上代韻文の文字表記を見ただけでは、定型の枠の中に問題の語句が収まっているか、無理して圧縮されているか、という以上にどれだけのことが言えるのであろうか。朗詠・歌唱の仕方の変化や流行り廃りは言語の通時的変化と別の次元の文化現象である。文化の歴史は言語の歴

12.4 上代語母音縮約——209

史とは別個に考察研究してこそ成果が上げられるのではなかろうか。

　橋本(1950、初出1942)、山口(1971)あたりでは脱落による母音連続回避は自明のこととして、前母音脱と後母音脱の条件の究明が中心問題とされ、それには前後母音の相対的広狭が重要である、とされていた。その後、毛利(1979等)の字余りに対する考究では母音の広狭ばかりでなく、連続母音の位置・それを含む構成素の文法的結合も考慮に入れられている。これらの研究では韻文言語と散文言語を言わば連続体と見ているが、権(1999b)では韻文言語と散文言語の違いを積極的に論ずるようになった。本章の筆者は前述の理由からも、韻文言語と散文言語の違いを意識して母音連続の問題を見ていきたいと思う。

　母音連続・字余りの研究を通じて一部の術語に不統一や誤解がありそうであるゆえ、筆者の使い方を(19)に示す。何らかの意味での基本形(語源的な形の場合も含めて)の母音が脱落して表記されている形を「脱落形」と呼ぶ。脱落のない母音連続表記形を「非脱落形」と呼ぶ。本来2拍である母音連続を1拍分に圧縮して音数律の1拍の所に押し込むのを「圧縮」と呼ぶ。この場合、拍数は定数句の定数に合っているが(仮名)文字数が定数を超えることから「字余り」と呼ばれている。圧縮のないのを「非圧縮」と呼ぶ。非圧縮でも拍数が定数を超えていると文字数が定数を超えるが、それは字余りと呼ばない。呼ぶならば「拍余り」であろう。非脱落表記の母音連続の第2母音を必要に応じてゴシック体で目立たせることにする。圧縮形の第2母音は小さい活字で示す。音数律の拍の境界を「-」で示す。圧縮・非圧縮は音数律が関わっているから散文には関係ない。以下万葉仮名で表されている字音仮名を片仮名で表記する。

(19)　　　　　　　　　tə#i-pu《と言ふ》　　nə#umi《の海》
　　　　　　　　　　　tə#ip$^{\circ}$e-də《と言へど》
　a. 脱落　　　　　　　ト-フ(後脱)　　　　ノ-ミ(後脱)
　b. 非脱落 ┌圧縮　　　トィ-ヘード　　　　ノゥ-ミ　　——字余り
　c. 　　　 └非圧縮　　ト-イ-ヘード　　　ノ-ウ-ミ

圧縮形を(19)では「トィ-ヘード」「ノゥ-ミ」と表示したが、後者は「ノ-ゥミ」とすべきかも知れない。ə#i, ə#u が二重母音のように発音されてそれぞれ [təĭ.βe.nʰdə], [nəŭ.mi] あるいは後続のmの影響で [nəm.mi] のように発音さ

れていたのならば(19)のように「トィ-ヘ-ド」「ノゥ-ミ」と表示すべきであるが、もし後者が [nə.mmi] のような発音だったのならば「ノ-ゥミ」と表示すべきものである。現時点では韻文における圧縮拍の朗唱音声の詳細は不明であるが、nə#umi《の海》の後代の形が非脱落形 [nə.u.mi > no.u.mi] である以上、問題の母音 /u/ は圧縮表記の場合でも前の拍に属しているとは考えにくい。圧縮形の場合は後の拍に属し「ノ-ゥミ」と表記すべきものであろう。/nə/ の次の /u/ が後続音節に属している以上、その発音は [nəū.mi] ではあり得ず、また /u/ がどんなに弱化しても [nə.ūmi] では [ūmi] が2拍になってしまう。そうなると可能な音声形は [nə.mmi] のようなものと考えざるを得ないことになる。これはあくまで、圧縮表記形は問題の母音音素が弱化はしても脱落はしていない、としてのことである。

　コ-コ-ロ-ハ-モ-ヘ-ド《心は思へど》(記歌 51, 51; 紀歌 43, 43 等)はオモフのオが脱落している。上代韻文に脱落表記も非脱落表記も多数見られるこの動詞は、後代にはオモフで伝承されている。即ち上代の日常語としては /əməp-/ であったと考えられる(オモフのモの甲乙は『古事記』で乙類で表記されており、モが乙類であれば母音調和等からオも乙類であるとして /ə/ で表記した)。ではこの形の圧縮形は上代韻文でどのように発音されていたのであろうか。「は思へど」の日常語の発音は、[βa.ə.mə.βe.ⁿdə] のようなものであったかと思われるが、この圧縮形の音声はどうだったのであろうか。音数律の制約から語頭母音 ə を1拍を占めないほどに弱化させ、その結果「の海」と同様に [βa.mmə.βe.ⁿdə] のような音声だったかとも考えられる。また(ハ・ヤ・)モ・ィデ・ヌ(・カ・モ)《(早)も出でぬ(かも)》(万葉 15-3651)も [mə.nde.nu] 程度の音だったかと想像される。《出る》の日常語形は後代に [ⁿde-～˜de-] になっている。

　脱落形の方はどうだったのであろうか。韻文で脱落表記されている形は、ar- を含むもの以外は散文で脱落例を確認できないが、それ以外の脱落形も散文の世界で語彙化して伝承されたものが多少は有るのではなかろうか。上代韻文資料で《思ふ》がモフに脱落表記されている例は、非脱落表記に拮抗するほど多数見られる。平安時代の『土佐日記』等にもトモフ《と思ふ》が見られ、17世紀の沖縄の琉歌にも(4)に挙げたように tumiba《と思へば》が

使われている。

(d) 散文における母音脱落

　上代語の散文資料としては、断片的な単語しか得られない木簡類を除けば、僅かな注記に類する『古事記』本文・『日本書紀』本文の他は全文音仮名の長文でありながら解読不能部分も少なくない正倉院文書の尺牘(せきとく)2通と、ほとんど非自立語(それも一部)しか音仮名表記されていない『続日本紀』宣命62篇しかない程度である。

　資料を厳しく音仮名表記に限れば、解読不能部分を含みながらも正倉院文書の尺牘と『続日本紀』宣命にはそれぞれ20例近くの(脱落および非脱落の)母音連続箇所が見られる。『古事記』本文はサヤギテアリケリ《騒擾》、『日本書紀』本文はフキウツル《吹棄》、シツオリ《倭文》、シトリガミ《倭文神》等興味ある例を含むが、記紀本文ともに数例しか得られない。

　『続日本紀』宣命で補助動詞 ar-《あり》を含む非脱落形が3例(ニアリ、ニアレヤ、ニアレバ各1例)、脱落形が16例(ナリ9例、ナル、ナラバ、ナラク各1例；タル3例、タリ1例)見られる。この資料には「ニ在」「テ在」「ク在」「不行アル」「不敢アル」のような訓仮名混在表記が多いが、本章では訓仮名は一切数に入れないことにする。散文資料宣命で音仮名表記の脱落形が16例あるということは、少なくともこれらの ni#ar-, te#ar- の母音脱落形と言える「なり」「たり」が上代の日常語で固定していた、と言えるものと思う。また非脱落形「にあり」の音仮名表記は3例しか得られなくとも「ニ在」が多数あり、補助動詞 ar- を含むものは、「口頭語において既に脱落形が発達し、非脱落形と共存状態にあったと見られ」(権 1999b: 12)という結論は正しいものと思う。

　正倉院尺牘には補助動詞 ar- を含む音仮名表記の例は少ないながら脱落形・非脱落形の両方が見られ、補助動詞 ar- に関わらない母音連続は非脱落形だけが十数例見られる。

　散文では補助動詞 ar- に関わる母音連続は脱落形も非脱落形も使われ、それ以外の母音連続は、共時的に固定したもの以外では、非脱落形が日常の言語状態だと考えるべきだと思われる。

(e) 韻文における脱落から分ること

脱落形は 98%（228/(228+5)）が定数句であるのに対し、非脱落形では 38%（181/(181+294)）しか定数句がない。前者（脱落形）は母音脱落することにより定数を守っているのであるが、後者（非脱落形）は（字数は定数より多いままで）脱落していない母音を圧縮することにより定数を守っているから、と言える（権 1999b: 9 の計数により算定した）。

韻文であれ散文であれ、少なくとも非脱落形はその共時的形態である、と言えよう。

(20)　　　脱落形　　　　　　　　　　　　非脱落形
　　　a.　ミーヤーコーシーゾー**モーフ**　　　アーガ**オー**モーフーキーミーヲ
　　　　　　　　（万葉 5-843）　　　　　　　　　　（万葉 17-4009《思ふ》）
　　　b.　アーフーミー**ノーミ**　　　　　　　アーフーミーノー**ウ**ーミーニ
　　　　　　　　（紀歌 30, 31）　　　　　　　　　　（記歌 38《の海》）
　　　c.　　　　　　　　　　　　　　　　　　アーメーニートービ**ア**ーガーリ
　　　　　　　　　　　　　　　　　　　　　　　　（万葉 17-3906《飛上り》）
　　　d.　カーナーシー**カ**ーリーケーリ　　　ターフートク**ァ**ーリーケーリ
　　　　　　　　（万葉 5-793）　　　　　　　　　　（紀歌 6《かり》）
　　　e.　アーフーミ（記歌 38, 112；紀歌 30, 31, 86, 98《近江》）
　　　f.　アールーミ（万葉 15-3582《荒海》）

上の a, b, c, d の非脱落形はすべて（非圧縮の形で）上代の日常語として問題ない。後代にも伝承されている形である。それに対して a の脱落形モフは後代に若干見られてもすべて韻文中のものであり日常語としては認められない。b の脱落形ノミも散文には現れない。後代にも伝承されていない。c の脱落形は実証されていない。d の脱落形カリは散文資料正倉院尺牘にも用いられている形であり、後代にも伝承されている。脱落形カリと非脱落形クアリの両形が上代の日常語として使われていたと考えられる。e の脱落形アフミに対応する非脱落形アハウミは《淡水湖》を意味する擬古的な形としてしか存在しないであろう。上代に脱落形アフミが語彙形式として固定していたと考えられる。それに対して f のアルミの非脱落形に当たるアラウミは上代には現れていないようで

あるが、平安時代の散文でもアラウミであるし、上代の日常語ではアラウミだったかと思われる。反例が現れるまでは、ほぼこのように考えるほかないようである。

(f) 上代語母音縮約のまとめ

母音連続忌避は事実ではない。辞書形が共時的複合過程等で母音連続を生ずるときに母音脱落が起る、ということはない。韻文における音数律の制約により母音連続部分が圧縮・脱落しやすかったことと、通時的に既に語彙形式として固定しているものを共時的母音脱落と誤認したこととによるものである。韻文中の非脱落形が共時的な形として認められよう。

語源的に存在の仮定される母音連続には、母音融合も前母音脱落も後母音脱落も認められる。一時代の固定した語句の音形は、それ以前の種々の時代の共時過程を含んで出来ているのである。母音脱落に関わる、得られる限りの例に統一的な脱落原理を求めようとしても成功しないのは当然である。

12.5　現代東京方言

母音縮約について上代語以上に事実の分っている現代(年配層)東京方言を参考に見てみたいと思う。非縮約形と縮約形が両方あるか否か等は、上代語では資料も少なく、インフォーマントに聞けない難しい問題である。上代語中央方言との違いを承知の上で、筆者もその話者の一人である現代東京方言の実態を考えてみたい。勿論縮約形のすべてを網羅することはできないが、縮約形の若干の例を挙げてみる。

ae → ai, ai → e: 等の融合は高度に音韻的で余り個別の形態素に依存していないものであり、今回は略すが、若干気になることについては触れておこう。筆者(東京山手地区で生れ育つ)はai, aeともに大体2音節で発音していると思うが、時々(21)のように1音節に発音する。その際の第2モーラ目の音はiよりやや広い弱まった音になる。不安定であるが、改まった場面では(綴り字発音でない限り)iの音になると思う。この、iより広い弱まった音をここではĭで表記することにする。

(21) omaĭ《お前》　　temaĭdomo《手前ども》
　　 kaĭru《帰る》　　haĭru《入る》
　　 haĭ《蠅》　　　　haĭ《灰》　　　gomanohaĭ《盗人の一種》

《蠅》と《灰》は、国民学校で(あるいはそれ以前に)習得した正書法ではそれぞれ「はへ」「はひ」で区別があるが発音は同じだと思っていたし、今でも同じである。戦後の正書法改革でそれぞれ「はえ」「はい」になり、正書法と発音は同じだ、と教えられているのであろう、今の若い人は《蠅》と《灰》を区別して発音している。gomanohaĭ が《ごまの蠅》だか《ごまの灰》だか分らなかったこと、《帰る》kaĭr-ru、《入る》haĭr-ru を正書法どおり kaeru、hairu と発音してさえ、アクセントは(声の高い所を上線で表せば) $\overline{\text{ka}}$eru、$\overline{\text{ha}}$iru であって *ka$\overline{\text{e}}$ru、*ha$\overline{\text{i}}$ru とならないことが、問題の音の非成節的(non-syllabic)であることを示している。cf. ha.e-ru → ha$\overline{\text{e}}$ru《生える》、ku.i-ru → ku$\overline{\text{i}}$ru《悔いる》; ta.be-ru → ta$\overline{\text{be}}$ru《食べる》、ne.ɲir-ru → ne$\overline{\text{ɲi}}$ru《値切る》。

史的には「ハヘ」「ハヒ」に対応する音であったものが、既に『日葡辞書』(1603)では両者の区別がなくなり、ともに見出し語で Fai と記録されている。半世紀ほど後には haĭ になっていた。それが戦後の教育によって母音だけが'古風な'形に回帰している。生きている母語話者も居て、揺れも個人差も発話のスタイルも調査できる現代語と違って、乏しい文献資料から往時の言語状態を探る場合には、以上のようなことは当然念頭に置いておかねばならない。

母音脱落はどうだろう。各右に例を挙げておく。例のうち(　)内の形は筆者の使わない形である。

(22) -t/de#i- → -t/de(:)- 　　読んでいる　　　　　　見ている
　　　　　　　　　　　　　　　ヨンデール　ヨンデル　ミテール　ミテル
　　 -t/de#ik- → -t/de(:)k- 　読んで行く　　　　　　見て行く
　　　　　　　　　　　　　　　ヨンデーク　ヨンデク　ミテーク　ミテク
　　 -t/de#ok- → -t/do(:)k- 　読んでおく　　　　　　見ておく
　　　　　　　　　　　　　　　(ヨンドーク)ヨンドク　ミトーク　ミトク

筆者などには、「ヨンドーク」はほとんど使わないようにも思われ、「読んでお

く」を縮約すると直接「ヨンドク」になりそうな気もする。しかし、「見ている」「見て行く」を縮約すると、それぞれ「ミテール」「ミテーク」になり、「ミテル」はやや'ぞんざい'、「ミテク」は聞いた瞬間「見て行く」に戻るのが難しい感じがする。このあたりの感覚は世代によっても大きく違うことが考えられる。

　動詞テ形の後の動詞がどの程度補助動詞化しているにせよ、e#i 連続では i が落ち、e#o 連続では e が落ちている。狭い母音が落ちるようにも見えるが、e#o 連続で e と o の狭さは等しい。機能主義を採る人なら、t/de#ok- で o が落ちたら、「て行く」と「て置く」の区別がなくなってしまうから、と言うかも知れない。広い母音の例として「あげる」がある。また種々の方言で縮約形のある「ある」「やる」も加えると、(23)のようになる。

(23)　-t/de#age-(→ -t/dage-)　　読んであげる　　　　　見てあげる
　　　　　　　　　　　　　　　　（ヨンダゲル）　　　　（ミタゲル）
　　　-t/de#ar- → （縮約形なし）　読んである　　　　　見てある
　　　-t/de#yar- → （縮約形なし）　読んでやる　　　　　見てやる

確かに e#a 連続で狭い方の e が落ちている。ただ、筆者にとって「読んだげる」「見たげる」のような「だげる／たげる」形はやや俗っぽすぎて、使っていないと思うが、実際にはどうか分からない。テ形に「ある」「やる」を続けたときには縮約形は出来ない。音韻規則ではなく形態素依存の規則なのである。

　東京方言に多い縮約形に、助詞の「は」(および動詞条件形の「ば」)の子音脱落および前母音弱化が顕著である。

(24)　-t/de#wa# → -t/dja(a)　　読んでは　　　　　　見ては
　　　　　　　　　　　　　　　ヨンジャー／ヨンジャ　ミチャー／ミチャ
　　　-reba → rewa → rja(a)　　読めば　　　　　　　見れば
　　　　　　　　　　　　　　　ヨミャー／ヨミャ　　　ミリャー／ミリャ
　　　-i#wa → -ja(a)　　　　　　読みは　　　　　　　見は
　　　　　　　　　　　　　　　ヨミャー／ヨミャ　　　ミヤー／ミヤ
　　　　　　　　　　　　　　　　　　　　　　　　　　×ミャー／×ミャ

```
#|ko~so~a|re#wa#           これは      それは      あれは
→|ko~so~a|rja(a)           コリャー    ソリャー    アリャー
                           コリャ      ソリャ      アリャ

#(w)atasi#wa#              わたしは                あたしは
→(w)atasja(a)              ワタシャー／ワタシャ    アタシャー／アタシャ
(→(w)assja(a))            （ワッシャー／ワッシャ   アッシャー／アッシャ）

#koitu#wa#                 こいつは【「そいつは」「あいつは」略】
→koitsuwa → koitsa(a)     コイツァー／コイツァ

(#zo#wa# → zaa)           （これなんぞは  コレナンザー／コレナンザ）
```

「書きはしない」「書きやしない」「書きゃあしない」は皆大丈夫。「起きはしない」「起きやしない」「起きゃあしない」もまあ大丈夫。しかし「受けはしない」「受けやしない」はよいが「受きゃあしない」はだめ。「書けはしない」「書けやしない」はよいが「書きゃあしない」では可能形としてはだめ。条件形のbaは助詞のwaと音的によく似た行動をとるようでも、「書けばよい」「書きゃあよい」はよくても「書けやよい」はだめ。「それはよい」「そりゃあよい」はよくても「それやよい」はだめ等々、助詞「は」waの付いたCV#waがCV#ja、Cjaaになる条件と、条件形CVbaがCjaaになる条件とは違う、など種々の問題もあるが別の機会に述べることにする。Cjaa化は音韻規則のように見えるが、「これは」は「こりゃあ」になっても「俺は」は「おりゃあ」にならない。「こいつは」は「こいつぁあ」になっても「僕は」は「ぼかあ」には(筆者は)ならないし、「赤くは」は「赤かあ」になっても「此処は」は「こかあ」にならない。音韻規則ではなく、語彙依存規則なのである。また、

```
(25) a.  -t/de#simaw-     見てしまう    読んでしまう
     b.  → ts/dzimaw-     見ちまう      読んじまう
     c.  → ts/dzjaw-      見ちゃう      読んじゃう
```

共時的な基本となる形としては、a「て／でしまう」の形からb「ち／じまう」を派生し、最後にc「ち／じゃう」の形を導くのが自然であろう(「ぢ」と書き

たい所である)。音の史的変化は音声的に自然な変化の道を辿るものと考えられる。その意味でも(25)の a>b>c は恐らく歴史的な変化の順序なのであろう。しかし話し手にとっては旧から新へと a>b>c の順に習得したと言えないのは当然である。この例の場合は長い語形から短い語形になっているからまだしも、そういう表面的な徴表の欠けている場合には、別の特徴を捉えて新旧を判断したりする。《新宿》に「シンジュク」〜「シンジク」の両形があり、《十本》に「ジュッポン」〜「ジッポン」の揺れがある事実に対し、若い話者には「シンジュク」「ジュッポン」が旧い'正しい'形で、「シンジク」「ジッポン」は'訛った'形だと思っている人が多い。何を'正しい'とするのか基準が難しいが、年配の話者や言語研究者はジッポン>ジュッポンという史的変化を知っている。年配の話者がいなくても研究者はその時代以前の文献資料や外来語のもとになっている音韻的事実をある程度究明することが出来るが、その時代以前の文献のない時代では難しいことになる。次の例はどうだろう。

(26) #iraserare- → irassjar-　　いらせられ(る) → いらっしゃ(る)
　　　#irassjar-ta# → irassjatta → irassitta → {irassita / irasitta} → irasita
　　　　　　　　　　　　いらっしゃった → いらっしった → {いらっした / いらしった} → いらした

非縮約形「いらせられる」の縮約形が「いらっしゃる」であり、非縮約形の方はもはや現代東京方言では使われない。縮約形「いらっしゃる」の過去形「いらっしゃった」は東京方言で(26)のように種々の縮約形を持っている。「いらっしゃった」から次語末(penultima)音節弱化で「いらっしった」が出来たことは間違いあるまい。2個ある促音が全部なくなっている形「いらした」が出来る前の形と考えられる、促音の1個なくなっている形「いらっした」「いらしった」が現にあるのであるが、前後どちらの促音が先に脱落したのか、筆者の調査はまだ不十分である。

単なる縮約形でない引用の「と」to の交替形「って」tte がある。

(27) #tte#itte → tte:tte → ttette → tette
　　　っていって/ってーって/ってって/てって　　《と言って》

#tte#itta → tte:tta → ttetta　　（→ tetta）
っていった／ってーった／ってった／（てった）　《と言った》
　　例：「いたいといった」「いてーといった」　　《痛いと言った》
いてーっていった／いてーってーった／いてーってった／（いてーてった）

この tte は通時的には to-te に遡るのかも知れない。その to-te は to-tte＜to-si-te《と為て》に遡る、という説は正しそうに思われる。この tte のような、音形としては縮約形だが、引用の「と」の意味でも用いられるものに、満洲語の seme(se-《と言う、とする、と思う》の連用形)、モンゴル語の gej(ge-《と言う》の連用形)がある。満洲語 yamji sarin de jio *se*-me ara-ha《夕方・宴会・に・来い・と(言って)・書い─た》、yamji jio *se*-he《夕方・来い・と言っ─た》。富山県の砺波(となみ)方言では《痛い・って・言う》を「イタイ・ユーテ・ユー」、《言って！って・言って！》を「ユーテ・ユーテ・ユーテ」、新潟県燕市でも後者を「ユエ・ユッテ・ユエ」のような、満洲語のような言い方をしている。神奈川県の小田原あたりで聞く「イテーセーダ」等は、筆者には《痛いとそう言う(んだ)》等のように感ずるが、これも上の砺波や燕市のものに類するのであろうか。

(28)のような例も一種の融合形であろう。( )内には代名詞でも名詞でも固有名詞でも撥音「ン」で終る名詞でもよい(例：ホン─モッテコイ《本(を)、持ってこい！》)。ただし長母音で終る名詞の最終音節は、それ以上長くならない(例：キョートーイッテキタ《京都(へ)行ってきた》、トーキョーイッテキタ《東京(へ)行ってきた》、×トーキョーーイッテキタ)。助詞の方は1音節助詞なら何でもよいように見えるが、「も」は意味的に復元不能で不可である。

(28)　(これ)｛を、が、は、へ、に｝　→　(コレ)─

以上に縮約形を挙げた東京方言は、ほとんどがその非縮約形も用いられる。注意すべきことは、これらの縮約形の例はみな形態素に依存したものであり、決して射程の広い一般的な音韻規則によるものではない、ということである。過去の言語の非縮約形と縮約形との関係も、共時論と通時論を区別し、一般的に適用される音韻規則によるものか、語彙依存規則によるものか、を明らかに

しなければならない。

12.6 他言語の例——満洲語

　母音連続に際して一方の母音が脱落する言語は多々ある。その中で音節文字に類する文字を用い、前母音脱落も後母音脱落も起している清朝時代の満洲語（満洲ツングース語族の一。清朝の公用語の一）の例を挙げよう。満洲語で使用される文字は、ウイグル式蒙古字に圏点を付し、かつ一部の子音文字に工夫を凝らして曖昧性を除くなどしたものであるが、結果として、かなりの部分で子音と母音との結合が固定して機能的には音節文字——子音と母音との自由な結合が不可能な文字——になった。その点、音節文字である漢字を用いた万葉仮名とも似ていて、上代語を扱う際にも考えさせられる事例が出てくる。

(a) 動詞否定形の母音脱落

　満洲語の動詞の否定形は、動詞の連体形に《無し、無き、無く》を意味する無活用形容詞 /aqu/ を後続させて作られる：

(29)　　toqo　　　　-ro　　　　aqu　→　toqoraqu《突き刺さない》
　　　突き刺す・現在連体・無し

　　　　toqo　　　　-χo　　　　aqu　→　toqoχaqu《突き刺さなかった》
　　　突き刺す・過去連体・無し

固定した語彙の場合を除いて、動詞否定形の前母音脱落は任意的で toqoro aqu, toqoχo aqu も可能である。(29)では音素表記(共鳴音に挟まれた摩擦音が有声化する他は、IPA 表記にかなり近いもの)で示したが、満洲語学では一般に簡略化したローマ字表記が行われている。それによると、上の例は、tokoro akū, tokorakū, tokoho akū, tokohakū になる。

　満洲語では、音節 [χa, xe] は有るが音節 [χe, xa] は通常は無い。従って、[χa] を表す文字、[xe] を表す文字は用意されているが、外来語以外で [xa] を表す文字は無いし、[χe] を表す文字も無い。すなわち'音節文字'なのである。文字素としては [χa] は χA、[xe] は xA であるから、[χe] や [xa] は、

満洲文字の文字素 χ, x, A をどのように組合わせても表せない。[χe] を表す文字も [xa] を表す文字も無いゆえ、簡略ローマ字表記では、[χa] を ha、[xe] を he で表記する。満洲語には母音調和があり、連体接辞も [ra~re~ro, χa~xe~χo(強変化動詞では qa~ke~qo)] のように交替する。動詞否定形の母音脱落は、文字表記では(30)のようになる。

(30)　　　　　簡略ローマ字表記　　　満洲文字の文字素表記
　　　　　　　　　　　　　　　　　　　(A = a~e, O = o~u)

　　　　　　　-ra akū → -rakū　　　　-ra aqū → -raqū
　　現在　　　-re akū → -rakū　　　　-re aqū → -raqū
　　　　　　　-ro akū → -rakū　　　　-ro aqū → -raqū

　　　　　　　-ha akū → -hakū　　　　-χA aqū → -χAqū
　　過去　　　-he akū → <u>-hekū</u>　　-xA aqū → -xAqū
　　　　　　　-ho akū → -hakū　　　　-χO aqū → -χAqū

(30)を見ると、大部分「前母音脱落」であるが、-he akū だけは「後母音脱落」の観を呈している。筆者は一応全部「前母音脱落」としながらも、[-xe aqu] → -xaqu の xa は満洲語で許されない音節だから、更に -xaqu → -xequ になった、と解釈した(早田 2002, 2003)。しかし、それは誤りであった。

従来、否定形の hekū は [xequ] と思われていたが、九州大学の久保智之氏が現代錫_{シベ}伯語で [ɣaqu~xaqu] であることを確認し、後 2006 年になって満洲語の教科書『清文啓蒙』(雍正 8 [1730] 年序)に(31)の記載のあることを '発見' した(簡略ローマ字転写による。下線、早田):

(31) 凡遇 -kakū, -hakū, <u>-kekū</u>, <u>-hekū</u>【.】-kakūngge, -hakūngge, <u>-kekūngge</u>, <u>-hekūngge</u> 此八字的 -kū -kūng 字之上。倶要加一阿字念。(1-47b)

ただ -xe aqu (-he akū) で前母音脱落が完全に行われれば、-xe aqu → -xaqu になり、少なくとも清朝時代の満洲語では xa は(外来語でない限り)自動的に χa になるはずである。それは上代日本語の (waga-imo →) wagimo → wag^jimo 即ち gi が g^ji (ギ甲類)になるのと同じことである。満洲語の場合は完全な前母音

脱落ではなく、厳密に言えば前母音弱化であって、-xe aqu → -xᵉaqu（-hᵉakū）のように弱化した e が残っているからこそ、x の子音が a の影響で χ になる、ということがなかったと筆者は考えている。この -xᵉaqu（-hᵉakū）の発音こそ（-χᵃaqu（-hᵃakū）ともども）(31)の「… -hekūngge 此八字的 -kū -kūng 字之上。俱要加一阿字念。」に当たるものであると考える。

否定形は、清朝時代でも現代錫伯語でも、(32)のように例外なく「前母音弱化」である。

(32) -ra aqu → -raqu
　　 -re aqu → -raqu
　　 -ro aqu → -raqu
　　 -χa aqu → -χaqu

　　 -xe aqu → <u>-xaqu</u>（厳密には -xᵉaqu）
　　 -χo aqu → -χaqu
　　 -qa aqu → -qaqu

　　 -ke aqu → <u>-kaqu</u>（厳密には -kᵉaqu）
　　 -qo aqu → -qaqu

以上に見たように、満洲語の否定形はすべて例外なく前母音脱落（厳密には弱化）であることが分かったが、満洲語の母音脱落がすべて前母音脱落であるわけではない。生産的な母音脱落で後母音脱落の例もある。また生産的でない、固定した語彙項目には前母音脱落の例も後母音脱落の例もある。顕著なことは、固定したものはもとより、生産的な例もすべて、上の「連体形形態素＋aqu《無》」のように、特定の語彙や形態素に関わっていることである。単語間の極く表面的な同母音連続の縮約さえ、少なくとも表記上は、特定の形態素を参照しているようである。

(b) 幻の母音脱落

満洲語における母音脱落に関わる例をもう一つ挙げよう。満洲語の辞書・文

法書は一般に 18 世紀乾隆年間の『御製増訂清文鑑』(乾隆 36 [1771] 年序) や 19 世紀の西洋人の文典の記述に基づいている。ele という辞書項目について：

○『御製増訂清文鑑』(乾隆 36 [1771] 年序) ele：所有。益發。
【満洲語による語釈略】

○ Gabelentz, Hans Conon von der (1864【同治 3 年】) *Sse-schu, Schu-king, Schi-king in Mandschuischer Uebersetzung mit einer Mandschu-Deutschen Wörterbuch*, Zweites Heft. Wörterbuch. Leipzig.
ele: mehr, desto mehr, vielmehr;　wer nur【後略】

現代の辞書の例：

○羽田亨編 (1937)『満和辞典』Ele 1. あらゆる。皆の。…所のもの凡て〔18. 完全：所有〕2. 益々。愈々〔18. 散語二：益發〕

○ Hauer, Erich (1952–1955) *HANDWÖRTERBUCH DER MANDSCHU-SPRACHE*. Tokyo-Hamburg: ele 1) darüber hinaus, noch mehr, vielmehr. Dasselbe wie *nememe*; 2) wer auch immer, alle;

○胡増益 主編 (1994)『新満漢大詞典』烏魯木齊：新疆人民出版社．
ele [形] ❶所有、全部、一切、凡、諸；【例略】
❷更、更加、越発、益発、愈、尤；【例略】

すなわち単語 ele には、引用した乾隆以後の辞書で、1)「あらゆる、…所のもの凡て」、2)「更に、益々」、の二つの意味がある、とされている。問題は 1) の意味の ele である。康熙 47 (1708) 年序の満洲語訳の『金瓶梅』にも (33) のように用いられている。以下、音素表記でなく、簡略ローマ字転写で示す。

(33)　takūra　-bu　-ha　　ele　　urse
　　　使う・受動・過去連体・あらゆる・人々　《使用人皆》

ele の他に接辞的な -le も用いられている。同じく満洲語訳の『金瓶梅』から。

(34)　ucara　　-ha　　　-le　　　urse　　《遭遇したあらゆる人々》
　　　遭遇する・過去連体・あらゆる・人々

この後接形 -le は、ucara-ha ele → ucarahale という「後母音脱落」を思わせる。

ところが、満洲語訳の『金瓶梅』より古い資料では、少なくとも筆者の見た範囲では事情が違う：

(35) 資料と出現度数

	連体形以外+ele ますます	連体形+ele あらゆる	連体形+le あらゆる
『満文原檔』その他の檔案 (万暦35-崇徳4, 1607-39)	21	0	3
『満文大遼国史』 (順治3, 1646)	2	0	4
『満文三国志演義』 (順治7, 1650)	22	0	43
『使事紀略』 (康熙7-8, 1668-69の記事)	17	0	2
『満文金瓶梅』 (康熙47, 1708)	136	**9**	7

これを見ると康熙初年までは、《ますます》は ele で、《あらゆる》は -le だったようで、康熙末年になって「母音+le」は「母音+ele」に後母音脱落が起ったという'再解釈'が行われるようになり、後母音脱落の起っていない'幻の ele' が表面にまで出てきたのではあるまいか。清朝初期からの辞書類を見ても、乾隆36年(1771)の『御製増訂清文鑑』になって始めて ele に〈所有〉《あらゆる》の訳語が出てくるが、乾隆16年(1751)の保守的な『清文彙書』ではいまだに ele に《あらゆる》の記述はない(36)。ただ雍正8年(1730)の『清文啓蒙』に《あらゆる》-le の他に母音調和した -la という形とその用例も載せられているのは注目に値する。-la という形は『清文啓蒙』以外に筆者は見たことがない。一般に母音調和をしていないからこそ、ele の母音脱落という解釈が生れたのだと思われる。

(36) 辞書等の記述　　　　　　　ele　　　　　　-le

『大清全書』　　　　　愈。滋。益加。勝是。
(康熙22, 1683)

『御製清文鑑』   【《益加》の意の満文】
(康熙 47, 1708)

『清文啓蒙』   更字。   -la -le 此二字俱是。
(雍正 8, 1730)   凡所字。凡是字。
                                                【後略】

『清文彙書』   益加。【中略】越發。愈。
(乾隆 16, 1751)

『御製増訂清文鑑』   所有。益發。【満文略】
(乾隆 36, 1771)

満洲語否定形の「後母音脱落」は'音節文字'による見かけ上のものに過ぎなかったし、ele の「後母音脱落」は康熙末年の母語話者による類推形で、歴史的なものではなかったと思われる。

まとめ

　上代日本語の単語内の母音連続は音韻規則により義務的に縮約(融合・脱落)するが、単語間の母音連続が純粋の共時的音韻規則により縮約することはないようで、大多数の非縮約形と既に語彙項目(辞書項目)になっている縮約形のほかは、韻文の音数律に合せた縮約形ばかりだと考えられる。

(37) 母音連続

単語内　融合　例：sak<u>a-i</u> → sak³e《酒》
　　　　脱落　例：mi]azu → mizu(→ mʲizu)《見ず》

単語間　脱落　例：apa-umi → apumi《近江》　　　　　　　　　　} 固定した語彙項目
　　　　脱落　例：ni-ar- { → nar- 《なり》
　　　　非脱落　　　　　 { (→ ni-ar-)《にあり》

満洲語には「幻の後母音脱落」が少なくとも二つ有った。一つは'音節文字'による不完全表記で、実際には前母音弱化であり、他の一つは実際には母音の無い形だったのが、後代類推形として母音を頭に付けた幻の非脱落形の脱落であった。通時的な変化と共時的な類推形・再解釈(restructuring, reanalysis)とを区別する必要が有る。

付　記

　1. 本稿の初出は「生成音韻論による接近法」『シリーズ日本語史 第 1 巻 音韻史』岩波書店、2016 年、155-185 頁である。

　2. 本章 12.4 節の「母音縮約」より、第 6 章の「母音脱落」の方が後から書いたものであり、今の考えに近い。

　3. 「リズム」については、拙稿「日本語の音韻とリズム」『伝統と現代 総特集: ことばを考える』通巻第 45 号、1977 年、41-49 頁も参照。

第III部
ことばの諸相

第13章　【書評】添田建治郎著『日本語アクセント史の諸問題』

はじめに

　以下、著者添田建治郎を'著者'と呼び、当該の著書を'本書'と呼ぶ。本稿の執筆者は'筆者'としたいのであるが、添田自身本書の中で'筆者'としていて紛らわしい。'評者'も僭越に感じられる故、早田のことは'私'ということにする。著者自身「　」をよく用いる故、著者の使用以外は一切「　」を用いず、著者の言の引用符としては、やや奇異な感も有ろうが、すべて""を用いることにする。著者の拍単位の音声あるいは音韻記号、○(Low)、●(High)、◐(Rising)、◑(Falling)はそれぞれ L, H, R, F で表し、助詞のそれは￤￤で囲む。声点は'平''上''去''東'で表す。
　本書は三部に分かれる。第一部"アクセント文献から日本語アクセント史の解明をめざして"、第二部"方言アクセントから日本語アクセント史の解明をめざして"、第三部"方言アクセントの実態とその変容"。三部すべてにわたって通時的関心に貫かれている。

13.1　祖語・祖体系

　"日本語を祖語まで遡れば、1拍、2拍語はそれぞれ「F, R」「HL, LH」2種類の音調型を持っていたのではないか。"(p. 27)という文の"祖語"に附されている注19に、"「日本祖語」なる術語は、日本列島の構成員が日本語を共有し始めた時期を想定して、草創期の日本語(Proto-Japanese)の意で用いる。"とある。'日本祖語'或は'原始日本語''共通日本語'は Proto-Japanese 等の訳語として言語学で用いられるものである。x祖語とは、x語と言われている複数の言語・方言がもと単一の言語であったと(理想的に)仮定したその言語、という系

統的(系譜的)な術語である。その単一の言語から種々の言語・方言に分岐したと考える。日本祖語とは日本語と言われている諸方言——琉球語や本土諸方言——がもと1個の言語から分れたとして、その分れる以前の言語のことである。したがって、その話し手は日本列島の構成員であろうがなかろうが無関係である。日本祖語は、日本列島のごく一部の地域の住民の使っていた言語かも知れないし、日本列島以外の所で使われていた言語かもしれない。しかし、その子孫が今の日本語諸方言なのである。一つの言語が実際に綺麗に枝分れして分裂していくという系統樹説は、現実の言語の史的変化としては、その説が唱えられた当初から問題視され、直ちに波紋説が提示された。'祖語'というのは所詮は理想的なものである。'日本祖語'の親の言語から日本(祖)語と日本語以外の言語が分れたことになる。例えば、(1)のように、a語と呼ばれている言語があり、ある時、a語の一部が分裂してB語と呼ばれる言語になり、以後このB語が方言分裂を重ね、又a語の子孫のB語以外の言語A語も方言分裂を重ねていったとする。この場合、B諸方言の祖語'B祖語'はBでありaではないし、A諸方言の祖語'A祖語'もAであってaではない。aはAB共通の祖語であり、'AB祖語'と呼ばれる。世の中の実際の名称は、その折々の事情で、Aをaと言っていることもある。例えば、英語、ポルトガル語等。

(1)
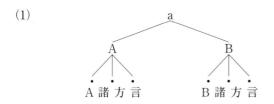

さきの文章の次に"下って日本語(京都語)の祖体系(以下、祖体系と略称する)の場合は如何か。本書の主要な課題はこの点の解明にある。"(p.27)とある。"日本語の祖体系"なら日本祖語の体系のはずであるが、"下って"とあり、日本語も括弧内に"京都語"が附されている。京都語にも種々の下位方言があることであろうから、それら下位方言に分裂する以前の言語が京都祖語であり、その京都祖語の体系が(京都)祖体系のはずである。しかし本書では、なぜ"祖語"の時は、その体系を問題にする時でも"祖体系"と言わずに"祖語"といい、

'京都祖語'と言わずに"祖体系"というのだろう？

　言語は常に時間軸に沿って変化している。Ａ語といわれる言語が、歴史上のどの時点に達した時にＢ語になるのか。常に変化してやまない連続体の中のＢ語の始りを、系譜的には、Ａ語がＢ語とＣ語に（どちらが変化したにせよ）分裂した時期に求めるのである。

　"本部の第一章と第二章では、日本祖語の成立、日本語（京都語）祖体系の形成、その後の平安時代末期京都語までのアクセントの変化を次のように説いた。"(p.49)とあるが、"日本祖語"がどのような意味であるにせよ、その"成立"は説かれていない。本書では"日本祖語成立(期)"（例えばp.69）という表現がよく使われるが、どういう意味なのだろう。我々の理解では、日本祖語の一つ前の段階の言語が分裂した時が日本祖語成立の時であるが、そういう分裂というのは、たとい日本祖語が一つ前の段階の言語以後、何の変化を経ていなくても、他方の姉妹語が前の段階の言語と違っていれば分裂なのである。

　(2)を見られたい。仮に、ポスト名義抄アクセントを話していた集団(Ａ)の一部(乙)だけが、そのアクセントを１拍ずらし、残余の集団(甲)はもとのままのポスト名義抄アクセントを使っていたとする。この場合、甲諸方言の祖語は、甲であってＡではない。甲もＡも同じポスト名義抄アクセントを使っていてもである。Ａは甲乙両方の祖語、甲乙祖語、である。甲はポスト名義抄アクセント(Ａ)のまま言語的に変化がなくても（理想的！）、乙が変って分岐した時に、甲と乙が分岐した、甲が成立し乙が成立した、というのである。甲の成立時期と言うのはポスト名義抄アクセント体系の成立時期(ＸがＹとＡに分裂

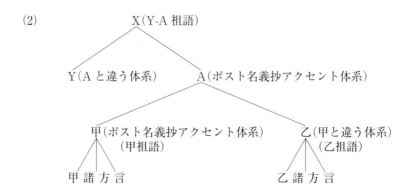

した時期)ではない。乙と秋を分った時期を言うのである。

"祖語""祖体系"というのは、その定義からして比較方法(comparative method)によって得られるものである。内的再構(internal reconstruction)で得られた形というのは、一言語内あるいは一方言内の資料によるものである以上、祖語というものが意味を成さない。祖語とは複数の体系の共通の親を言うのであるから。本書における祖語の形、祖体系の形というのは、複数方言を対象とする比較方法によって再構されたものではない。

13.2 活用形とアクセント

1拍語幹動詞の連用形と命令形がRだから、その"古態の音調としては語幹部が拍内上昇調になる"Rだった、の如き推定が諸処に見られる(p.10等)。連用形は、語幹+連用形態素、命令形は語幹+命令形態素からなる。連体形・已然形等のアクセントを考えれば、語幹部分が去(R)になっているのは、連用形態素・命令形態素の故であると考えざるを得ない。語幹のアクセントのせいではない。活用形によって語形・アクセントが違うということは、不規則形でない限り、同一語幹に形・アクセントの違う活用接辞が付いているということである。平安末期の共時態でも、それ以前の共時態でも、同じことである。

13.3 資 料

"わずかな徴証ながら語幹部が拍内上昇調だった「RL」の裏付けも指摘できそうである。"(p.11)として観・名義抄の"與""与"クミス(去平×)の2例を挙げているが、図・名義抄の全2例はともに平平東(LLF)であり、観・名義抄の他の2例は平平上である。最も信頼できるのが、図・名義抄の2例平平東、次が観・名義抄の2例の平平上で、観・名義抄の去平2例は去声点の位置そのものも怪しく、最も信頼性に欠けるのではないだろうか。"「恥 八徒(平東)(承・金光明最勝王経音義 五ウ)」の「平東」差声は、その新しく成ったLFを具体的に映し出した例である。"(p.12)この辺りばかりでなく、著者の一連の解釈に従えば、承・金光明最勝王経音義や図・名義抄よりも、観・高の名義抄

の方が信頼性があり且つ古態を伝えている、ということになるのであるが如何なものであろうか。

　本書で援用されている資料に関してもう一つ気になることは、平安末期の声点資料から、それを遡る時代のアクセントを求めるのに、『巫・日本書紀私記』『古今訓点抄』『古今集』の諸声点本等、余りにも時代の下った諸資料を交え用いていることである。

13.4　形容詞

　私としては、日本語の形容詞が体言の範疇から離れて用言の範疇に移行し始めたのは非常に新しく、文献時代最初期でもまだ体言の面影が十分に窺えると思っている。印欧語でも形容詞は名詞と共にsubstantiveの範疇を成し、活用せずに曲用する。アルタイ諸語でも名詞の一種である。朝鮮語の形容詞が日本語以上に動詞的であることを見れば、日本語の形容詞は朝鮮語の影響を受けて、体言から用言に移ってきたかと想像される。用言的な日本語の形容詞も文献時代を通じて、動詞と違って子音語幹がなく、語幹はすべて母音で終る。形容詞語幹は単独で用いられることが甚だ多く、活用語尾が完全には付かない未発達のままの形容詞的語幹も有る。そのような範疇である以上、音調の面でも語幹と語尾との融合が緩いのは当然であろう。形容詞と動詞における語幹と語尾の融合の疎密の差に目をつぶり、両語尾の音調の違いを語尾形態素の音調の違いに淵源する (p. 30)、とする本書の説には賛成し難い。

13.5　音韻変化の規則性

　"日本祖語から祖体系へ向けてどのようにアクセントの変化が行われてきたのか" (p. 39) として挙げられている例を見ると、すべて条件を述べることなく、同じ F＋R が、HH(寝屋…) (p. 40) にも、FL を経て HL(牙、姫…) (p. 40) にも、二様に変化する。同じ R＋R が、LR を経て LL (p. 38) にも、RL を経、RF を経て LF (p. 38) にも、RH(ほほ、やや…) (p. 40) にもなり、更に RL の "沼、脛" も"この部類に属するか。" (p. 40) と言うように4通りの変化を認め、HL＋HL は

HHHH, HHHL, HHLL (p. 42) の3通りに変る等、単一型から多型への条件無し音韻変化の例で埋め尽されている (pp. 41-44)。p. 46 以下の〔別表〕でも同様である。

著者にとっては、音韻法則の例外皆無性 (Ausnahmslosigkeit) など眼中に無いのであろう。

13.6　音韻変化の仕方

"筑前系の祖としてのE式、豊前系のB式、見島系の見島本村(在)式、三者の2拍名詞アクセント は、1類と2類が統合した体系故、それらを遡って、「1類と2類がHH{H}一つに統合し3類とは分化している形のA式(九州式)」を祖体系に想定する。2類について付属語の低接化 (HL{H}＞HL{L}) が3類の高起化 (LL{H}＞HL{L}) よりも早く起きた京都語の場合とは違って、これらの方言では、<u>付属語が長く固有のアクセントを保持したため1類への統合が先行した</u>わけである。"(p. 198)

私としては、2拍1・2類名詞の型の統合は、付属語が長く高を保ったからではなく、寧ろ付属語は低くなっていて、3類の高起化以前に1類の、上野善道の言う所の'だらだら下がり'的音調と2類のHLという下降調との弁別が失われた、と考える方が無理がないと思われる。3音節以上の長い単語についての資料を諸方言について見たいものである。

13.7　通時論と共時論

平安末期に複合語後項の'溝''壺''水'の最後がFになっているから、それらの単語は単独で"本来"HFだった、という説に関して"桜井茂治、早田輝洋の両氏は、これら「溝」「壺、水」のHF本来説にそれぞれの立場から疑問を提示された。"(p. 72) とある。少なくとも私としては、平安末期の共時論として上の単語はみな無アクセント形で、複合語規則(これは常に共時規則である！)によって語末にアクセントが挿入され、音声的に語末がFで実現した、とするものであることに注意されたい。通時論ではないのである。

13.7 通時論と共時論——235

　複合語の形成に関して気になる言辞が多い故、多少述べておきたい。前代において前項Ａと後項Ｂとが複合して複合語Ｃになることが(そういう共時規則が)有った。後代には、前代の単独のＡはａに、単独のＢはｂに通時的に変化した。複合語Ｃが脳裡の辞書の中に固定されていなければ、後代には後代の複合語規則により複合語ｃが出来る(3)。

(3)　前代　　Ａ＋Ｂ→Ｃ
　　　　　　　∨　∨
　　　後代　　ａ＋ｂ→ｃ

この場合、Ａ＋Ｂ→Ｃとａ＋ｂ→ｃとが共時過程であり、Ａ＞ａとＢ＞ｂとが通時過程(史的変化)である。Ａ＋Ｂ＞ｃという通時過程はないのである。
　また(4)のように前代の共時過程により生れた複合語が固定して、そのまま脳裡の辞書の中に保存され、次の代に受継がれることもある。

(4)　前代　　Ａ＋Ｂ→Ｃ
　　　　　　　　　　∨
　　　後代　　　　　ｃ

この場合は、Ｃ＞ｃが通時過程(史的変化)である。これもＡ＋Ｂ＞ｃではない。
　必ずしも複合語でないが、(5)のような史的変化も起る。$\overline{C}$はＣの補集合を表す。

(5)　前代　　Ａ＋Ｃ→ＢＣ　　(Ａ→Ｂ/__Ｃ　即ち、Ｃの前でＡはＢになる)
　　　後代　　Ｂ＋$\overline{C}$→Ａ$\overline{C}$　　(Ｂ→Ａ/__$\overline{C}$　即ち、Ｃでないものの前でＢはＡになる)

実際にはＡ＞ａとＢ＞ｂも係るのが通常であるが、今それ以上に共時規則が通時的に変化した方が重要である故その点は省略する。このような現象を規則逆転(rule inversion)と言ったりする。前代でＡがＢになっていたのに、後代でＢがＡになっているからである。
　前代の文献資料が無く、勿論比較言語学的操作をする同系言語も無い時に、現実に分っている規則Ｂ＋$\overline{C}$→Ａ$\overline{C}$(実は後代の共時規則)を史的変化Ｂ＋$\overline{C}$＞Ａ$\overline{C}$と解釈すると歴史の事実(前代の共時規則はＡ＋Ｃ→ＢＣであり、後代に

なって共時規則が変化した)を誤ることになる。実例を挙げよう。或る言語のストレスのない小辞で起ったことである。(6)に簡略化して示す。

(6) 前代　an＋子音→a＋子音　(an→a/__子音)　an は one に遡る。
　　 後代　a＋母音→an＋母音　(a→an/__母音)

前代の文献資料が無い時に、後代の共時規則だけから、母音の前で a が an に通時的に変化したと解釈したら、それは誤りである。共時規則はあくまで共時過程であって、通時過程を反映することもあれば、全く反映しないこともある。言語には必ず通時過程と共時過程とが有ることを意識する必要がある。比較方法によらないで歴史の再構を試みる場合には、特に共時過程を明確に捉えなければならない。本書では、その両過程の区別が非常に曖昧であり、共時過程が無く、すべての過程がさながら通時過程であるかのように見える。

13.8　音韻と音声

音声的な違いを"体系の違い"と言ったり、音韻体系が変らない単なる音声変化を"音韻変化"と言っている所があるのは気になる。それはこの術語の使い方だけの問題ではないようである。2拍名詞に '1類' '2・3類' '4・5類' の3型が音韻論的に区別される方言で、2・3類名詞の第2拍目の母音の広狭によって音声(ピッチ形)の違いが生じた場合に、"2類・3類の全体に新たに語類の分化が起きている"(p.317)というのはおかしい。母音の広狭によって音声の違いが生じただけで、2・3類の中のその音声の違いは何ら音韻論的な区別を生じていない。1類名詞や4・5類名詞との間の区別にも関係がない(7)。

(7)　1類名詞　　　　LF, LH ｛(H)L｝
　　 2・3類名詞　　 HL, HH ｛(L)L｝(2拍目広) 〜 HL ｛(L)L｝(2拍目狭)
　　 4・5類名詞　　 LH, LH ｛(H)H｝

"同一地点に複数のアクセント体系が共存する方言が少なからずあった。"(p.297)と言うが、ここで問題にしている方言で複数の"体系"が共存している方言は、本書の資料を見る限り、一つもない。音声形の違いだけである。そこに

挙げられている2拍名詞の資料の限りでは、"知夫式"というのが2拍名詞に二つしか型のない別の体系で、他はすべて3種の区別、語類まで皆'1類''2・3類''4・5類'になっている。

おわりに

書きたいことは多々ある。紙数の関係で批判的言辞のみ多くなってしまった。私としては第二部第一章"萩市見島の方言アクセントをめぐって"(p. 119以下)は、私の言葉で言えば、2拍名詞について、見島本村と名義抄体系との共通祖語のアクセント体系を仮定したもので、細部はともかく、すぐれた意欲的なものと見た。一層の精密化を期待したい。

付　記

1. 本稿の初出は、「〔書評〕添田建治郎著『日本語アクセント史の諸問題』」『国語学』197: 左69–75、1999年。
2. 13.1節「祖語・祖体系」の所の'祖語'の解説は'くどい'と思われるであろうが、そういう解説も必要な所が問題である。

第 14 章　万葉漫歩

　本稿は、全18回を通して、『万葉集』の歌を中心に、できるだけ国語学者のあまり注意しない、しかし通常日本古典に疎い言語学者にも興味のありそうな現象の現れている歌を選んで書いたつもりである。

　『万葉集』は、『古今和歌集』以下の八代集のような「雅」な歌ばかりが収められているものと一般に思われているかも知れないが、実は「俗」なものも多く含まれている多様で興味有る歌集である。俗っぽい部分の欠落している言語資料は欠陥資料と言わざるをえない。上代語資料として『万葉集』はこの意味でも貴重なものである。

　最近の言語学徒は現代日本語と現代英語はよく知っていても、その多くは――勿論貴重な例外的研究者も存在するが――日本の古文や日本語の歴史にはあまり親しんでいない。ましてや満洲語等のアルタイ諸語になじみのない人も多い。そういう人にも、また日本語の歴史に詳しい国語学・文献学の世界の人にも、『万葉集』を初めとする上代文献は、現代言語学で興味を持たれている事柄が色濃く現れている言語資料であることを知って頂きたいと思う。

　世界の言語の中で日本語は特別な言語だと主張している昔ながらの国語学者も今なお存在するが、日本語も人類一般の言語の一つである、ということが分って頂けるものと期待している。

第 1 回

　　吾妹子が額に生ひたる雙六の
　　　牡 牛のくらの上の瘡　　（16-3838）

吾背子が犢鼻にする圓石の
　　　吉野の山に氷魚そ懸有る　　（16-3839）

これは「無心所著歌二首」(心の著く所無き歌二首)として『万葉集』巻16に載せられている歌で、左注に：

「右の歌は、舎人親王侍座に令して曰はく、或し由る所無き歌を作る人あるときは、賜ふに銭帛を以ちてせむといふ。時に、大舎人阿倍朝臣子祖父すなはち斯の歌を作りて献上れり。登時募れりし物銭二千文を給ひき」

とある。即ちナンセンスの歌を作ったら大賞をやるという舎人親王の募に応じ、見事グランプリを射止めた大舎人某の歌2首である。

　この2首目には大した問題は無いようである。1首目の「くら」がどうも気になる。私の気づいた万葉の注釈書は大同小異、皆大賞に値するような意味にとれない解ばかりを挙げてある。代表として或注釈を挙げれば、「鞍の上の瘡——瘡は鞍の下にできるもの。従って、クラノウヘノカサと言えば無意味になることを狙った表現。【中略】〔大意〕吾妹子の額に生えている双六の、大きな牡牛の、鞍(倉)の上の腫物よ。」となっている。これで物銭二千文とは解せない。銭二千文は高額であるという。万葉学者は慎重且お上品であり、皆表面の意味だけを述べて韜晦を事としているやも知れぬが、私としてはやはり次のようなことを考えたい。

　クラという言葉は、本居宣長も既に「谷」の意であると言っている。『万葉集』16-3941番に「鶯の鳴く久良多爾」、『古事記』上に「天の闇戸神」「国之闇戸神」があり、現代地名には「赤倉」「鎌倉」「倉沢」、谷川岳にも「一ノ倉沢」等がある。このクラを直ちに朝鮮語のgol[kol]《谷》、満洲語のgolo『御製清文鑑』(1708)《河江の沖の一条の川筋》;『清文彙書』(1751)《河江水中流一條水》、蒙古語のgol《河、川。河谷、河床》と結び付けて然るべきものかは未だ分らぬが、上のあまり品のよろしからぬ歌2首については、何か水の流れのありうる谷間を考えた方が好いように思われる。2首の大意は次のごときものか。

　●私のいとしい彼女が額に生やしている、双六の賽ころにも作る牡牛の角のような。その牡牛の鞍——クラ(谷間)の上に腫物が出来ているなあ、私

のいとしい彼女の……

●私のいとしい殿御が締めるふんどしに丸い石、吉野の妹山と背山の間にちっちゃなお魚がぶら下がっているわ、私のいとしい殿御の……

第2回

緑児(みどりこ)の為こそ乳母(おも)は求むと言へ
　　乳飲(ちの)めや君が乳母(おも)求むらむ　　　(12-2925)

悔(くや)しくも老いにけるかも
　　わが背子が求むる乳母(おも)に行かましものを　　(12-2926)

　3度出ている「乳母」の原表記は〈乳母〉〈於毛〉〈乳母〉、即ち発音は「オモ」で意味は「乳母」であろう。オモは普通「母」の意味で使われている。

　『万葉集』には、「父」と「母」を並べて言うとき、オモチチ(東国語形アモシシ等)の例と、チチハハの例とがあるが、チチオモあるいはハハチチとよめる例は無い。即ち、「母」は先に来ればオモ(あるいはアモ)、後に来ればハハという。対になっている単語では母音で始まる単語を先に言うのが言語に普遍的であり(「お染め久松」「安珍清姫」等)、tよりpの方が後に来やすいのである(拙稿「対語の音韻階層」1977b 参照)。

　これらの単語は、əmə(オモ)、amə(アモ)、papa(ハハ)、titi(チチ)、tʃitʃi(シシ)のように発音されたと考えられる。Jakobson(1962)には、(p)apa は現有の親を指し、(m)ama, (m)əmə は子どもの必要を満たすための要求を表わす、ということが述べられている。万葉時代、乳をくれる人がオモ(アモ)で、ハハは多少とも成人になって使う言葉なのかもしれない。平安宮廷文学では、ママは「乳母」で、ハハが「母」になっている。ママハハ、ママコなど「継〜」のママも、血でなくて乳の繋がりが語源のようにも思えてくるが、ママチチの例も古いようであり種々難しい。

　「鼻唇音：乳をくれる人〜口唇音：次に身近な親族」が一般的ならば、「唇

音：母・祖母〜歯と歯茎音：父（唇音でない場合）・祖父」という一般式が出来よう。ここでもう一歩次のように拡大したい。「唇音：女性性器〜歯と歯茎音：男性性器」これは日本語諸方言にはかなり当てはまる。日本語周辺では、朝鮮語・満洲語・北京語・タガログ語位までで、ロシヤ語になると男性の方が当てはまらないようである。

オモも、「母」「乳母」から「オッパイ」の方へと連想が拡大する。

● ほかでもない赤ん坊の為にオモが欲しいんだ、なんて言っているけれど、お乳なんか飲むはずもない貴方が私にどうしてオモを求めるの。

● 悔しいわ、年をとってしまって。もっと若かったら、貴方が欲しがっているんだからオッパイをやりに行くんだけど。

第３回

人の見て言とがめせぬ夢にだに
　止(や)まず見えこそ我が恋息まむ　　（12-2958）

霊(たま)ぢはふ神もわれをば打棄(うっ)てこそ
　しゑや命の惜しけくも無し　　（11-2661）

特に上の２首を選ぶほどのこともない。所謂終助詞の「こそ」という希求形は係助詞の「こそ」と違って上代語にしか無い。『万葉集』には40例余り見られるが、その半分近くが「見えこそ」で「夢に（〜）見えこそ」が圧倒的に多い。

現代語でも「夢に見えろ」とは言えず「夢に見えるように」とせざるをえない。即ち希求形は単なる２人称者に対する命令形ではない。「こそ」が後続する動詞の主語は、心理的には２人称でも実際には３人称であって、現実の２人称の例は無いと言えるほどである。３人称者に対するこの願望・要求の形は、また「その動作をするなら勝手にしろ」という許容放任をも表すことがある。冒頭の２首目を見よ。

このような用法は、英独仏語などでは３人称の命令形で表すようであるが、

ロシヤ語では pust' という不変化詞、モンゴル語では -tuγai～tügei、満洲語では -kini という動詞接辞で表す。モンゴル語の当該接辞は「第3者(単数または複数)がその動作を行なうようにとの願望あるいは要求、またはその動作を行なわせておけという許容を表わす。【中略】転じて話し相手に対する命令の意味にも用いられることがある。【後略】」(服部四郎「蒙古文語文法講義(3)」1987: 294)。満洲語もほぼ同様である。『満文金瓶梅』(1708)から一例を挙げよう。男が女に誓いを立てている言葉である。

  bi aika simbe urgedeci moro -i gese hūdun banji*kini*
  私が もしも あんたを 裏切ったら お椀 の ような おできが 出来ますように。

  duin sunja aniya sohon nimeku nime*kini*   damjan -i gese yeye
  四 五 年 黄 疸を 患いますように。天秤棒 の ような 蛆虫が
  fulhū de hada*kini*   (8-11)
  袋(陰嚢) に たかりますように。

  〈我若負了你、生碗來大疔瘡、害三五年黄病、區担大蛆叮口袋。〉

満洲語の接辞 -kini の -ni は通時的に3人称接辞といわれる。「こそ」の「そ」も代名詞「そ」と共に3人称を表すものに起源を発するのかもしれない。

 ● あなたの姿が、せめて人に見咎められることのない夢にでも絶えず見えますように。そうしたら私の恋い焦がれているこの想いも鎮まることでしょうから。

 ● 霊験あらたかな神様も私のことなんかうっちゃっとけばいいんです。え、もう、命なんか惜しくもありません。

付 記
1 原文の「區担大蛆叮口袋」は邦訳では種種に訳されている。『金瓶梅』最初(1708)の外国語訳『満文金瓶梅』と比べてみると面白い所が実に多い。
 ここの例「あなたの身体にかけて誓ってご覧なさいよ」と言われて誓った言葉の一部だけでも少し示そう:

○(康熙47＝1708)『満文金瓶梅』「天秤棒のような蛆虫が袋(陰嚢)にたかりますように」
○大正12年の井上進の『金瓶梅と支那の社会状態』では原文を「區担大蛆疔口袋」として、「疔は水むしである。【中略】此處ではそれを誇張【原文：剹張】して大きな疔が全身に發して區額を担ぐような大蛆が其部分から出るといふ。別に何か洒落てゐるのかも知れぬ。」としている。(上220)
○講談社(1971)『完訳 金瓶梅』「天秤棒で大きな蛆 袋(うじぶくろ)をかつぐだろうさ」(1-100)
○村上知行訳(1973)「天秤棒ぐらいな蛆(うじ)むしにくわれてしまえだ」(1-159)
○岩波文庫(1973)「天秤棒で大きな蛆 袋(うじぶくろ)をかつぎまわることだろうよ。」(1-209)

第4回

あきづ羽の袖振る妹を
　玉くしげ奥に思ふを
　　見たまへわが君　　(3-376)

天智の孫湯原王の宴席の歌2首の第1首である。「玉くしげ」は「(心の)奥」にかかる枕詞。この歌に見られる構文は『源氏物語』や現代語でも結構頻繁に用いられている。以下の文のa, bの対は、意味的に密接な関係が有る。

　a　[敵が攻めてきた]のを迎え討った。
　b　[　攻めてきた]敵を迎え討った。

　a　[敵が矢を射た]のを楯で防いだ。
　b　[敵が　　射た]矢を楯で防いだ。

　a　[敵が攻めてきた]のが逃げて行った。
　b　[　攻めてきた]敵が逃げて行った。

　a　[敵が矢を射た]のが楯を突き抜けた。
　b　[敵が　　射た]矢が楯を突き抜けた。

a ［人が覗いた］のに対して水をかけた。
b ［　　覗いた］人に対して水をかけた。
　　　　　　　　（［　］に囲んだ部分が関係句）

a 型では関係句の主部（head、下線で示す）がその内側に有るのに対して、b 型では外側に有る。冒頭の歌はこの内側に主部の有る関係句を含むもので、

　［袖振る妹を…奥に思ふ］を見たまへ
　　（［私が、心底思っている］袖振る妹をわが君見たまへ）

ということになるであろう。

このような、関係句の内側に（も）主部の来る言語は種々有るようであるが、満洲語もその一つである。『満文金瓶梅』（1708）から例を挙げる。

　　　　　jafu -i *mahala* su-re　be tere hehe ali-me gai-ki se-re-de　　（2-05）
　［男が］毛織の帽子を　脱ぐ］の を その 女が 受け　取ろう とすると
　　〈便把氈笠兒除將下來。那婦人將手去接、〉

冒頭の日本語の古文も上の満洲語の例も動詞未完了連体接辞（-ru/-re）に対格助詞（wo/be）が続いているが、満洲語には連体接辞に名詞化接辞 -ngge が続くものが有る。これも『金瓶梅』だが、

　hasa muke gaju,　juwe niyalma tebeliye-he- *ngge* be majige fusu-ki　　（5-225）
　早く 水　 取って来い! この二人　 抱き合っている の　 に ぶっかけてやる。
　　〈快取水來、潑潑兩箇摟心的、〉

日本語におけるこの種の構文は『源氏物語』について北山谿太（1951）が指摘し（最初かどうかは知らない）、以後黒田成幸（1974, 1999, 2005 他多数）・Harada（1974）等の考察が続く。満洲語については久保智之（1985）や早田清冷（2015）の論考がある。『源氏物語』の冒頭もこの構文である。

　［いとやむごとなき際にはあらぬがすぐれて時めきたまふ］有りけり、（助詞がは主格）

●蜻蛉の羽のような、薄い透けて見える絹を着て舞っている彼女を私は心の底から想っているんですよ。
　その彼女を見てやってください。
　ドウダ、イイダロウ。

第5回

　　夜ならべて君を来ませと
　　　ちはやぶる神の社(やしろ)を
　　　　祈(の)まぬ日は無し　　(11-2660)

　　少女(をとめ)らを袖布留山(そでふるやま)の
　　　瑞垣(みづかき)の久しき時ゆ
　　　　思ひけりわれは　　(11-2415)

　　別れなばうら悲(がな)しけむ
　　　吾(あ)が衣下(ころもした)にを着(き)ませ
　　　　直(ただ)に逢ふまでに　　(15-3584)

　命令形の動詞の主語(わが君が来てください)、副文の主語(少女らが袖を振る)が対格形(〜を)で、与・位格「に」の直後にも「を」が来ているというのは現代語から見れば奇異である。
　或る注釈書では、第1首目の「君を」の「を」と第3首目の「下にを」の「を」を間投助詞とし、第2首目の「少女らを」は「思いけりわれは」の目的語としている。しかしその別伝と思われる歌「少女らが袖布留山(そでふるやま)の瑞垣(みづかき)の久しき時ゆ思ひきわれは」(4-501)があり、第2首目の「少女ら」も「袖振る」の主語で序詞と考えたい。
　当時の動詞命令文の主語標識の「を」は、英語の He ordered *me* to wait. 等の如く「と言う、と望む」等の「他動詞」の直接目的になっていると考えれば、この構文法は当時の自動詞使役文に現代語の如き「ニ使役文」がなく「ヲ使役

文」だけしかない、ということにも関連付けられそうである。ただ第2首目の歌をはじめ「命を(また)し全くしあらばあり衣(きぬ)のありて後にも逢はざらめやも」(15-3741)の如き、外側の他動詞の目的語とは解せない副文の主語の標識にも「を」が出るゆえ問題である。これらの「を」をすべて間投助詞としようとする人と、他動詞の目的語と解せないものだけを間投助詞にしようとする人とがある。確かに第3首目の如き命令・希求の焦点標識としての「を」は当時多数見られ、否定すべくもない。

用例はそれぞれ多々あるが、副文主語の標識としての「を」を認めると「春日(はる)を春日(かすが)の山の」(3-372)等《春の日が霞む》のような枕詞もこの構文に入ることになる。

命令形をはじめ副文の主語標識としての対格(助詞)の使用は、日本語と語順を同じうする満洲語・蒙古語などでは極めて一般的である(早田2011)。

満洲語訳『三国志』(1650)の例:

mim*be*　　bucehe manggi, mergen deo si　　jing-jeo -i　weile be alici ombi.
吾を(主語)　死んだ　後、　　賢　弟　汝は　荊州　の事　を　受ければよい
〈吾死之後、賢弟可攝荊州。〉(満文第8巻、漢文第40回)

「を」は、その発生など通時論はともかく、上古の共時態において、副文の主語標識と希求の焦点標識の両機能を有している。そのように見ることによって枕詞・序詞・懸詞の用い方もかなり納得が行くようになる。

3首の歌は解釈するまでもあるまい。

第6回

　…赤駒に倭文鞍(しつくら)うち置き
　はひ乗りて遊び阿留伎斯(あるきし)
　世の間(なか)や常にありける…　　(5-804)

憶良の「世間難住を哀しぶる歌」の一節である。「馬に乗って遊びアルク」という例だけで、このあちこち動きまわる意の「アルク」は現代の「歩く」と

意味の違うことが分る(後者の意味では当時アユム〈ア《足》+ヨム《読む》〉と言っていたようである)。現代でも「自転車に乗ってアルク」などと言っている方言がある。

　アルク・アリクの語源はいろいろ言われているが、筆者は上述の意味および以下の音韻的理由からこれは「有る+行く」ではないかと考えている。

　アルク・アリクの二重形とユク・イクの二重形との平行性。現代方言のアルクの過去形にk子音語幹らしからぬアルッタ形があることと、現代語のユク・イクの過去形がk子音語幹らしからぬイッタであることとの平行性。

　アルクのアクセントが、過去・現在の種々の方言で特殊であり、少なくとも過去の時代のそれは、アル(有・在)+イク(行く)で説明できること。

　アルクとアリクとどちらが古い形か。ユクとイクは、沖縄方言との対応から、イクの方が古い形であり、ユクはクの母音uの逆行同化であることが分っている(本書第12章12.2節参照)。夢(イメ>ユメ)の如し(これは逆行同化ではないが)。

　現代方言ではアリクの形は少数しか報告されていないようである。イク・ユクは、東京方言では、イクが本来形である。即ちユクの形は現在連体形になら現れるが「行った」はイッタでしかなく、ユッタとは絶対に言わない。「行き・行けば・行け」は、それぞれイキ・イケバ・イケが普通であり、ユキ・ユケバ・ユケは筆者にはやや方言的であり、少なくとも口語的ではない。

　アルクよりもアリクのほうが古い形ということになるが、文献上は、万葉や訓点語でアルクが見え、平安時代の仮名文学でアリクが現れている。これは南都のほうが先進的で、先にアルクになったのかも知れない。この点、音韻変化上 r>y としか考えられない受身接辞 rare>raye・命令語尾 ro_2>yo_2 も似たような現象かと思われる。

　アル+イクに限らず、日本語にはアルで始まる複合語が多数ある。アスペクト的なものが後続する日本語としては一見珍しい造語法にみえる。

　アル+イクという語源説は他に見ないと思っていたが、論証はともかく、18世紀の『和訓栞(わくんのしをり)』に「有行の義なるへし」とあった。「サルク」との関係も考えなければならない。

第7回

　枳の棘原刈り除け倉立てむ
　　屎遠くまれ櫛造る刀自　　（16-3832）

　「数首の物を詠む歌一首」とあるが、カラタチ、カル、クラ、クソ、クシのようなk尽しの題でも出たのであろう。

　名詞マラの数ある語源説のうち、このクソトホクマレの動詞マルの名詞化というのがある。名詞マラの語源説としてはサンスクリット起源説が有力のようであるが、私としては寧ろこの説、即ち動詞のa名詞化とするほうに魅力を感じている。子音語幹動詞にaが付されて派生したと考えられる名詞［ツカ］（塚、←［ツク］築く）、［ナハ］（縄、←［ナラ］綯う）等々平安末期資料によるアクセント（上線部が高ピッチ）は、名詞化接辞aの部分が低くなるようである。［マラ］（←［マル］）もアクセント上矛盾しない。

　マラに限らず、バカ（馬鹿）もサンスクリット起源説が有力のようであるが、往時の僧侶たちが本気でそう思っていたとしても、やはり一種の民間語源なのではなかろうか。バカの語源としては、ヲコ（烏滸）説、ワカ（若）説のほうが私は気に入っている。ヲコのコは乙類音節であり（ヲは甲乙の別が表記上ない）、乙類oとaとの母音交替による派生は上代によく知られるところである。ワカワカシなどは、平安期の多数の用例では、非難の意が濃い。

　現代も含めて、日本語一般に（漢語はその限りでないが）、語頭の非濁音（清音と共鳴音sonorant）子音は、非難・軽侮等の意を持つ時、対応の濁音（有声の非共鳴音obstruent）子音に交替する例がよく見られる。この故に、音節初頭のŋとgを音韻的に区別する方言の話者は、例えばŋaをgaのように濁音子音で発するのを聞くと、ひどく抵抗を感ずるのである。

　例：カニ／ガニ（蟹は食ってもガニ食うな）、タマ／ダマ（てんぷらの）、トリ／ドリ（鳥の肺臓）、ノラ（ネコ）／ドラ（ネコ）、ホケル／ボケル、ムスメ／ブス？。ゴミ（塵芥）、バケ（化け）もそれぞれコミ（込み）、ハケからか。ウツ／ブツ（打つ）も音声的にwとbの交替と言える。オス（押す）をボスという方言もある。ハハ（母）／ババ、チチ（父）／ヂヂも遺憾ながらこの類に入るのであろう。

日本語の歴史を通じて、語頭の濁音は普通ではない。冒頭の歌にあるウバラは「茨原」を訓んだものである。後代のウバラ、イバラ、バラに当たる上代語は、『万葉集』の東国語ウマラの一例しか完全な音仮名表記はないようである。美しい連想を持つバラ(ノハナ)は相当に新しいものであろう。

● からたちの茨を刈り払って倉を立てたいんだ。もっとあっちへ行ってうんちして頂戴！　櫛を造るおばちゃん！

第 8 回

　　いさな取り
　　　　海や死にする　山や死にする
　　死ぬれこそ
　　　　海はしほ干(ひ)て　山は枯れすれ　　(16-3852)

　上代語には、現代語では許されない「動詞連用形＋する」が多く使われている。上の旋頭歌の「死にする」「枯れすれ」もそれである。現代語でこの形が起こるのは以下の場合に限る。
　(1) 動詞連用形がすでに派生名詞になっている場合、即ち「名詞＋スル」の形。
　　　例：話する、(本当の)話もする、話をする、等。
　(2) 動詞に「は」「も」「さえ」「たり」のような助詞が付加された時。動詞は連用形になって、付加される助詞が続き、形式動詞「する」が後接する。
　　　例：(本当のことを)話しもする、話したりする、話しさえする、等。
　上の(1)が名詞で、(2)が動詞の連用形であることは、構文からもアクセントからも分る。(1)(ホントーノ)ハナシモスル(上線は東京方言における高ピッチを表す)、(2)(ホントーノコトオ)ハナシモスル。(2)に類するものに、「飲み飲みする」(ノミノミスル)のような畳語形的な連用形もあるが(2)ほど一般的ではない。幼児語のオンブスル、アンノスル(乗る)、(アンノサマニ)アンノスル《神仏に手をあわせる、祈る》等も起源は「連用形＋スル」である。
　上の(1)(2)の別は上代語でも原則的に同様であるが、問題は現代語と違って、

(1)(2)の条件に合わない「連用形＋スル」の用法が有る、しかも多数有ることである。冒頭の歌の中の例も、論証は略するが、(2)はもとより(1)の条件にも合っていない、即ち連用形が名詞化していない、と考えられる。

単純動詞形と連用形＋スル形との意味の違いは微妙である。この両用法は、近隣の言語、例えば朝鮮語・満洲語などにも見られる。朝鮮語の母語話者にかつてその違いを質問したことがあるが、うまく説明してもらえなかった。

手元の『万葉集』の注釈書は、この両用法の別について積極的には示していないようである。筆者としては、連用形＋スル形は、間に明示的な助詞などが入っていなくとも、やはりその趣があって使われているように思われる。

● 人は死ぬが、海は死んだりするだろうか、山は死んだりするだろうか。死ぬからこそ、海は潮が干、山は枯れたりするものを……

第9回

あらたまの年の経ぬれば
　　今しはと <u>ゆめ</u>よ吾が背子　吾が名告らす<u>な</u>　　(4-590)

ほととぎす夜鳴きをしつつ
　　わが背子を安眠な寝しめ　<u>ゆめ</u>情あれ　　(19-4179)

上代の否定命令、ナ＋動詞語幹＋i(＋ソ等)(本書第5章 5.4節(c)参照)、動詞語幹＋u＋ナ、によく伴うユメは、それ自身否定を意味するわけではないゆえ、否定でない命令の時にも用いられている(第2首目)。

動詞 yum- の命令形というユメの語源説は、メが乙類で成立しない。ユメのアクセントは、書紀歌謡・高山寺本『名義抄』で［低］で始まり、図書寮本『名義抄』等のユカ［高高］(斎瓮)と合わず、ユの「斎」語源説も簡単ではない。また「夢」［低低］との類推も問題になる。

他の言語で同様の機能を持っている形態素の語源はどうなのであろう。

日本語の近辺にある日本語と同じ語順の言語のうち、満洲語は否定命令形の時にだけ否定辞が動詞の前に来ること上代日本語と同様である。

満洲語（満文金瓶梅）には ume という否定命令辞があって否定される動詞より前に置かれ、動詞は未完了連体形になる：*ume* omi-re《飲むな！》(omi- 飲む)

動詞無しで文末に使われることもある：

　hasa uttu　　　*ume*
　早く そんなこと やめな！
　　〈快休如此〉

ユメも動詞無しで文末に用いられるが、その場合も否定とはいえない。
　満洲語には《全然〜でない》を意味する「umai＋動詞＋否定形」の構文があるが、この umai は ume＋ai(何)と考えられるから、ume は否定でなく、否定命令の ume…re には否定辞が含まれていないことになる。或は、

　ume…　　-re　　be naka
　絶対に… る(の) を 止めろ！

のような形から「を止めろ」の如き動詞が省略されて固定したものか。この考え方は、ume や動詞に後置する unde《まだ》を他のトゥングース諸語に見られる否定動詞の残存とする見方と矛盾する。ume を否定動詞と見ると《全然…ない》の「ume＋ai＋動詞＋否定形」は本来二重否定形ということになる(ロシヤ語等そういう言語も結構存在する)。
　ume は、機能上、ナ…(ソ)に似ているように見えながら否定される動詞に直結しなくてよい点、ユメの方に似ている。ume から 16 語も隔って動詞の来る例が『満文金瓶梅』に見出される。
　日本語のユメに機能上似ている満洲語の ume は古い否定動詞を出自としているらしいが、或いは否定の意のない強調副詞かもしれない。ユメの語源はどうなのだろう。

第 10 回

　はねかづら今する妹を夢に見て

情のうちに恋ひ渡るかも　　　(4-705)

　「夢を見る」という表現は日常よく使われているものであり、『源氏物語』にも出ていながら『万葉集』には出て来ない。万葉にも「夢」の例は数々あるが、大部分が「夢に…見える」「夢に…見る」で、他に「夢に…する」「夢の如」「夢之相《夢で会うこと》」が少数見出される程度である。万葉における「夢」の仮名書き例はすべて「いめ」と読め、「ゆめ」と読める例はない。「あさい《朝寝》」「うまい《熟寝》」「やすい《安寝》」「い《寝》ぬ」等の「い」《睡眠》に「目」が続いて出来た語形であり、「ゆめ」の形が後世の転であること等よく知られている所である。冒頭の一首も「イ」の頭韻が利いている。《覚めているときの目》でなく《睡眠中の目》であれば、「夢に見る」等の表現は当然のことでうなづける。

　満洲語の口語である錫伯(シベ)語を調査していた時、錫伯語の話者に「夢で(Xを)見る［夢見(X)、(X be) tyolixin de save-］ことは出来るが、"夢を見る［見夢、tyolixin save-］"なんてことは出来ない」と言われた。

　現代中国語では《夢を見る》に当る言い方は「做夢」である。崇禎本『金瓶梅』には「適間做得一夢不祥」(100-16a)《今しがた不吉な夢を見たわ》、「一日晩間、春梅一夢、恍恍惚惚、夢見金蓮雲鬢蓬鬆、渾身是血」(88-6a)《或る晩、春梅は夢を見ました。うつらうつらしていると夢に…》の如き例が有るが、この《夢を見る》に当る満洲語(満文金瓶梅)は同族目的語表現を用いる。初めの例：

　　emu　ehe　tolgin　　tolgi-　ka
　　或る　不吉な　夢　　【を】　夢見　た

と訳している。錫伯語でもほぼ同様：

　　eme　exe　tyolixin be tyolixine- xei

　『古事記』中巻(垂仁)に「吾見異夢」というのが有る。「あやしき夢見つ」「けしき夢見つ」等と訓読したものが多い中に日本思想大系本は「けしきこと夢に見つ」のように訓んでいる。

万葉では《夢見 X》の例ばかり多く、《做一夢》の例は管見に入らない。「夢を見る」と表現しない満洲語・錫伯語は（英語等も）上に見る通り同族目的語表現を用いるが、同族目的語表現は上代日本語には意外に無い。特に《夢を見る》を表す同族目的語表現は生れず「夢を見る」という表現を発展させた。《夢見 X》も「夢に・夢で、X を見る・X が見える」以外に「X の夢を見る」という表現法まで発達させた。

「ゆうべ夢を見た」に当る上代の表現法はどうだったのであろう。

第 11 回

わが背子を何処（いづく）行かめと
割（さ）き竹の背向（そがひ）に寝しく今し悔（くや）しも　　（7-1412）

「寝しく」のクは「カ行延言」「ク語法」等と呼ばれ、動詞・形容詞のみならず文を名詞化するものであり、一部、中国語の「的、得」、むしろ満洲語の -ngge 等を想わせる形態素である。

この形は、用言の連体形に aku という形態素が続いて母音融合したもの、という説が現在有力のようである。

有る　　　ar + ru + *aku* → araku
有らぬ　　ar + anu + *aku* → aranaku
無き　　　na + ki + *aku* → nakeku
寝し　　　ne + si + *aku* → nesiku

問題点が二つ有る。一は既に言われているように si + aku → siku の説明が苦しいこと。他はこの形態素の独立性である。平安時代のアクセントから見ると、この ku は助詞のように独立している。例えば、オモハナク《思はなく》(上線部高ピッチ)のようなアクセント形は明らかに二語のもので、オモハヌの如き形に高ピッチの単語、ここでは形式名詞、が後続した形である。

アクセント上独立していながら、母音は完全に直前の母音と融合しており、表記上も形態上も「連体形 + アク」の形は一切窺えない。アクセント上独立で

ありながら直前母音と融合しているものに完了の助動詞リがある。平安時代のアクセントで、$\overline{ワタレリ}$《亙れり》は、$\overline{ワタリアリ}$のアクセント形を如実に残しているが、このような場合は屢々「有り」の語形・表記も見られる。しかし「アク」を思わせる形は見えない。

　以上により、この形態素は aku でなく ku と考えたい。その前に来る連体形態素は前時代の形 ra, ke_1（甲類のケ）、及び古風な感のある si（キの連体形）と仮定する。ra や ke_1 は東歌に似た形で出て来る。カナシキに対するカナシケ $kanasike_1$（ケは甲類）、アルに対するアロ甲（ロは甲類）。甲類のオは a に縁がある。カゾ甲フ《数ふ》$kazu + ape_2$-、スコ甲シ（キ）《少し（き）》<$suku + asi(+ ki_1)$、($suku + na$ 参照) 等々。

　英語で不定冠詞 an は「子音の前」で a に音韻変化した。その結果 a が基本形になって、a が「母音の前」で an になる、という共時規則が出来た。一般に規則逆転という。ク語法も同様に、連体形態素 ra, ke_1 が「形式名詞 ku の前以外」でそれぞれ ru, ki_1 に通時的に変化したが、その結果基本形も ru, ki_1 に変り、共時規則「連体形態素 ru, ki_1 は「形式名詞 -ku の前」でそれぞれ ra, ki_1 になる」が生まれた。

付記

1. 「ク語法」については、本書第1章1.6節、第2章2.5節参照。

第12回

　　古(いにしへ)に恋ふる鳥かも
　　　　弓弦葉(ゆづるは)の御井(みゐ)の上より鳴き渡り行く　　(2-111)

　後には専ら出発格にのみ用いられるようになったヨリが、上代では上の例に見られるような経由点《を通って、を介して》を表す沿格 Prolativ 助詞としても用いられている。これは《を介して》という意味から次のように手段——具格としても使用されている。

(1)　…他夫の馬<u>より</u>行くに
　　　己夫し歩<u>より</u>行けば…　　（13-3314）

沿格助詞は現代語に無いので目にとまる。このヨ甲リ（ヨ甲・ユリ・ユも含めて）の使い方を見ると、満洲語の沿格助詞 deri や英語やドイツ語の前置詞 through, durch 等々が想起される。

　ヨリは、出発点・経由箇所・手段に用いられ、他に出発格助詞は無かった。
　deri は、（出発点・）経由箇所・到達点に用いられ、出発格専用の助詞 ci と対立している。
　through は、経由箇所・到達点および若干弱いが手段にも用いられる。（ドイツ語の durch の方が一層手段的。）
　満洲語（満文金瓶梅(1708)の例）の deri は、典型的には、

(2)　fa *deri* fekume dosimbufi　　（26-32）
　　　窓　から　飛び　込ませて　　〈打窓戸内跳進去〉

(3)　olhon jugūn *deri*　　（81-06）
　　　陸　　路　　をとり　〈打旱路〉

のような経由点を表すものであるが、

(4)　duin biyai orin　　*deri*　　　　　（9-08）
　　　四　月　二十日　になって（を過ぎて）　〈四月二十頭〉

のような出発点にやや近い例もある。

　ヨリは到達点寄りには用いられないのに対して、deri や through は、次のように到達点寄りにも用いられる。

(5)　(from) Monday　*through* Friday　　　　　　　　（英語）
　　　　　　月曜から　金曜まで(金曜を含む)

(6)　faitan *deri*　　funiyehe sulabuha, sio-cūn gebungge sargan jui　（満洲語）
　　　眉の(眉に到る)所まで　前髪を　残してある　綉春　という　女中　（13-02）
　　　〈一箇頭髮齊眉的丫鬟〉

(7) ulhiyen -i da *deri*   isinaha.   (73-27) 〔満洲語〕
    次第に 根元 の所にまで 到達しました。   〈漸没至根〉

上代のヨリには確かに沿格的な使い方が有るが、deri や through と比べてみると、上代でも既に出発格寄りである。これが後に出発格専用になったのは頷けるとして、それほど出発格的でなかった満洲語でも今の口語(錫伯語)で出発格になっているということは、収斂的変化なのであろうか。日本語で沿格用法が上代以前にはもっと活発であったのか、それとも沿格は発達しなかったのか、今のところ分らない。

付　記

1. 満洲語の deri と上代語のヨ甲リを紹介した。アルタイ諸語の d, ʤ と日本語のヤ行子音 [j] の比較は昔からよく取り上げられている。確かに語頭子音だけは対応する例が多い。

第13回

からころも君にうち<u>着せ</u>
　見まくほり恋ひそ暮らしし雨の降る日を　　(11-2682)

彼はシャツを<u>着た</u>。
彼は子供にシャツを<u>着せた</u>。
×彼は子供にシャツを<u>着た</u>。

現代日本語で、自分の身体へ(身体から)の衣服・履物の着脱はキル・ハク・ヌグ等々であるが、他者の身体になるとキセル・ハカセル・ヌガセル等々になる。ところが英語では、

　He *put* on a shirt.　　　　　　彼はシャツを<u>着た</u>。
　He *put* a shirt on the child.　　彼は子供にシャツを<u>着せた</u>。

のように両方とも put を用いる。

「着衣動詞」と言われたりしているこのような動詞類は、上代語でも同様のようである。

次の例は、牛が自ら鼻縄を「履く(付ける)」のを他者が幇助しているのでないことは確実である。

　　牛にこそ鼻縄履くれ…　　(16-3886)

《牛にこそ鼻縄を付けたりするが、なんで私のことを…》(「履くれ」は $pake_2$- の已然形。$pake_2$- は、自分専用の動詞 pak-《履く、佩く》に対する他者専用形《履かせる、付ける》)。

満洲語では、衣服・装身具を自分の身体に付けるのは etu-《着る、等》、nere-《羽織る》であるのに、他者の身体に付けてやるのは etu-bu-《着せる、等》、nere-bu-《羽織らせる》であって正に着衣動詞である。しかし《脱ぐ》《脱がせる》は共に su- で、着衣動詞でない(直訳すれば「取りはずす」になる)。勿論 [相手が自ら自分の衣服を脱ぐ] 或いは [他者の衣服を脱がす] ことをさせる場合——真の使役——には、su- の使役形 su-bu- を用いる。

意味的には着衣でありながら、この類に入らないものが有る一方、着衣とは言えないものもこの類の動詞に入っている(セオウ、carry…)。寧ろ「自分専用動詞」或いは「再帰動詞」と呼ぶべきかも知れない。「持つ」「食べる」「飲む」等々はどの言語でも再帰動詞ということになりそうである。一般に言語には再帰動詞と非再帰動詞があり、「着衣動詞」という狭い特殊なものが問題なのではあるまい。

着衣動詞を＋、非着衣動詞を－で表して簡単に纏めてみよう。

	持つ	着る	脱ぐ	付ける
日	＋	＋	＋	－
満	＋	＋	－	－
英	＋	－	－	－

他に、日本語の「殺す」のような他人専用動詞もあるようである。

敬語もそうであるが、再帰動詞が主語を指す以上、日本語無主語論というの

は成り立たないのではないか。

第14回

古(いにしへ)の倭文機帯(しつはたおび)を結び垂れ
　　誰(たれ)とふ人(ひと)も君には益(ま)さじ　　（11-2628）

筑波嶺(つくはね)に雪かも降らる
　　否(いな)をかも
　　愛(かな)しき児(こ)ろが布(にの)干(ほ)さるかも　　（14-3351）

現代語では次の如く言うと思われる。

　×誰という人（〜名前）
　　何という人（〜名前）

第1首下線部の原表記は「孰云人」であり、「一書謌曰…誰之能人…」とある。一書の方はタレシノ乙ヒ甲ト乙と訓める。他に集中「孰人」「誰人」各一例がある。それぞれ何と訓むにせよ、万葉で「誰という人」は孤例である。「云」が誤字のような気もするが、現在の常陸には「誰という人（〜名前）」が使われている所もあり、また中国語でも次のような例が見られる（金瓶梅）。

　玉楼笑道、…房中有人無、姓甚名誰、有官身、無官身、
　《玉楼は笑いながら、「…御部屋様はいらっしゃるの？
　　　お姓は？　お名前は？　官職のある方？…」》

これを『満文金瓶梅』でも、

　hala ai,　　gebu we,　　（91-11）
　姓は 何？　名は 誰？　（直訳）

と訳している。「誰という人」「誰という名前」も有りうるとは言える。
　上代語の疑問表現は論考も少なくないのであるが、実の所、分らない所が非

常に多い。第2首は透明な例である。「かも」の繰り返しが快く響く。

英語の or の如き単一の明瞭な言葉は、普遍的に有るわけではない。日本語は古来第2首の如く、普通「か」を使う。ロシヤ語では i《と》と li《か》を続けて ili と言っているが、これは「とか」や and/or に似ている。満洲語では「或いは A、或いは B」の言い方が普通のようであるが、ロシヤ語にも ili A, ili B の表現がある。

疑問表現は大きく次の二つになる。

(1) 選択疑問「AかBか」即ち、AであるかBであるか、の選択。もし「Bか」が「どうか」或いは「否か」或いはゼロであれば、AであるかAでないか、の選択になる。

(2) 疑問詞疑問「WH句・節」これは選択ではなく、「何」なのかが求められている。

冒頭第2首の例は選択疑問である。

ところが最近「誰が優勝する(の)かどうか(分らない)」のような表現がアナウンサーにも使われているし、本誌に掲載された言語学の論文にまで用いられている。疑問詞疑問なのか選択疑問なのか分らず、私などには解釈しがたいような表現である。これは第三の形なのであろうか、それともすべて選択疑問の形になって来たのであろうか。

(関西に大震災のあった時のテレビ報道で空から火災の状況を映しながら「どこが燃えているのかどうか分りません」と何度も言っていた。テレビ画面で明らかに燃えているのが分っているのに「燃えているのかどうか分りません」とは！)

第15回

鳥じもの海に浮き居て
　沖つ波騒くを聞けばあまた悲しも　　(7-1184)

息の緒にわが息衝きし妹すらを
　人妻なりと聞けばかなしも　　(12-3115)

ウミ甲ニウキ甲ヰテにしても、イキ甲ノ…イキ甲ヅキ甲…イモ甲スラヲにしても、万葉には頭韻を踏んでいるものが多い。

さて内容であるが、話者が、自分の眼・耳で確かに知覚し、真実と自認している事実と、真実であると特に自認してはいない場合との違いについては、既に多くの優れた研究がある。現代日本語の場合、前者では「ヲ＋動詞」、後者では「ト＋動詞」になるのが一般であることが分っている。「ヲ＋動詞」の前にノが来るかコトが来るかの違いについても研究が進んでいる。

上代語では、連体形の後の形式名詞ノはゼロであり、またコトは「言」の意が一般には含まれているようである。

満洲語でも「を聞く」と「と聞く」の区別は鮮明である。

●「…のを聞く」の例（満文金瓶梅）(82-09)

niyalma　　　fu　-i　da　jaka-de car[tʃa:r] seme site-re　　　be
人〈金蓮〉（が）垣根　の　もと　で　　シャーッ　と　おしっこする（の）を
　　　　　　donji-fi
〈敬済が〉聞いて
　〈忽聽見有人在墻根溺的尿刷刷的響〉

●「…を…と聞く」の例（満文金瓶梅）(51-05)

haha juse de sini　　ama　be　　mini boo-de dosi-ka　　　seme
小者　に（から）貴女の　お父様　を（が）私の　部屋に　お入りになった　と
donji-re　jakade
聞きました　ものですから
　〈聽見小厮説他爹往我這辺来了〉

『金瓶梅』の原漢語「聽見…的響」を、満洲語では「のを聞く」に当る表現で訳している点、注目すべきである。

同じ「と＋動詞」でも、主体的な動詞では、平叙文において１人称と２・３人称とは区別されている。現代語に次のような現象がある。

　僕は今日雨が降ると思う。
　×太郎は今日雨が降ると思う。

太郎は今日雨が降ると思っている。

上代語でも同様に、平叙文において主語が3人称のときはオモ乙ヘ甲リ《思っている》が普通で、1人称のときはオモ乙フも、オモ乙ヘ乙リもともに用いられる。

　　夜のほどろわが出て来れば
　　　吾妹子が思へりしくし面影に見ゆ　　　（4-754）

「僕は…と思う」に対する「花子は…と思っている」のような区別は、満洲語では明瞭でないようであるが、「僕は寒い」と「花子は寒がっている」の違いの如きものが若干窺えるようでもある。
　知覚動詞という類は英語などでも有意味な範疇をなしている。

第16回

　　…斎瓮を斎ひ掘り据ゑ　竹珠を間なく貫き垂れ
　　天地の神祇をそ吾が祈む　甚もすべ無み　　（13-3284）

　　足玉も手珠もゆらに織る機を　君が御衣に縫ひ堪へむかも　（10-2065）

　万葉では、タマという単語は魂を別にすれば、意字として「玉」と「珠」が用いられている。タマは、海底海中海浜から拾うもの、手に纏くもの、鮑の珠のような真珠類から宝石、緒に通して腕輪・首飾りにするもの、それも冒頭の歌にあるように竹を輪切りにしたようなものまでも言っており、小さくて丸い粒状の飾り物を意味しているようである。しかし漢語の「珠」は丸い粒状でツブラでもあろうが「玉」は円くなくてよい物質名詞。タマの他に記紀には「瓊」をヌと訓んだりニと訓んだりしているものがある。本来は、ニが独立形、ヌが複合時の形であろう。使用例から見るとタマの一種のようである。
　冒頭第二の歌のように、玉や鈴が触れ合って鳴る音をユラというのは気になる。現代語の感覚からすると、ユラでは揺れる感じになってしまい、ジャラジャラ或いはチリンチリンの如き擬音語には聞こえない。日本語とアルタイ諸語

との比較によく持ち出される日本語 y とアルタイ諸語 d との対応がもし本当なら（第12回付記）、ユラがジュラのような音に遡ってジャラジャラというような音になり大変好都合ではあるのだが…。

　漢語で佩玉の触れ合う音は、時代は下るが『金瓶梅』では ding-dang（玎瑲、叮瑲など）が普通で、時に ding-dong（玎咚、玎喺）といい、shan-shan（珊珊）ともいう。これらを『満文金瓶梅』では皆 kalang-kiling と訳している。満洲語では「玉」は一般に gu（漢語からの借用）で最古の満満辞典『御製清文鑑』（康熙47＝1708年）では（和訳すれば）「石の類、性滑らかで荒くなく、つやつやして硬い。種々の色がある。真っ白なのが貴である」となっており、当然円いとは書いてない。真珠は一般に nicuhe といい満漢辞典『清文彙書』（乾隆16＝1751年）では「珠子乃生於蛤蚌内色白有光而円扁大小不一」とされ円扁である。特に東海で産するものを tana といい貴珠とされている（『清文彙書』「東珠出於東海蛤蚌内大小不一最貴之珠」）。『満文金瓶梅』では「瓊」を fiyahan と訳しているが、『清文彙書』では「瑪瑙。玉石玳瑁等物及凡物有花紋貴重者」とする。宝石類の語彙は大和言葉に比して豊富である。

　なお「竹珠」という言葉は満漢辞典『清文補彙』（乾隆51＝1786年）に有るが、「cusengge nicuhe 竹珠。生於竹内形類東珠不甚円而暗」となっており、これは竹を輪切りにしてネックレスにしたようなものではない。

第 17 回

　　淡海（あふみ）の海夕浪千鳥汝（な）が鳴けば
　　　情（こころ）もしのに 古（いにしへ）思ほゆ　　（3-266）

　最初の「淡海乃海」の仮名書き例としては、『古事記』にアフミ甲ノ乙ウミ甲、書紀にアフミ甲ノ乙ミ甲（に当る漢字表記）がある。五拍の処であるから、アフミ甲ノ乙ミ甲の如く発音すべきものなのであろう。同じ「海」でも、アハ＋ウミ甲→アフミ甲では連続母音の前の母音が落ち、ノ乙＋ウミ甲→ノ乙ミ甲では後の母音が落ちる。

　上代において母音連続は一般に回避されるが、その条件を橋本進吉博士は、

前の母音が脱落するのが原則で、後の母音が前の母音より狭い場合に限り、後の母音が脱落することがある

旨、「母音の広狭が大切」としている(本書第6章6.4節参照)。

上代の共時態として、筆者は次のような、層を有する「語彙音韻論」的枠組みを考えたい。その際、母音の広狭は一切係わらない。すべて簡略化して示す。(「語彙音韻論」は1980年代に提唱された、形態論と音韻論を一層融合させた一理論である。)

	形態論	音韻論
Ⅰ	複合一	前母音消去(等)
Ⅱ	複合二・活用	後母音消去(等)
Ⅲ	補助動詞接合等	母音融合(等)

第Ⅰ層の例、アハ+ウミ甲 → アフミ甲、クレノ乙+アキ → クレナキ《呉藍・紅》、ハヤ+ウマ → ハユマ《早馬》等々のほか、ニ+アリ → ナリ、ク+アリ → カリ、ズ+アリ → ザリの如き融合等。第Ⅱ層の例、オホ+アナムチ → オホナムチ《神名》、アフミ甲ノ乙+ウミ甲 → アフミ甲ノ乙ミ甲、タツノ乙+ウマ → タツノ乙マ《龍馬》、アレ+オモ乙フ → アレモフ《我思ふ》の如き単語間の母音縮約の如き複合のほか、uke+azu → ukezu《受けず》(sak+azu《咲かず》)、mi_1+aba → mi_1ba《見ば》の如き活用。第Ⅲ層では、$saki_1$+ari → $sake_1ri$《咲けり》の如き母音融合。

一般に、下の層(Ⅲ側)の過程の方がその共時態では透明で生きており、上の層の過程で出来た形の方が「古く」固定している。《と言ふ》は、Ⅰでは to_2+ip- → tip- チフ、第Ⅱ層でなら to_2+ip- → to_2p- トフ、第Ⅲ層でなら(中古期の形)to+ip- → tep- テフということになる。しかし ukezari《受けざり》はⅠで azu+ar- → azar- が造られ、Ⅱで uke_2+azar- → uke_2zar- が出るからといって、《受けず》と《あり》の融合が《受け uke_2》と《ず azu》の融合より通時的に古い、ということにはならない。この順序は、共時的に《受けざり》は《受け+ざり》であって《受けず+あり》ではない、ということの現れに外ならない。同様に saki-ari → $sake_1ri$《咲けり》がⅢであるということは、Ci+a → Cye(Ce_1)の如

き母音融合が通時的に新しいのではなく、共時的に《咲き＋あり》→《咲けり》の過程が生きていることを示しているものである。

付　記

　1. 本回に書いた「語彙音韻論」Lexical Phonology は、筆者としては問題が多すぎ、上代日本語の母音の脱落については、現在では本書第 6 章のように考えて行きたいと思っている。すなわち、基本的に単語(複合語)では左脱、句では右脱と考えている。

第 18 回

　　…敵(あた)みたる虎か吼(ほ)ゆると…　　(2-199)
　　…韓国(からくに)の虎とふ神を…　　(16-3885)

　虎、羊、蝎など本来日本にいなかった動物の名がどうして和語なのか気になる。「獅子」など外来語そのままのものは何の不思議もない。タツ(龍、辰)のような想像上の動物もまあいい。トラ・ヒツジは十二支に出てくるし、寅歳生まれの人名にはトラが上代からつい最近まで用いられていた。万葉に虎は三例「虎」の表記で出ているが、人名資料から甲類トのトラであることが分る。甲類トということで [twara] の如きもの(から来た)かとも考えたい。斑(まだら)のタラが語源だという説もある。

　トラは隣の朝鮮にはいたのであるから、その地の言葉が入って来ていてよいと思われるがよく分らない。神社のコマイヌ「狛(朝鮮)の犬」は獅子の系統なのであろうが、言葉の上からは或いは虎かと気にはなる。恐い動物は、狼も大口(くち)の真神(まかみ)であり、虎も冒頭第 2 の歌にいうように神なのだが、コマイヌは別の次元のものかもしれない。

　ヒツジは推古紀によると既に百済から入ってはいた。語源説もいろいろ有るが、いま立ち入ることは止めよう。

　蝎は中国はもとより琉球、小笠原にはいる。首里方言ではヤマンカジ(山百足(むかで))。サソリの仮名書き例は平安時代になるが、これは「刺す蟻」かと思われる。『類聚名義抄』のアクセントは、サ<u>ソリ</u>(上線高ピッチ)であり、サ<u>ス</u>＋<u>アリ</u> → サソリなら、上代の発音では、ソは甲類であろう。

虎、羊などの出て来る十二支の他に十干の呼称はどうか。日本では、甲乙丙丁戊己庚辛壬癸を五行の兄弟に当て、五行の木・火・土・金・水をそれぞれキ乙・ヒ乙・ツチ・カネ・ミ甲ヅと呼び、兄(エ ye)弟(オト乙)と組み合わせた。即ち、甲は「木の兄」(ki_2-no_2-ye キノエ)、乙は「木の弟」(ki_2-no_2-oto_2 → キ乙ノ乙ト乙)…十二支と一緒にして、甲子は「木の兄の鼠」(キ乙ノ乙エネ)、乙丑は「木の弟の牛」(キ乙ノ乙ト乙ウシ)、丙寅は「火の兄の虎」(ヒ乙ノ乙エト甲ラ)…ところが満洲語や蒙古語では、十二支の動物は日本語と同じであるが(もっとも猪はブタである)、五行はその色の方で呼ぶ。即ち、木・火・土・金・水はそれぞれ、あお・赤・黄・白・黒、かつ兄弟は濃淡で表す。従って、甲子は「木の兄の鼠」でなく「あおい鼠」、乙丑は「薄あおの牛」、丙寅は「真っ赤な虎」、等々である。青と緑の区別はない。

虎は満洲語で tasha(タスハ)という。旧満洲地区に tasha という名の河があったが、今でも太子河と書かれ呼ばれている。

付 記

1. 「万葉漫歩」一連の初出は『月刊言語』1988年1月号−1989年6月号である。
2. 十干と十二支は最小公倍数の六十年で還暦になり、120通りの組み合わせは無い。しかし、清のヌルハチ・ホンタイジの時代の記録『満文原檔』には、通常には無い組み合わせ――甲巳(キノエ・ミ)の歳とか戊未(ツチノエ・ヒツジ)の歳等等のような組み合わせが時々見られる。勿論、乾隆期の『満文老檔』では、上の例もそれぞれ乙巳(キノト・ミ)、己未(ツチノト・ヒツジ)のように書替えられている。

第15章　擬音擬態語と言語の古層

　当然のことながら、擬音語や擬態語は比較言語学の対象から外されるものである。擬音語は、もとの音に似せて出来た単語であり、擬態語は共感覚に基づくものであって、共に恣意的な音の当てはめに基づく単語に遡らないからである。

　現在残念ながら、擬音擬態語は余りまともに研究されていない。ましてや世界諸言語の擬音擬態語の蒐集とその分布の研究などは、管見に入って来ないほどである。

　擬音擬態語は、或る意味で確かに基礎語彙とは相当に違うのであるが、共に幼児期に習得する「基礎的な」単語であり、言語調査上も逸したくない単語である。

　比較言語学は、単語などの音韻対応を基にそれらの単語の出自の同一性を明らかにする。その際に音が似ているかどうかは問題にならない。むしろ共通の出自から遠く隔たっている場合には、似ているということはそれらの単語が共通の出自を有しないことを予測させる。

　擬音擬態語では、もとの音が同じであり人間の共感覚もほぼ同じであれば、互いにみな似てきて余り言語差は生じないはずである。各言語の音韻体系による制約は受けるわけであるが、それも現実の音や共感覚によるために一般の音韻体系と同じにはならないのが普通のようである。例えば、日本語のハ行音についてJ. マコーレー(1968: 29)に次の旨の指摘がある（かなり単純化して示す）。

　一、和語・漢語にはハ行音とバ行音の二つが区別される。（「一本」「二本」
　　　における［ホ］と［ポ］、「産婦人科」「産婦」における［フ］と［プ］の違い
　　　などは予測できる）(hpf/b)

　二、擬音擬態語にはハ行音とバ行音とパ行音の三つの区別がある。（例：ハ

ラハラ、バラバラ、パラパラ)(h/b/pf)

三、外来語にはハ行音、バ行音、パ行音、ファ行音の四つの区別がある。
　(例：ホール、ボール、ポール、フォール)(h/b/p/f)

　また擬音擬態語は擬音擬態語であるかぎり、一言語内の史的変化において必ずしも正規の音韻変化を被らない。(例、ハタがパタパタとハタめく。ヒカリがピカリとヒカッた。)すなわち、その言語の正規の音韻変化に抗してかなり古層の音を保ち、その結果また言語差が小さくなることが考えられる。

　ところが実際に世界の諸言語を見ると、擬音語や擬態語は必ずしも、それほどは諸言語間で一致していないのである。一致している場合はもとより単に似ている場合でも、それは地理的に隣接しているときが多いように思われる。隣接していないで似ている場合も勿論有るのであるが、隣接している場合には隣の言語の影響、即ち両言語が古層において何等かの繋がり・接触があったという蓋然性は充分考えられるのである。今まで比較的等閑に付されていた世界の擬音擬態語の地理的分布を確認する必要のある所以である。

　起源による類似(系統論)と隣接性による類似(言語連合)のうち、一般に前者の方に興味が集中してきたと思われるが、R. ヤーコブソン(早田[訳]1986: 31-37)が強調するように後者の重要性も忘れてはならない。この二つは対等の重要性を持っている。往時と違い、言語の普遍性の研究も非常に進んだことにより言語類型論に深みが出てきた。言語理論の研究が盛んになるかたわら諸言語の記述もますます広く行われるようになっている。既に調査の行われている言語だけでも擬音擬態語の集大成をしてみたいものである。世界中の言語について擬音擬態語は皆似たようなもので、地域性や言語固有性など無いものだ、というような言明はその様な集大成がある程度出来てからにすべきである。

　最後に擬音語の例として、犬の典型的な鳴き声を、かなり恣意的であるが、若干挙げておこう。言語によってこの程度には違い、南の方はいざ知らず、ほぼ東から西に亙る地理的な分布が分る。日本語の古層と犬の鳴き声はどう繋がるのだろうか(表記は単純化した)。

日本語　　　　　　　　wan wan
朝鮮語　　　　　　　　mʌng mʌng

中国語
    北京語   wang wang(汪汪)
    閩　語   ngo ngo
チベット・ビルマ語
    チンポー語   rok rok
蒙古語
    内蒙古   wang wang
    ハルハ   xaw xaw
トゥングース語
    現代の満洲語(シベ語)   wan wan
    清朝時代の満洲語   gwang gwang
    ナーナイ語   gwank gwank
    オルチャ語   gwank gwank
    オロッコ語   guwa
    オロチ語   go go
    エヴェンキ語   gow gow
    エヴェン語   gow gow
    ネギダル語   goɣ goɣ
テュルク語
    トルコ語   hav hav
    新ウイグル語   haw haw
アラビア語(エジプト)   haw haw
印欧語
    ロシヤ語   gaw gaw
    ポーランド語   hau hau
    デンマーク・ノルウェー語 vov vov
    ドイツ語   wau wau
    イタリア語   bau bau
    フランス語   oua oua
    スペイン語

（ヨーロッパ）	guau guau
（メキシコ）	[uau uau]
英語	bow bow
ポルトガル語（ブラジル）	au au
ケチュア語（エクアドル）	aw aw

付 記

1. 本稿の初出は、「擬音擬態語と言語の古層」『月刊言語』（別冊「総合特集—日本語の古層」）16(7)：102-103、1987年。

2. 原著では最後の行「ケチュア語」が印欧語であるように印刷されているが誤植である。系統の違う言語でも周囲の言語と同様の擬音語を使っている例である。

参照文献

『満文金瓶梅』(1708＝清康熙 47)
『御製清文鑑』(1708＝清康熙 47)
『清文彙書』(1751＝清乾隆 16)
『国語学辞典』初版本(1955，東京堂)
『新潮国語辞典』(初版 1965，第 2 版 1995)
『時代別国語大辞典 上代編』(1967，三省堂)
『古語大鑑』(2011-，東京大学出版会)

Adam, Lucien. 1873(清同治 12). *Grammaire de la langue Mandchou*. Paris.
アルパートフ(Alpatov), V. M. 1991. Iz nasledija E. D. Polivanova, *Voprosy Jazykoznanija* 4: 124-137.［早田輝洋訳 1997．『E. D. ポリワーノフの遺産より』について．『通信』90：17-23；91：1-10．東京外国語大学アジア・アフリカ言語文化研究所］
有坂英世．1931．國語にあらはれる一種の母音交替について．『音声の研究』4．
有坂秀世．1932．古事記に於けるモの假名の用法について．『國語と國文學』9(11)：74-93．［有坂(1957：83-101)に再録］
有坂秀世．1934．古代日本語に於ける音節結合の法則．『國語と國文學』11(1)：80-92．［有坂(1957：103-116)に再録］
有坂秀世．1957．『國語音韻史の研究 増補新版』三省堂．
朴範眞．(未刊)．『上代日本語における音節結合について』大東文化大学外国語学部日本語学科 1997 年度卒業論文．
Bloomfield, Leonard. 1933. *Language*. Chicago: University of Chicago Press.
Chomsky, Noam. 1964a. Current issues in linguistic theory. (種々の版があるが，例えば) *The Structure of Language: Readings in the Philosophy of Language*, ed. by Jerry A. Fodor and Jerrold J. Katz, Englewood Cliffs, NJ: Prentice-Hall.［邦訳は橋本萬太郎 訳「言語理論の現在の問題点」(橋本萬太郎・原田信一 訳『現代言語学の基礎』(1972)，大修館書店(翻訳底本は 1964b も参考にしている旨序文にあり)］
Chomsky, Noam. 1964b. *Current Issues in Linguistic Theory*. The Hague: Mouton.
ES 生．1983．外来語アクセントの対応について．『国語学』132：82-84．
Frellesvig, Bjarke. 2007. On the verb morphology of Old Japanese. *Current Issues in the History and Structure of Japanese*, ed. by Bjarke Frellesvig, Masayoshi Shibatani & John Charles Smith. Tokyo: Kurosio Publishers, pp. 219-261.
Frellesvig, Bjarke. 2008. On reconstruction of proto-Japanese and pre-Old Japanese verb inflection. *Proto-Japanese. Issues and Prospects*, ed. by Bjarke Frellesvig & John Whitman. Amsterdam/Philadelphia: John Benjamins Publishing Co., pp. 175-192.
Frellesvig, Bjarke & John Whitman. 2008a. Introduction. *Proto-Japanese. Issues and Prospects*, ed. by Bjarke Frellesvig & John Whitman. Amsterdam/Philadelphia:

John Benjamins Publishing Co, pp. 1-9.
Frellesvig, Bjarke & John Whitman. 2008b. Evidence for seven vowels in proto-Japanese. *Proto-Japanese. Issues and Prospects*, ed. by Bjarke Frellesvig & John Whitman. Amsterdam/Philadelphia: John Benjamins Publishing Co., pp. 15-41.
藤崎博也・杉藤美代子．1977．音声の物理的性質．『岩波講座 日本語 5 音韻』岩波書店，pp. 63-106.
福田良輔．1954a．古代語法存疑（その一）——エ列音の連体形．『文學研究』48：39-48，九州大学．
福田良輔．1954b．古代語法存疑（その二）——久語法について．『文學研究』50：31-41，九州大学．
福井直樹 編．2000．『シンタクスと意味——原田信一言語学論文選集』大修館書店．
福盛貴弘．2004．『トルコ語の母音調和に関する実験音声学的研究』勉誠出版．
福盛貴弘．2010．トルコ語のアクセントについて．『言語研究』137：41-63.
姜英淑．2008．韓国語統營方言のアクセント体系．『日本言語学会第 136 回大会予稿集』pp. 336-341.
權景愛．1999a．上代日本語の母音脱落とアクセント——融合表示の手段としての両者の相関性．『日本語と日本文学』28：35-49.
權景愛．1999b．上代日本語における母音脱落——音数律との関連に着目して．『国語学』197：1-14.
權景愛．1999c．上代日本語における音節脱落．『筑波日本語研究』4：91-110.
Harada, Shin-Ichi. 1974. Remarks on relativization. *Annual Bulletin, Research Institute of Logopedics and Phoniatrics, University of Tokyo* 8: 133-143.［福井 編（2000：237-248）に再録］
橋本進吉．1950．国語の音節構造の特質について．『国語音韻の研究』岩波書店，pp. 230-260.
服部四郎．1951．蒙古語チャハル方言の音韻體系．『言語研究』19, 20：68-102.［『服部四郎論文集 2 アルタイ諸言語の研究Ⅱ』(1987), pp. 319-372 に再録］
服部四郎．1955．「トルコ語」の監修者註．市川三喜・服部四郎 編『世界言語概説 下』研究社，p. 635.
服部四郎．1958．奄美群島の諸方言について．『人類科学』9：77-99.［服部(1959：275-294 に再録)］
服部四郎．1959．『日本語の系統』岩波書店．
服部四郎．1960．音韻論(1).『言語学の方法』岩波書店, pp. 279-301.
服部四郎．1968．はしがき．『表音評釈 琉歌全集』武蔵野書院, pp. 1-7.
服部四郎．1973．アクセント素とは何か？ そしてその弁別的特徴とは？『言語の科学』4：1-61.
服部四郎．1974．北京方言の四声の音韻論的分析．『言語の科学』5：97-102.
服部四郎．1976a．上代日本語のいわゆる〝八母音〟について．『日本學士院紀要』34(1)：1-16.

服部四郎. 1976b. 上代日本語の母音体系と母音調和. 『月刊言語』6月号, 5(6): p. 2-14.

服部四郎. 1976c. 上代日本語の母音音素は六つであって八つではない. 『月刊言語』12月号, 5(12): 69-79.

服部四郎. 1978. 日本祖語について(9). 『月刊言語』11月号, 7(11): 108-117.

服部四郎. 1979a. 日本祖語について(20). 『月刊言語』10月号, 8(10): 105-115.

服部四郎. 1979b. 日本祖語について(21). 『月刊言語』11月号, 8(11): 97-107.

服部四郎. 1979c. 日本祖語について(22)(最終回). 『月刊言語』12月号, 8(12): 100-114.

服部四郎. 1983a. 橋本進吉先生の学恩. 『国語学』133: 1-41.

服部四郎. 1983b. 講演「橋本進吉先生の学恩」補説(一). 『月刊言語』3月号, 12(3): 78-81.

服部四郎. 1983c. 講演「橋本進吉先生の学恩」補説(二). 『月刊言語』4月号, 12(4): 326-329.

服部四郎. 1983d. 講演「橋本進吉先生の学恩」補説(三). 『月刊言語』5月号, 12(5): 120-123.

服部四郎. 1987. 蒙古文語文法講義(3). 『服部四郎論文集2 アルタイ諸言語の研究Ⅱ』三省堂, pp. 294-313.

早田清冷. 2015. 古典満洲語の「同格の属格」について. 『言語研究』147: 7-30.

Hayata, Teruhiro. 1974. Accent in Korean: synchronic and diachronic studies. 『言語研究』66: 73-116.

Hayata, Teruhiro. 1976. An attempt at a family tree for accent in some Korean dialects. 『文学研究』73: 左1-26, 九州大学文学部. ［邦訳「朝鮮語諸方言アクセントの系譜再構の試み」『音調のタイポロジー』(1999), 大修館書店, p. 100-126］

早田輝洋. 1977a. 日本語の音韻とリズム. 『伝統と現代』45: 41-49.

早田輝洋. 1977b. 対語の音韻階層. 『文学研究』74: 123-152.

早田輝洋. 1977c. 生成アクセント論. 『岩波講座 日本語5 音韻』岩波書店, pp. 323-360. ［本書第8章］

早田輝洋. 1978. 語声調方言. 『文学研究』75: 29-38.

早田輝洋. 1980. 生成文法からの解明. 池上二良 編『講座言語2 言語の変化』大修館書店, pp. 225-260.

早田輝洋. 1992. 中国大陸における単語声調言語——上海語とチベット語. 『九大言語学研究室報告』13: 1-25.

早田輝洋. 1994. 日本語と日本語周辺言語の音調システム——特に複合名詞におけるアクセントと声調について. 『音声の研究』23: 41-74.

早田輝洋. 1996a. 上代日本語の音韻をめぐって(上). 『月刊言語』9月号, 25(9): 91-102.

早田輝洋. 1996b. 上代日本語の音韻をめぐって(下). 『月刊言語』10月号, 25(10): 182-193.

早田輝洋. 1997. 満洲語文語の数詞 emu《一》の一面.『大東文化大学紀要』35:441-447.

早田輝洋. 1998a. 佐賀方言の動詞未完了連体接辞の基底形.『九大言語学研究室報告』19:1-4.［本書第10章］

早田輝洋. 1998b. 上代日本語の音節構造とオ列甲乙の別.『音声研究』2(1):25-33.［本書第1章］

早田輝洋. 1998c. 満洲語文語における文字表記と音韻についての一報告.『ALTA1 HAKPO(アルタイ學報)』8:55-76, 韓國アルタイ學會.

早田輝洋. 1999.『音調のタイポロジー』大修館書店.

Hayata, Teruhiro. 2000. The liquid and stem-final vowel-alternations of verbs in Ancient Japanese.『言語研究』118:5-27.［邦訳は本書第2章］

早田輝洋. 2006. 上代日本語母音調和覚書.『筑紫語学論叢II——日本語史と方言』風間書房, pp. 1-16.［本書第3章］

早田輝洋. 2009a. 朝鮮語慶尚道アクセントについて.『国際シンポジウム 東アジアの言語・文化の比較』北海道大学大学院文学研究科, pp. 3-12.

早田輝洋. 2009b. 上代日本語の母音.『水門 言葉と歴史』21:左1-13.［本書第4章］

早田輝洋. 2010a. 上代語の動詞活用について.『水門 言葉と歴史』22:左1-29.［本書第5章］

早田輝洋. 2010b. アクセント. 宮地裕 編『日本語と日本語教育のための日本語学入門』明治書院, pp. 31-48.

早田輝洋. 2011. 満洲語における対格主語.『九州大学言語学論集』32:203-213.

Hayata, Teruhiro. 2014. 語声調. 佐藤武義・前田富祺 編集代表『日本語大事典』朝倉書店, pp. 852-853.

早田輝洋. 2015. 満洲語の多様な形態素 -ngge の文法的位置付け.『言語研究』148:33-60.

早田輝洋. 2016a. 生成音韻論による接近法.『シリーズ日本語史1 音韻史』岩波書店, pp. 155-185.［本書第12章］

早田輝洋. 2016b. 古語辞典における実証形と推定形——上代語を主として.『琉球諸語と古代日本語——日琉祖語の再建にむけて』くろしお出版, pp. 3-20.

広戸惇・大原孝道. 1952.『山陰地方のアクセント』報光社.

池上二良. 1978. アルタイ語系統論.『岩波講座 日本語12 日本語の系統と歴史』岩波書店, pp. 35-98.

Jakobson, Roman. 1937. Über die Beschaffenheit der prosodischen Gegensätze. *Mélanges de linguistique et de pholologie offerts à J. van Ginneken*. Paris: 25-33; reprinted in *Selected Writings* I, Phonological Studies. pp. 254-261, The Hague: Mouton. 1962.［邦訳：韻律的対立 die prosodischen Gegensatze の性質について. 矢野通生 訳『構造的音韻論』(1996)岩波書店, p. 173-181］

Jakobson, Roman. 1962. Why "Mama" and "Papa"? *Selected Writings* 1 Phonological Studies. pp. 538-545. The Hague: Mouton.

ロマーン・ヤーコブソン(早田輝洋 訳). 1986. 音韻的言語連合について. 服部四郎 編『ロマーン・ヤーコブソン選集1 言語の分析』大修館書店, pp. 31-37.
亀井孝. 1950. 上代日本語の音節「シ」「チ」の母音.『言語研究』16:37-47.［『亀井孝論文集3 日本語のすがたとこころ』(1984)吉川弘文館, pp. 125-140 に再録］
亀井孝. 1973a. 日本語のツルとイトとは朝鮮語の두루미と실とにそれぞれ縁つづきか（英文）.『亀井孝論文集2 日本語系統論のみち』吉川弘文館, pp. 55-65. ［初出は *Annals of the Hitotsubashi Academy*, v. 3. 1953(2)］
亀井孝. 1973b.「ツル」と「イト」.『亀井孝論文集2 日本語系統論のみち』吉川弘文館, pp. 67-90. ［初出は 1954 年,『国語学』16:1-21］
川上蓁. 2000. 日本語アクセントのトーン性.『音声研究』4(3):28-31.
木田章義. 1988. 古代日本語の再構成. 岸俊男 編『日本の古代14』中央公論社. 中公文庫版：1996, pp. 41-128.
金田一春彦. 1964.『四座講式の研究』三省堂.
金田一春彦. 1972. 隠岐アクセントの系譜.『現代言語学』三省堂, pp. 615-650. ［金田一春彦『日本の方言』(1975), 教育出版, pp. 207-244 に若干表記法を変えて再録］
金田一春彦. 1974.『国語アクセントの史的研究』塙書房.
Kiparsky, Paul. 1973. Phonological representations. *Three Dimensions of Linguistic Theory*, ed. by Osamu Fujimura. Tokyo: TEC, pp. 1-136.
北山谿太. 1951.『源氏物語の語法』刀江書院.
小島憲之・木下正俊・東野治之 校注・訳. 1995.『新編日本古典文学全集8 萬葉集3』小学館.
小松英雄. 1971.『日本声調史論考』風間書房.
小松英雄. 1977. アクセントの変遷.『岩波講座日本語5 音韻』岩波書店, pp. 361-410.
Kubo, Tomoyuki. 1985. Internal-head relative clause in written Manchu.『九州大学研究室報告』6:83-114.
黒田成幸. 1960.『言語の記述』研究社.
黒田成幸. 1966. 促音及び撥音について.『言語研究』50:85-99. ［黒田(2005:19-34)に再録］
Kuroda, S.-Y. 1974. Pivot-independent relative clauses in Japanese, Ⅰ. *Papers in Japanese Linguistics* 3: 59-93.
黒田成幸. 1999. 主部内在関係節. 黒田成幸・中村捷 編『ことばの核と周縁——日本語と英語の間』くろしお出版, pp. 105-160. ［改稿版：主辞内在関係節. 黒田(2005:169-235)］
Kuroda, S.-Y. 2002. Rendaku, *Japanese Korean Linguistics* 10: 337-350.
黒田成幸. 2005.『日本語からみた生成文法』岩波書店.
Ladefoged and Maddieson. 1996. *The Sounds of the World's Languages*. Cambridge: Blackwell.
李樹蘭・仲謙・王慶豊 編. 1984.『錫伯語口語研究』北京民族出版社.

馬淵和夫．1973．『和名類聚抄古写本声点本本文および索引』風間書房．
松本克己．1976．万葉仮名のオ列甲乙について．『月刊言語』11月号，5(11):72-80．
松本克己．1984．言語史の再建と言語普遍．『言語研究』86:5-32．
松本克己．1994．日本語系統論の見直し——マクロの歴史言語学からの提言．『日本語論』2(11):36-51．
松本克己．1995．『古代日本語母音論』ひつじ書房．
松本克己．1998．流音のタイプとその地理的分布——日本語ラ行音の人類言語学的背景．『一般言語学論叢』1:1-47．
McCawley, James D. 1968. *The Phonological Component of a Grammar of Japanese*. Mouton.
McCawley, James D. 1970. Some tonal systems that come close to being pitch accent systems but don't quite make it. *Chicago Linguistic Society* 6: 526-532. [McCawley 1979: 41-47 に再録]
McCawley, James D. 1977. Accent in Japanese. *Studies in Stress and Accent/Southern California Occasional Papers in Linguistics* 4: 261-302, ed. by L. M. Hyman.
McCawley, James D. 1979. *Adverbs, Vowels, and Other Objects of Wonder*, The University of Chicago Press.
望月郁子．1974．『類聚名義抄四種声点付和訓集成』笠間書院．
Möllendorff, P. G. von. 1892 (光緒18). *A Manchu grammar, with analysed texts*. Shanghai.
毛利正守．1979．「万葉集に於ける単語連続と単語結合体」『万葉』100: 1-47．
那須川訓也．2012．日本語における音調素性．『日本言語学会第144回大会予稿集』pp. 312-317．
西田龍雄．1992．ロロ語．『言語学大辞典4』三省堂，pp. 1099-1113．
岡田希雄．1942．久語法の接続に就いて．『國語・國文』11(9, 10):55-97；42-69．
岡倉由三郎．1900．語尾の「く」に就いて．『言語学雑誌』1(1):32-48．
大野晋．1953．日本語の動詞の活用形の起源について．『國語と國文學』30(6):47-56．
大野晋．1955．萬葉時代の音韻．『萬葉集大成6 言語篇』平凡社，pp. 287-330．
大野晋．1976．上代日本語の母音体系について．『月刊言語』8月号，5(8):59-67．
大野晋．1977．音韻の変遷(1)．『岩波講座日本語5 音韻』岩波書店，pp. 147-219．
大野晋．1993．『係り結びの研究』岩波書店．
大野晋・高木市之助・五味智英 校注．1960．『日本古典文学大系6 萬葉集3』岩波書店．
大野晋・佐竹昭広・前田金五郎 編．1990．『岩波古語辞典 増補版』岩波書店．
桜井茂治．1975．『古代国語アクセント史論考』桜楓社．
柴田武．1955．トルコ語．市川三喜・服部四郎 編『世界言語概説 下』研究社，pp. 591-636．
柴田武．1960．徳之島方言の音韻．『国語学』41:14-27．
Smith, Donald L. 1969. On the non-trivial role of the *otsu* vowels in Old Japanese verb inflections. *Papers from the Fifth Regional Meeting of the Chicago Linguistic Soci-*

ety, April 18-19, 1969, pp. 435-441.
高山倫明．2006．「音節構造と字余り論」『語文研究』100・101: 1-15．
武田祐吉．1949．『萬葉集全註釋』「第1巻総説」改造杜．
竹岡正夫．1961-62．『富士谷成章全集 上下』風間書房．
築島裕 他編．2011．『古語大鑑』1，東京大学出版会．
Ungger, J. Marshall. 1993(1977). *Studies in early Japanese morphophonemics*. Bloomington: IULC.
上野善道．1975．アクセント素の弁別的特徴．『言語の科学』6: 23-84．
上野善道．1976．奈良田のアクセント素の所属語彙．『文経論叢』11(3)：1-32，弘前大学人文学部．
上野善道．1977．日本語のアクセント．『岩波講座 日本語5 音韻』岩波書店，pp. 281-321．
上野善道．1984a．新潟県村上方言のアクセント．『金田一春彦博士古稀記念論文集 2 言語学編』三省堂，pp. 347-390．
上野善道．1984b．N型アクセントの一般特性について．平山輝男博士古稀記念会 編『現代方言学の課題2 記述的研究篇』明治書院，pp. 167-209．
上野善道．1992．鹿児島県吹上町方言の復合名詞のアクセント．『日本語イントネーションの実態と分析』(文部省重点領域研究「日本語音声」C3班平成3年度研究成果報告書)pp. 91-208．
上野善道．2014．N型アクセント．『日本語大事典』朝倉書店，pp. 195-196．
Whitman, John. 2008. The source of the bigrade conjugation and stem shape in pre-Old Japanese. *Proto-Japanese. Issues and Prospects*, ed. by Bjarke Frellesvig & John Whitman. Amsterdam/Philadelphia: John Benjamins Publishing Co., pp. 159-173.
ホイットマン，ジョン．2009a．日本祖語の名詞化形と連体形及び已然形の再建．『日本言語学会第138回大会予稿集』pp. 80-85．
ホイットマン，ジョン．2009b．日本語の内部再構築の試み──連体語尾の原形と日本祖語における名詞化の範囲．『国際学術フォーラム日本語研究の将来展望』国立国語研究所，pp. 72-75．
ホイットマン，ジョン．2016．日琉祖語の音韻体系と連体形・已然形の起源．『琉球諸語と古代日本語──日琉祖語の再建にむけて』くろしお出版，pp. 21-38．
山田孝雄．1954．『奈良朝文法史』寶文館．
山口佳紀．1971．古代日本語における母音脱落の現象について．『国語学』85: 1-17．
山本謙吾．1969．『満洲語口語基礎語彙集』東京外国語大学アジア・アフリカ言語文化研究所．
山浦玄嗣．1986．『ケセン語入門』共和印刷企画センター．
湯川恭敏．1997．クワニャマ語名詞のアクセント．『日本言語学会第114回大会予稿集』pp. 201-209．

著作目録

◎ 本論集に所収のもの　○『音調のタイポロジー』(1999年)所収のもの
\# 満洲語(含，他のツングース語)関連

1964. 文章の構造.『文研月報』14(12):48-54.
1965. 動詞・形容詞などの活用とアクセント.『文研月報』15(4):30-39, 73.
1966. 東京方言の音韻化規則.『言語研究』49:55-69.
1966.「放送基本語彙調査」研究のための単位分割について.『文研月報』16(7):9-13.
1966. (翻訳)座談会「人間の心とことばの本質」——チョムスキー理論をめぐって(ノアム・チョムスキー，沢田允茂，波多野完治，藤村靖)(英語による座談会の発言を録音テープから翻訳).『朝日ジャーナル』9月25日号, pp. 104-110.
1967. (菅野謙との共著)発音しにくいことばの音声要因.『NHK放送文化研究年報』12:85-188.
1967. (書評)東京外国語大学アジア・アフリカ言語文化研究所「アジア・アフリカ言語調査表」.『ことばの宇宙』9:49-51.
1968. 日本語諸方言のアクセント.『文研月報』18(10):40-61.
1968. (翻訳)チャールズ・オズグッド「言葉の保守性と文の急進性」("The words of power" and "radical sentences" *The Listner*, 2010, 2012).『みすず』114:2-12.
1968. Japanese phonology: in particular on the accent patterns of the 11th century Kyoto dialect. *Annual Bulletin*, 2: 55, Research Institute of Logopedics and Phoniatric, University of Tokyo.
1969. 単語のアクセントと文のアクセント.『文研月報』19(5):53-68.　○
1969. 生成音形論から見た日本語のかなづかい.『文研月報』19(8):39-42.
1969. 言葉と物と意味.『言語生活』218:17-25.
1970. 東京アクセントのピッチ曲線.『文研月報』20(8):35-39.　○
1971. 文の発音.『国文学』16(2):66-71.
1971. 文構造と文のわかりやすさについての最近の研究.『文研月報』21(3):56-62.
1972. (書評) J. D. McCawley, *The Phonological Component of a Grammar of Japanese*.『国語学』90:94-103.
1972. 文における声の高さの型について. 服部四郎先生定年退官記念論文集編集委員会編『現代言語学』三省堂, pp. 125-146.　○
1972. (次項の発表要旨のようなもの) Accent in Old Kyoto and some modern Japanese dialects.『日本音響学会誌』28(2):73-75.
1973. Accent in Old Kyoto and some modern Japanese dialects.『言語の科学』4:139-180.
1973. 日本語音形論. 比企静雄 編『音声情報処理』東京大学出版会, pp. 17-41.
1974.〈調査研究ノート〉韓国・北朝鮮地人名カナ表記の問題点.『文研月報』24(6):48-55.
1974. (学会展望)音韻(理論・現代).『国語学』97:81-90.

1974.（紹介）金田一春彦『国語アクセントの史的研究——原理と方法』．『月刊言語』7月号，3 (7)：92.

1974.（書評）金田一春彦『国語アクセントの史的研究——原理と方法』．『月刊言語』10月号，3 (10)：46-50. ○

1974. Accent in Korean: synchronic and diachronic studies.『言語研究』66：73-116.［邦訳：早田輝洋訳 朝鮮語のアクセント：共時的及び通時的研究 早田 (1999：127-170)］○

1974.（井上史雄との共訳）（翻訳）ミルカ・イヴッチ『言語学の流れ』みすず書房．(Milka Ivić, *Trends in Linguistics*. 原著は *Pravci u lingvistici*, Ljubljana, 1963)

1975. 放送での発音とアクセント．『放送用語論』日本放送協会，pp. 153-199.

1975. アクセントの解釈をめぐって．『月刊言語』1月号，4(1)：88-91. ○

1975. A note on vowel harmony in Middle Korean.『言語研究』68：104-118.

1976. On long vowels in the Kyeongsang dialects of Korean.『言語研究』69：1-5.［邦訳：早田輝洋訳 朝鮮語慶尚道方言の長母音について 早田 (1999：86-99)］○

1976. An attempt at a family tree for accent in some Korean dialects.『文学研究』73：1-26.［邦訳：早田輝洋訳 朝鮮語諸方言アクセントの系譜再構の試み 早田 (1999：100-126)］○

1977. 日本語の音韻とリズム．『伝統と現代 総集編：ことばを考える』45：41-49.

1977. 日本語と表音文字．『現代作文講座6 文字と表記』明治書院，pp. 135-159.

1977. 対語の音韻階層．『文学研究』74：123-152.

1977. 言語と暗号．『月刊言語』8月号，6(9)：44-51.

1977. 生成アクセント論．『岩波講座 日本語5 音韻』岩波書店，pp. 323-360. ◎

1978. Accent in the Atawa dialect of Japanese.『アジア・アフリカ文法研究』6：201-209，東京外国語大学アジア・アフリカ言語文化研究所．

1978. 語声調方言——佐柳島と真鍋島のアクセント．『文学研究』75：29-38. ○

1978. The accentual system of the Jinju dialect of Korean, *Studies in Literature* 4/*Bulletin of the Faculty of Literature*, Kyushu University, 15: 29-34. ［邦訳：早田輝洋訳 朝鮮語晋州方言のアクセント体系 早田 (1999：79-85)］○

1978.（翻訳）『ロマーン・ヤーコブソン選集 第2巻 言語と言語科学』大修館書店．（服部四郎 編，長嶋善郎，米重文樹との分担訳．全17本中の以下の9本を早田が担当：①言語学におけるパターン（人類学者との討議に寄せて）Pattern in linguistics (contribution to debates with antropologists); ②言語における部分と全体 Parts and wholes in language; ③言語理論に果たしたアントニーの貢献 Anthony's contribution to linguistic theory; ④言語コミュニケーション Verbal communication; ⑤言語の本質の探究 Quest for the essence of language; ⑥言語の手段＝目的モデルに向けられた両大戦間のヨーロッパ言語学の活動 Efforts toward a means—ends model of language in interwar continental linguistics; ⑦言語構造とその数学的諸相に関するシンポジウムへの序説 Introduction to the symposium on the structure of language and its mathematical aspects; ⑧言語の普遍性が言語学に持つ意味 Im-

plications of language universals for linguistics; ⑨第 9 回国際言語学者会議の成果 Results of the ninth International Congress of Linguists）
1979. 上代日本語の主述関係についての覚え書．『アジア・アフリカ文法研究』7：151-158，東京外国語大学アジア・アフリカ言語文化研究所．
1980.［ツングース］Orok noun morphophonology,『アジア・アフリカ文法研究』8：129-162，東京外国語大学アジア・アフリカ言語文化研究所．　#
1980. 生成文法からの解明．『講座 言語 第 2 巻 言語の変化』大修館書店，pp. 225-260.
1980. Non-abstract vowel harmony in Manchu.『言語研究』77：59-79．　#
1980. 平安末期京畿方言の声点とその音価──ラムゼイ説の帰結する所．『九大言語学研究室報告』1：3-11.
1980. 日本語の音声面での省略．『言語生活』3(339)：48-54.
1980.（紹介）『日本の言語学 第 2 巻 音韻』『論集日本語研究 2 アクセント』．『月刊言語』7 月号，9(7)：118-119.
1980.（書評・紹介）Samuel Robert Ramsey: *Accent and Morphology in Korean Dialects: A Descriptive and Historical Study*.『アジア・アフリカ言語文化研究』19：199-213，東京外国語大学アジア・アフリカ言語文化研究所．
1980.（書評・紹介）*Papers in Korean Linguistics: Proceedings of the symposium on Korean linguistics, held at the University of Hawaii, August 18-20, 1977./Korean Linguistics: Journal of the International Circle of Korean Linguistics*, vol. 1.『アジア・アフリカ言語文化研究』19：214-222，東京外国語大学アジア・アフリカ言語文化研究所．
1980.（項目執筆）「音声科学」「音声分析序説」「生成音韻論」．『国語学大辞典』東京堂出版，pp. 108; 117; 544-545.
1981. 大分県臼杵市方言のアクセント──用言の活用を中心にして．『長谷川松治先生古希記念論文集』東北学院大学内コトバの会，pp. 29-82.
1982. パラダイムにおける方言と共通語──大分県臼杵市方言の形容詞の場合．『アジア・アフリカ文法研究』10：88-94，東京外国語大学アジア・アフリカ言語文化研究所．
1982. 博多方言の名詞のアクセント体系．『九大言語学研究室報告』3：3-20.
1983. 五箇村久見方言の名詞のアクセント．『文学研究』80：71-83.
1984.（陣内正敬との共著）博多方言名詞アクセントの年代差．『文学研究』81：37-47.
1985.『博多方言のアクセント・形態論』九州大学出版会．
1985. 北京でシボ族に会う──口語満州語資料の蒐集．『九州大学同窓会会報』28：9-14.　#
1985. 錫伯語調査ノートより．『九大言語学研究室報告』6：23-35.　#
1985. シボ語について．『月刊言語』7 月号，14(7)：94-99．　#
1985. 新刊自己紹介『博多方言のアクセント・形態論』．『日本語学』8 月号，1985(8)：119.
1985. 沖縄学の現在．『月刊言語』9 月号，14(9)：103.

1986. アクセントの単位——特にその担い手について.『文学研究』83:115-147. ○
1986. 定型詩と隠語・言葉遊び——すぐに役立つ言語学 16.『月刊言語』4 月号, 15(4):ii-iii.
1986. 古写本日本書紀の助詞のアクセント.『九大言語学研究室報告』7:15-49.
1986. 言語学大問題集——問題 27「日本語の音韻論——名詞にも語形変化があるか」.『月刊言語』5 月号, 15(5):102-103.
1986. 言語学道場 18〜23.『月刊言語』7〜12 月号, 15(7)-15(12).
1986.（翻訳）『ロマーン・ヤーコブソン選集 第 1 巻 言語の分析』大修館書店.（服部四郎 編, 長嶋善郎, 米重文樹との分担訳. 全 14 本中の以下の 10 本を早田が担当：①第 1 回国際言語学者会議への提議 Proposition au premier Congrès International de Linguistes; ②音素と音韻論 Phoneme and phonology; ③音韻的言語連合について Über die phonologischen Sprachbünde; ④音韻的言語類縁性の理論について Sur la théorie des affinités phonoogiques entres les langues; ⑤ロシア語の活用 Russian conjugation; ⑥ロシア語の性パターン The gender pattern of Russian; ⑦ロシア語の語幹接尾辞と動詞アスペクトとの関係 Relationship between Russian stem suffixes and verbal aspects; ⑧ゼロ記号 1 Signe zéro; ⑨ゼロ記号 2 Das Nullzeichen; ⑩言語学の主題としての失語症 Aphasia as a linguistic topic）
1987. 擬音擬態語と言語の古層.『月刊言語』(別冊「総合特集 日本語の古層」), 16(7):102-103. ◎
1987. アクセント分布に見る日本語の古層.『月刊言語』(別冊「総合特集 日本語の古層」), 16(7):158-166. ○
1988-89. 万葉漫歩 1〜18.『月刊言語』1988 年 1 月号〜1989 年 6 月号, 17(1)-18(6). ◎
1988.「アクセント」早わかり.『月刊言語』3 月号, 17(3):32-39.
1988. 満洲語文語における疑問詞+ci について.『文学研究』85:123-149. #
1988. 満洲語文語における或る単語の単数と複数について——『満文金瓶梅』の asihan と asihata.『九大言語学研究室報告』9:1-17. #
1988. アクセントの移動現象.『月刊言語』5 月号, 17(5):46-47.
1989. 満洲語文語の或る単語の二様の意義について——『満文金瓶梅』における juken.『九大言語学研究室報告』10:1-9. #
1989. 満洲語文語における「どれか」の特定と不特定.『文学研究』86:1-22. #
1989. 第 VIII 章 日本語の音韻.『日本文法小事典』大修館書店, pp. 267-293.
1989.（書評）山浦玄嗣著『ケセン語入門』.『国語学』156:70-65.
1990. 満洲語文語の漢字音について——『満文金瓶梅』を資料として.『九大言語学研究室報告』11:1-8. #
1990. 満洲語文語における温度形容詞について——『満文金瓶梅』を資料として.『文学研究』87:101-152. #
1990. レト・ロマン語エンガディン方言の規則動詞の活用. 平河内健治 篇『生成文法の方位』松柏社, pp. 358-374.

1990.（久保智之との共著）（紹介）満洲語の研究.『九州大学研究紹介』5:1-2. #
1990. 日本語東京方言の文末のアクセントとイントネーション.『日本語音声・研究報告』2:55-57. ○
1991. 満洲語文語動詞 isi-《及ぶ，足る》の用法——その完了形の反語的用法を主とした用例.『九大言語学研究室報告』12:9-16. #
1991.（翻訳）ゴールデンソン，アンダーソン著『現代セクソロジー辞典』大修館書店（*The Language of Sex from A to Z* by R. M. Goldenson and K. N. Anderson, 1986）.
1991. 東アジアにおける九州方言.『九州大学公開講座 23 九州のなかの世界』九州大学出版会. ○
1992. 東京方言におけるアクセントの担い手と複合の熟合度.『日本語イントネーションの実態と分析』日本語音声の韻律的特徴に関する言語学的理論の研究，平成 3 年度研究成果報告書，pp. 259-264. ○
1992. 中国大陸における単語声調言語——上海語とチベット語.『九大言語学研究室報告』13:1-25.
1993. 満洲語文語における「取りに（連れに）来る」を意味する動詞について——『満文金瓶梅』を資料として.『文学研究』90:89-130. #
1993.（紹介）自由に問題を発掘 言語学的認識を基礎に［編集部の付けた題］.『大東文化』1 月 15 日［大東文化大新聞］「就任予定教員の展望と抱負」.
1993. アクセントについての若干の覚書き.『九大言語学研究室報告』14:1-10. ○
1993. 上代日本語のおもかげ.『日本語論』1(2):18-45.
1994. 日本語と日本語周辺諸言語の音調システム——特に複合名詞におけるアクセントと声調について.『音声の研究』23:41-74. ○
1994. 日本語の音節.『国語学』178:1-6. ◎
1994.（添田建治郎との共著）「音韻史の展開」総括.『国語学』178:38-41.
1994. 東アジアの言語相と日本語.『日本語論』2(11):52-67.
1995. 徳之島天城町と浅間の方言の名詞アクセント体系——単語声調方言の例として.『琉球の方言』18・19 合併号:132-144.
1995. 満洲語文語における「行く」と「来る」——「行く」と「来る」の使い分けの一例.『大東文化大学紀要』33:179-197. #
1995. 満文金瓶梅序訳註.『アジア・アフリカ文法研究』23:27-38. 東京外国語大学アジア・アフリカ言語文化研究所. #
1995. 満洲語のある単語の意味を追って.『月刊言語』9 月号，24(9):85-90. #
1996. 諸鈍方言の音節構造とアクセント.『琉球の方言』服部四郎博士追悼号，20(1995 年度):1-25.
1996.『満文金瓶梅』の満文に反映した近世漢語——"不合".『語学教育研究論叢』13:287-303. 大東文化大学語学教育研究所. #
1996. 満洲語文語の身体名称 geigen の意味——『満文金瓶梅』を資料として.『大東文化大学紀要』34:143-151. #
1996. 満洲語文語における「理由＋命令」構文——豫備的報告. *Altai Hakpo*（アルタイ

学報)5(1995年12月):29-45. #
1996. 上代日本語の音韻をめぐって. 『月刊言語』9・10月号, 25(9):91-102; 25(10):182-193.
1996. (紹介文)私のゼミ. 『大東文化』(大東大の新聞)9月15日附.
1996. (書評)宮良信詳著『南琉球八重山石垣方言の文法』. 『国語学』187:左21-26.
1997. 満洲語文語の動詞 tukiyela- について. 『語学教育研究論叢』14:259-266. #
1997. 満洲語文語の数詞 emu《一》の一面. 『大東文化大学紀要』35:441-447. #
1997. 満洲語文語における二つの tere. 『アジア・アフリカ文法研究』25:1-11, 東京外国語大学アジア・アフリカ言語文化研究所. #
1997. パソコンによる満洲語文献データ処理. 『アジア・アフリカ文法研究』25:83-94, 東京外国語大学アジア・アフリカ言語文化研究所. #
1997. (書評)河内良弘著『満洲語文語文典』を読んで. 『満族史研究通信』6:79-88, 満族史研究会 #
1997. (学生の論文に対するコメント)指導教員によるコメント. 『大東文化大学日本語学科年報』4:44-45(1996年度). (同年報所載の川島章子のゼミ論「栃木県鹿沼市周辺における使役形サセル・ラセルの分布」に対するもの)
1997. 平安時代京畿方言のアクセントに関する幾つかの問題. 『音声研究』1(2):37-44.
1997.(翻訳・解説)アルパートフ(Alpatov), V. M. 『E. D. ポリワーノフの遺産より』について(Iz nasledija E. D. Polivanova, *Voprosy Jazykoznanija* 4: 124-137, 1991.)『通信』90:17-23;91:1-10. 東京外国語大学アジア・アフリカ言語文化研究所.
1997. (挨拶文)「新所長就任のご挨拶」大東文化大学語学教育研究所所報 16:1.
1998. 『満文金瓶梅訳注』(序 – 第十回)第一書房. #
1998. アクセントの担い手は分節音でなく境界である. 『語学教育研究論叢』15:233-248.
1998. 平安時代京畿方言の音調. 『大東文化大学紀要』36:351-361.
1998. 佐賀方言の動詞未完了連体接辞の基底形. 『九大言語学研究室報告』19:1-4. ◎
1998. アクセントとトーン——韻律の一般論に向けて. 『アジア・アフリカ文法研究』26:1-22.
1998. 上代日本語の音節構造とオ列甲乙の別. 『音声研究』2(1):25-33. ◎
1998. (巻頭エッセイ)満文『金瓶梅』. 『月刊しにか』9(7):2-5. #
1998. 滿洲語文語における文字表記と音韻についての一報告. 『アルタイ学報』8:55-76. #
1999. 『音調のタイポロジー』大修館書店.
1999. (小野暁との共著)東京方言の助数詞のアクセント. 『大東文化大学紀要』37:375-383.
1999. 音変化と元の体系の保持 満洲語および日本語の音韻史から. 『研究年報』13:37-44, 日本エドワード・サピア協会. ◎#
1999. Accent and tone: towards a general theory of prosody. Shigeki Kaji ed. *Proceedings of the Symposium "Cross-Linguistic Studies of Tonal Phenomena, Tonegene-*

sis, Typology, and Related Topics," December 10-12, 1998 Takinogawa City Hall, Tokyo, ILCAA Tokyo University of Foreign Studies, pp. 221-240.

1999. 満洲語文語における《只》を意味する幾つかの単語について.『内陸アジア言語の研究』14:117-138. ＃

1999.（まえがき・あとがき）『あずまの言語学——ゼミの成果』大東文化大学外国語学部日本語学科早田ゼミ1,2期生.

1999.〔書評〕添田建治郎著『日本語アクセント史の諸問題』.『国語学』197:左69-75. ◎

2000.『満文金瓶梅訳注 第十一回−第十五回』語学教育フォーラム4:1-144, 大東文化大学語学教育研究所. ＃

2000. The Liquid and Stem-final Vowel Alternations of Verbs in Ancient Japanese.『言語研究』118:5-27. ◎

2001.（松浦年男との共著）現代上海語の母音体系——2母音体系の提案.『大東文化大学紀要』39:27-134.

2001. 単語声調と九州方言.『音声研究』5(3):4-9.

2002.（寺村政男との共編）『大清全書 附満文索引』語学教育フォーラム7, 大東文化大学語学教育研究所. ＃

2002. 視点移動のない「行く」と「来る」.『UP』11月号, 361:29-33, 東京大学出版会. ＃

2003.（福沢知史との共著）一人称代名詞の包括形・除外形について——満文訳と対比した『崇禎本金瓶梅』に於ける「咱」を中心に.『満族史研究』2:41-70. ＃

2003. 満洲語の母音体系.『九州大学言語学論集』23:1-10. ＃

2004. 一人称代名詞の包括形・除外形の体系——『崇禎本金瓶梅』に於ける〈俺〉〈我們〉〈咱〉とその満洲語訳.『言語研究』125:145-171. ＃

2004.（寺村政男との共編）『大清全書 増補改訂・附満洲語漢語索引』東京外国語大学アジア・アフリカ言語文化研究所. ＃

2004.（報告要旨）満洲語の二重母音.『通信』（東京外国語大学アジア・アフリカ言語文化研究所）音韻に関する通言語的研究（平成16年度第1回報告要旨）p. 29. ＃

2004.（雑文）金田一春彦先生を偲んで.『言語研究』126:145-148.

2005. 諸言語の音韻と日本語の音韻.『朝倉日本語講座1 世界の中の日本語』朝倉書店, pp. 1-22.

2005.（編集）『朝倉日本語講座1 世界の中の日本語』朝倉書店.

2005. 満洲語の指示代名詞と指示形容詞——『満文金瓶梅』を中心に.『満族史研究』4:114-140. ＃

2005.（項目執筆）アクセント.『新版 日本語教育事典』大修館書店, pp. 19-20.

2006. 満洲語の繋辞と存在動詞.『アルタイ語研究Ⅰ』大東文化大学語学教育研究所, pp. 11-59. ＃

2006. 上代日本語母音調和覚書.『筑紫語学論叢Ⅱ』風間書房, pp. 1-16. ◎

2008. 満文三国志について.『狩野直禎先生傘寿記念 三国志論集』汲古書院, pp. 357-

382. #
2008. 満洲語の格標識は附属語か接辞か.『言語の研究——ユーラシア諸言語からの視座』語学教育フォーラム 16, 大東文化大学語学教育研究所, pp. 1-9. #
2008. 間接目的語と直接目的語との語順.『言語の研究——ユーラシア諸言語からの視座』語学教育フォーラム 16, 大東文化大学語学教育研究所, pp. 11-19. #
2008. 満洲語の音節構造.『言語の研究——ユーラシア諸言語からの視座』語学教育フォーラム 16, 大東文化大学語学教育研究所, pp. 21-51. #
2009. 朝鮮語慶尚道アクセントについて.『国際シンポジウム 東アジアの言語・文化の比較』北海道大学大学院文学研究科, pp. 3-12.
2009. 満洲字概説——有圏点満洲字篇. 久保智之, 林徹, 藤代節 編『チュルク諸語における固有と外来に関する総合的調査研究』Contribution to the Studies for Eurasian Languages series (CSEL) vol. 15, 九州大学人文科学研究院, pp. 129-167. #
2009. 上代日本語の母音.『水門 言葉と歴史』21: 左 1-13. ◎
2009. 満洲語の史的変化の一面——理由を表す dahame の用法から.『満族史研究』8: 25-44. #
2010. 上代語の動詞活用について.『水門 言葉と歴史』22: 左 1-29. ◎
2010. アクセント.『日本語と日本語教育のための日本語学入門』明治書院, pp. 31-48. (「アクセント」『日本語学要説(講座 日本語と日本語教育 第 1 巻)』明治書院, 1989 の増補版)
2011. 満洲語と満洲文字. 寺村政男, 福盛貴弘 編『言語の研究 II——ユーラシア諸言語からの視座』語学教育フォーラム 24, 大東文化大学語学教育研究所, pp. 1-35. #
2011. 満洲語の表記に現れた種々の問題. 寺村政男, 福盛貴弘 編『言語の研究 II——ユーラシア諸言語からの視座』語学教育フォーラム 24, 大東文化大学語学教育研究所, pp. 37-91. #
2011. n とゼロとの交替. 寺村政男, 福盛貴弘 編『言語の研究 II——ユーラシア諸言語からの視座』語学教育フォーラム 24, 大東文化大学語学教育研究所, pp. 93-104. #
2011. 若干の語彙など. 寺村政男, 福盛貴弘 編『言語の研究 II——ユーラシア諸言語からの視座』語学教育フォーラム 24, 大東文化大学語学教育研究所, pp. 105-114. #
2011. 満洲語の形式名詞 ngge と ningge. 寺村政男, 福盛貴弘 編『言語の研究 II——ユーラシア諸言語からの視座』語学教育フォーラム 24, 大東文化大学語学教育研究所, pp. 115-122. #
2011. 満洲語における対格主語 (Accusativus subjecti in Manchu).『九州大学言語学論集』松田伊作名誉教授退官悼号, 32: 203-213. #
2012. 満洲語の n～φ 交替の史的概観. *ALTAI HAKPO/Journal of the Altaic Society of Korea*, 22: 93-110. #

2013. 言語と言語史のための音素論と音韻論.『大東文化大学日本語学科20周年記念論文集』pp. 101-115. ◎

2013. 清朝時代の満洲語の語末狭母音──現代シベ語の弱化母音と比較して.『水門 言葉と歴史』25:5-15. #

2014.『滿文原檔』中の重複滿文の相對年代. *ALTAI HAKPO/Journal of the Altaic Society of Korea*, 24: 69-81. #

2014(項目執筆)「語声調」『日本語大事典』朝倉書店, pp. 852-853.

2015. 満洲語の多様な形態素 -ngge の文法的位置付け.『言語研究』148:33-60. #

2016. 第6章 生成音韻論による接近法.『シリーズ日本語史1 音韻史』岩波書店, pp. 155-185. ◎#

2016. 古語辞典における実証形と推定形──上代語を主として. 田窪行則, ジョン・ホイットマン, 平子達也 編『琉球諸語と古代日本語──日琉祖語の再建にむけて』くろしお出版, pp. 1-20. #

印刷中. 初期満洲語の円唇母音. Contribution to the Studies for Eurasian Languages series(CSEL), vol. 18, 九州大学人文科学研究院. #

索　引

数字・欧字

2モーラ音節の連続を避ける傾向　9
3モーラ音節　110
6母音説
　　服部四郎の――　56
　　早田輝洋の――　59
Ce_1Ce_1　11
Co_1Co_1　10
$CuCo_1$　10
k型音調　126
l（ポルトガル語の）　25
(m)ama,(m)əmə　241
N型アクセント　126
naの前の形態素　40
(p)apa　241
r類の音　22
/r/（自動詞）と/s/（他動詞）の対立　26
/r/と/l/（アルタイ諸語の語頭における）　25
/r/の同源語での交替　26
＊ragi（先上代語の）　33

あ行

ア行のoとɵの書き分け　54
アクセント　140, 171
　　――とトーン（声調）の区別　125
　　――の担い手の分布　175
アクセント核　140, 171
　　――の担い手　143
アルタイ諸語のd, ʥと日本語のヤ行子音[j]の比較　257
イクとユク《行く》　198
已然形
　　――の歴史　119
　　上代語――の共時的交替現象　120
已然語尾の分析　33
イタリア語　128
犬の典型的な鳴き声　268
「いらっしゃった」「いらっした」「いらしった」　217
イ列・エ列の乙類（i_2, e_2）音節　62, 67
イ列乙類（i_2）音節の母音　54
イ列甲類（i_1）語幹動詞（上一段動詞）の終止形　44
右脱と句形成　109
英語　128
干支　266
沿格Prolativ助詞「ヨリ」　255
大阪方言　147
隠岐郡五箇村字久見（島根県）のアクセント　145
乙類（o_2, i_2, e_2）　4
「オモ（アモ）」　241
オ列甲乙（o_1, o_2）
　　――の補い合う分布　5
　　――の音価と頻度　5
　　――の合流の方向　5
　　――の対立例　4
　　――の弁別機能　5
　　ア行音の――の区別　75
オ列甲類（o_1）が1音節語に多い理由　8
音韻表示　139
音韻論・音素論（構造言語学の）　117, 140, 142
音数律と文字　208
音声表示　117, 138
　　――のレベル　140
音節　177
音節言語からモーラ言語へ　174
音節構造（上代日本語の）　171
音節声調　125, 130, 134

音節とモーラの区別　172
音節内の位置の弁別のあるストレスアクセント　135
音節内の弁別的な声調　135
音節文字　219
音素(仮構物としての)　65
音素表示のレベル　140
音素配列の制限(上代語における)　37
音素レベルの表示　123
音配列法(phonotactics)　130

か　行

回帰
　　教育による――　214
　　母音脱落以前の形への――　105
係結び　86
格標識形態素(アルタイ諸語の)　40
下降調
　　語末以外の――　159
　　語末の――　157
過去語尾 isi の連体形　33
鹿児島市方言　176
化石化した形　40
活用(conjugation)　72
カヘルとカハヅ《蛙》　26
上一段動詞の終止形　44
関係句の内側に主部の来る言語　245
漢語　25, 160
願望・要求(3人称者に対する)　242
完了のリ　63, 205
記述言語学の記述の目的　117
規則逆転(rule inversion)　235
基底表示　139
　　――のレベル　140
基本的な語声調形　133
疑問詞疑問　260
京都方言　135
　　――の言語学的音調情報　131
曲調(contour tone)語　172

曲用(declension)　72
キリシタン資料の書き手　24
句音調　133
ク語法(ク名詞化)　13, 31
口唇音　241
唇音　241
　　――の後の o と ə の対立　53
唇の調和の痕跡　44
屈折(inflection)　21, 72
　　――レベルの規則　36
「くら」　240
「来る」の活用　37
形態音韻論(形態音素論)　117
形態素依存の規則　215
系統樹説　230
系統論(起源による類似)　268
形容詞(日本語の)　233
形容詞連体接辞 ke_1　13
ケセン語　178
言語情報　117
言語知識　143
言語類型論　268
言語連合(隣接性による類似)　268
語彙依存規則　216
語彙音韻論　264
項目と規則　117
甲類(o_1, i_1, e_1)　4
コシとキシ《来し》　83, 99
語声調　146
「こそ」　242
語頭の濁音　250
語頭の流音　25, 26
語尾(ending)　72

さ　行

最小指定　123
佐賀方言　181
　　――の仮定表現　15
　　――の条件表現 ru+gi　33

左脱と右脱
　　——の区別　111
　　——の条件　103, 209
左脱と複合語形成　109
散文言語の歴史と韻文言語の歴史　206
字余り　209
　　——と母音脱落　104
詩歌における母音の長短の区別　197
歯子音の口蓋化　54
辞書(脳裏の)　40, 117, 121
「シ」「チ」の音(上代の)　201
十干　266
史的音韻変化　120, 141
シベ(錫伯)語　188
重音脱落(haplology)　151
「終止形接続」のような言い方　79
十二支　266
自由変異の幅と音韻的対立の有無　36
主語標識「を」　246
上代語動詞の活用の種類の通時的先後関係　69
焦点標識「を」(命令・希求)　247
女性母音əと男性母音aの共存　47
ストレスアクセント　128
　　単語——　135
清子音
　　——が共鳴音に挟まれた場合　53
　　語中の——　153
生成音韻論の仕事　140
声調とアクセントの共存する方言　149
セシとシシ《為し》　83, 99
狭母音化　30
先行語末母音の長呼　110
先上代語　66, 69
先上代語・日本祖語のeとoの推移仮説　66
選択疑問　260
造語法　40
双方向単一対応の条件(biuniqueness condition)　64
側面音(典型的な)　22
祖語　229

た 行

タイ語バンコク方言　144
濁音子音(上代日本語の)　25, 33
脱落形の固定　106
脱落形モフ《思ふ》　212
「タマ」(「玉」「珠」など)　262
「誰という人(〜名前)」　259
単語ストレス　130
単語声調(語声調)(word-tone)　126
　　非弁別的な——　131
短母音開音節言語　171, 173
チベット語ラサ方言　134
着衣動詞　258
抽象性の議論　185
抽象的表記(正書法における意図的な)　71
長音節と短音節の長さの比　178
朝鮮語　71
　　——のアクセント　149
　　——の単語声調方言　132
　　15世紀の——　51
　　日本語の形容詞に対する——の影響　233
超分節音の文字表記　196
長母音　7, 42
対になっている単語　241
燕市方言(新潟県)　218
鶴岡市方言(山形県)のアクセント　142
ツルとタヅ《鶴》　26
ツングース諸語との比較　33
ツングース祖語の動詞条件接辞*ragi　15
定型詩と拍数　207
定数句と母音脱落　104
統営方言(韓国)　132, 133

東京方言の言語学的音調情報　131
東国方言形 ro₁　13
東西アクセントの分裂　97
動詞語幹形成接辞（母音 i, 子音 r, s）　62
動詞の a 名詞化　249
動詞連体接辞 ra　13
動詞連用形＋する　250
頭清　199
同族目的語表現　253, 254
砺波方言（富山県）　218
トルコ語（現代）　129

な行

内的再構（internal reconstruction）　232
ナコソとナキソ《な来そ》　83, 99
ナセソとナシソ《な為そ》　83, 99
靡　16
奈良田方言（山梨県）のアクセント　144
二重母音　171
日母　25
日琉祖語　30
日本古謡　206
日本祖語　30, 41
「の」　156
「の no₂」と「な na」の交替　39

は行

《蠅》と《灰》　214
ハ行転呼　53
拍の規定　208
派生（derivation）　21, 72
　——レベルの規則　36
　第一次——　92
八丈島方言　17
歯と歯茎音　242
「ハハ」　241
波紋説　230
ハングル表記　71
比較言語学の方法　198

比較方法（comparative method）　232
　——による再建　97
　——による成果　69
鼻唇音　241
非脱落形　212
否定命令　251
被覆形　76, 203
フィン語の gradation　9
不規則動詞の不規則個所　85
複合語　132
複合語アクセント規則　134
副文主語の標識「を」　247
物理学的ピッチ曲線と言語学的アクセント形　138
分析者としての直観　122
北京語　125, 130, 134
弁別的なものだけを含む表示のレベル　138
母音
　——が消えて子音群を形成（朝鮮語の）　18
　——の弱化（モンゴル語，シベ語の）　18
　——の弁別的長短の対立　7
　母音調和以外の——配列の特徴　50
　無声化——（東京方言の）　18
母音弱化（融合）　62, 77
母音縮約　195, 202
母音体系（母音図）　41, 42, 47
母音脱落　77
　——と音数律　105
　——の条件　103
　散文における——　211
　「なり」「たり」　211
母音調和　47
　——と甲類・乙類の別　43
　——の対　43
　——の名残・痕跡　10, 43
　アクセントと——の共存　51

アルタイ型の—— 38, 50, 51, 128
母音の長短の区別 30
母音の融合・縮約 59
母音連続
　——の忌避 59, 101, 105, 200
　——のままの例 61
　左弱と左脱 61
　単語間の—— 224
　単語内の—— 224
母語話者の直観 122

　　　　ま 行

「ママ」 241
満洲語 188
　清朝時代の—— 219
　先清朝時代の—— 49
無標の音声・文字 12
命令形 84
命令接辞 27, 204
　——と文末助詞 28
蒙古語(現代) 129
蒙古語チャハル方言 129
文字による発音の歪曲 70
文字表記 196
モーラ 178

　　　　や 行

有声化(共鳴音間の摩擦音の) 190
「ユメ」(禁止) 251
「夢を見る」 253

拗音と直音の分布 74
四段古形論 88
四つ仮名 12

　　　　ら 行

ライマンの法則 200
ラテン語 126, 131
琉歌 197
ル・レ附加説を支持する例 89
類型論的分布(現代の日本における韻律的特徴の) 148
『類聚名義抄』 149
　図書寮本——の異常な形 166
類推 117
ル脱落を支持する例 90, 91
ル無し連体形 90
ル附加の根拠として挙げられる例 91
レ無し已然形 90
レベルの混同 117
連体形と終止形の区別 16
　アルタイ諸語における—— 17
　ロシヤ語の形容詞や分詞における—— 17
連体語尾, 連体接辞 /uru/, /ru/ 20, 166
連濁 199
ロシヤ語 128
露出形 76, 203
ロータシズム 26
ロロ語(彝語) 172

早田輝洋

1935年、東京生まれ。1959年、東京大学文学部言語学科卒業。1968年、東京大学人文科学研究科言語学修士課程修了。文学博士。
ハーヴァード大学工学・応用物理学科研究助手兼同大学東方学科教育助手、日本放送協会総合放送文化研究所研究員、九州大学文学部教授、大東文化大学外国語学部教授を歴任。2000-03年、日本言語学会会長を務める。
主な編著書に『音調のタイポロジー』(大修館書店)、『博多方言のアクセント・形態論』(九州大学出版会)、『世界の中の日本語』(編集、朝倉日本語講座、朝倉書店)がある。

上代日本語の音韻

2017年3月15日　第1刷発行

著　者　早田輝洋(はやたてるひろ)

発行者　岡本　厚

発行所　株式会社　岩波書店
〒101-8002　東京都千代田区一ツ橋2-5-5
電話案内　03-5210-4000
http://www.iwanami.co.jp/

印刷・理想社　カバー・半七印刷　製本・牧製本

Ⓒ Teruhiro Hayata 2017
ISBN 978-4-00-061188-6　　Printed in Japan

シリーズ 日本語史（全4巻） A5判平均260頁

歴史資料に現れた現象そのものと言語理論の橋渡しを目指す．

- 第1巻 **音韻史** 高山倫明, 木部暢子, 松森晶子, 早田輝洋, 前田広幸
  本体4400円
- 第2巻 **語彙史** 安部清哉, 斎藤倫明, 岡島昭浩, 半沢幹一, 伊藤雅光, 前田富祺
  本体3800円
- 第3巻 **文法史** 金水敏, 高山善行, 衣畑智秀, 岡﨑友子
  本体3900円
- 第4巻 **日本語史のインタフェース** 金水敏, 乾善彦, 渋谷勝己
  本体3600円

音声科学原論——言語の本質を考える　藤村 靖

言語の抽象的な記号体系と連続的に変化する音声信号との関係に焦点をあて，人間同士のコミュニケーションの根本問題を探究する．

A5判246頁　本体4000円

日本語からみた生成文法　黒田成幸

1960年代から2000年にかけて日本語で書かれた論考をほぼ網羅する著作集．統辞論，意味論から音韻論，言語学の方法論まで多岐にわたる．

A5判356頁【オンデマンド出版】　本体9000円

最適性理論——生成文法における制約相互作用

アラン・プリンス, ポール・スモレンスキー／深澤はるか[訳]

言語の普遍性を「制約」という概念で説明し，言語学に多大な影響を与えている最新の理論を，その創始者自らが概説する注目の書．

菊判404頁　本体6200円

———— 岩波書店刊 ————

定価は表示価格に消費税が加算されます
2017年3月現在